윤리적 사고와 논리

윤리학에서의 비판적 사고

휴 머서 커틀러   지음
맹주만 • 김진형   옮김

윤리적 사고와 논리

윤리학에서의 비판적 사고

휴 머서 커틀러 지음

맹주만 • 김진형 옮김

철학과현실사

Ethical Argument: Critical Thinking in Ethics

by Hugh Mercer Curtler

옮긴이의 글

이 책의 원제는 『윤리적 논증: 윤리학에서의 비판적 사고(*Ethical Argument: Critical Thinking in Ethics*)』다. 저자는 이 책에서 윤리학과 논리학, 윤리적 주제와 논리적 사고를 아주 훌륭하게 접목시켜 접근하고 있다. 원래 철학에서 윤리적 사고와 논리적 사고가 따로 있는 것은 아니다. 다만 같은 주제와 문제에서 형식적이고 절차적인 측면을 강조할 때 논리적 사고가 부각되는 것일 뿐 윤리적 사고 자체와 분리되어 있는 논리적 사고란 존재하지 않는다. 또 주제의 측면에서 윤리적 문제들이 다른 문제 영역들과 구분되지만, 그렇다고 윤리적 영역에서 논리적인 사고가 다른 영역에서 논리적이지 않은 사고가 될 수는 없다. 철학에서의 논리 혹은 논리적 사고란 모든 영역과 주제에 걸쳐서 항상 함께하는 보편적인 지향점이다. 동시에 이는 단순히 학문으로서의 철학에만 국한되지 않고 인간의 모든 활동에서 요구된다. 특히 오늘날 다양한 분야와 영역에서 점점 더 강조되고 있는 윤리적 문제들과 윤리적 혹은 논리적 사고의 중요성을 감안할 때, 이 책은 논리와 윤리라는 모든 이론적 학문과 실천적 학문이 공통으로 지향하고 있고 또 근본으로 삼아야 할 사고의 영역을 제한된 지면 아래서 잘 아우르고 있는 보기 드문 저서라 할 수 있다.

무엇보다도 이 책은 옮긴이의 글을 별로 필요로 하지 않는다. 저자 스스로가 이 책의 특징과 장점에 대해서 잘 설명하고 있기 때문이다. 만일 독자들이 그래도 이 책과 관련해서 도움이 되는 조언을 조금이라도 기대한다면, 그것은 또 수잔 리 앤더슨의 '추천의 글'을 읽어 보는 것으로도 충분하다. 그럼에도 불구하고, 조금이나마 도움이 된다면 사족을 한마디 덧붙여 볼 수 있다. 즉 윤리와 논리는 현재 대학 교육의 가장 기본적이면서 근간이 되는 학문으로서, 특히 현재 법학 적성 시험, 공직 적격성 평가, 공학윤리 등과 같이 최근의 교육 환경의 변화를 담고 있는 학문이나 영역들에서 그 위상을 엿볼 수 있다는 사실이다. 다소 늦은 감이 있긴 하지만 다행히도 이러한 교육의 중요성을 단순히 이론의 차원을 넘어서 실제 교육 현장과 사회에서도 적극 반영하고 있는 현실은 무척 고무적이라고 생각된다. 합리적 의사소통과 창의적 문제 해결 능력이 강조되는 현대사회에서 그와 같은 교육은 꼭 필요하며 무엇보다도 이 책이 거기에 일조할 수 있다면, 그보다 더 보람 있는 일은 없을 것 같다. 끝으로 이 책이 출간될 수 있도록 노고를 아끼지 않으신 철학과현실사 여러분께 감사드리면서, 언젠가는 번역서가 아니라 우리의 현실과 실정에 맞는 더 나은 책을 손수 펴낼 수 있기를 스스로 다짐해 본다.

옮긴이

차 례

옮긴이의 글 / 5

추천의 글 / 9

서문: 교사들에게 / 13

서론: 학생들에게 / 17

무대 설정 : 막을 올리는 대화 ································· 25

제1장 모든 것은 의견 문제인가? : 상대주의 대 객관주의 ·········· 35

제2장 논증의 틀 ····································· 81

막간 : 릭과 니나, 다시 등장하다 ····················· 131

제3장 절차 만들기 ··································· 137

제4장 윤리적 주장의 정당화 ························· 199

제5장 윤리적 논증 체험하기 ························· 219

제6장 토론과 분석을 위한 사례들 ·················· 243

주요 용어들 / 271

찾아보기 / 275

추천의 글

이 책은 아주 특별하다. 이 책의 논조는 독특하고, 시의적절하며, 독단적이지 않으며, 참신하다. 이 책은 윤리학 입문 과정이나 비판적 추론 과정에서 사용하기에 더할 나위 없이 좋은 보충 교재이면서, 기초 교재로도 사용할 수 있다.

이 책은 윤리학과 논리학/비판적 추론을 다루는 과목들을 결합시킨다는 점에서 독특하다. 가끔 내가 담당하는 철학 및 사회 윤리학 강좌를 비판적 추론을 주로 다루는 초급 논리학 강좌와 동시에 수강하는 학생이 있을 때가 있다. 이런 일이 생기면, 한쪽 수업 내용을 끌어다가 현재 논의 중인 문제와 연결하기 십상인 나는 결국 그 학생에게 '특혜'를 주는 셈이 된다. 나는 윤리 교재에 있는 어떤 글에는 학생들이 비판적 추론 강좌에서 익힌 방식으로 평가해야 할 특정한 유형의 논증이 들어 있다거나, 혹은 글쓴이는 이러저러한 어떤 오류를 저지르고 있다고 지적한다. 두 강의를 동시에 수강하고 있는 그 학생이 그렇지 않은 학생에 비해 유리하다는 것은 분명하다. 윤리학 시간에는 논리라는 도구를 이용해서 윤리적 논증을 요약하고 평가해서 좋고, 비판적 추론 강좌에서는 판에 박힌 연습문제들이 아닌 좀 더 흥미롭고 철학적으로 중요한 논증들에다가 논리를 적용해서 좋다. 휴 커틀러는 윤리학을 배우는 학생들이라면 주어진 논증들을 평가할 수 있는 비판적 추론 능력을 갖추어야 한다고 보았다. 나는 여기에 덧붙여 다음과 같이 주장하고자 한다. 윤리는 우리 삶에서 매우 중요하므로 (니체는 인간이란 본래가 "가치를 추구하는 동물"이라고 주장했다) 비판적 추론을 배우는 학생들은 그것을 윤리적 논증에 적용할 수 있어야 하는 만큼, 비판적 추론을 다루는 강좌들에서는 윤리적 논증들을 평가하는 방법을 다루는 데 시간을 할애해야 한다. 내가 알기에 윤리학과 비판적 추론을 그렇게 결합한 책으로는 이 책만 한 것이 없다.

이 책에서 커틀러 교수는 비판적 추론을 이용해서 윤리학 연구에 있어서 중요할 뿐만 아니라 윤리학적 논의에서도 핵심이 되는 결론을 하나 이끌어 낸다. 그는 객관적인 윤리적 진리는 존재하지 않으며 윤리적 신념들이란 개인 내지는 문화적 선입견에 지나지 않는다는 견해, 즉 윤리적 상대주의를 거부한다. 커틀러 교수는 윤리적 상대주의의 유일한 대안은 윤리적 절대주의인데 이는 참일 수 없기 때문에 우리에게 윤리적 상대주의를 인정할 것을 강요하는 이들은 잘못된 이분법의 오류를 저지르고 있다고 지적한다. 커틀러 교수는 제3의 대안을 제시한다. 우리는 특정한 윤리적 견해들을 지지하는 좋은 이유(good reason)[1]를 제시할 수 있으며, 때문에 더 정당한 논증에 의해 논박되지 않는 한, 우리는 그 견해들을 참으로 간주할 수 있다. 커틀러 교수는 이 책에서 우리에게는 윤리적 판단을 지지하는 좋은 논증과 그렇지 못한 나쁜 논증을 구별할 능력이 있다는 증명을 통해 그 세 번째 대안을 받아들이는 것이 정당하다는 주장을 펼치는 것으로 보인다. 커틀러 교수가 보기에 좋은 논증들은 오류 추론을

---

1) [옮긴이 주] 'good reason'은 우리말로 '좋은 이유' 이외에도 문맥에 따라 '정당한 근거', '정당한 이유', '정당한 사유' 등 다양한 의미를 가질 수 있다. 마찬가지로 'reason' 또한 '이유'보다는 '근거'가 그 의미를 더 잘 전달해 주는 경우도 있지만, 이 책에서는 부득이한 경우가 아니면 표현상의 통일을 기하기 위해서 'good reason'은 '좋은 이유', 'reason'은 '이유'로 통일하였다.

피하며, 사실들과 인격에 대한 존중, 타인에 대한 공정한 태도, 그리고 인간 행복의 총량을 증진시키는 규칙의 채택이라는 세 가지 핵심적인 윤리적 원칙에 의거하는 것이다.

상대주의에 대한 커틀러 교수의 거부는 도덕적 위기를 맞은 미국 내 현실을 감안할 때 시의적절하다. 미국 사회가 도덕적 위기를 맞은 까닭은 "정치적으로는 그르지 않은 다문화주의" 신봉의 부산물로 윤리적 상대주의를 수용했기 때문이다. 다문화주의자들은 다양한 문화를 널리 알림으로써 모든 사람들이 그 가치를 느끼고 감상할 수 있도록 하는 일이 중요하다고 주장한다. (어떤 문화적 가치에 대해서도 비판을 허용하지 않는다는) 이 견해로 인해 대다수의 미국인들은 어쩔 수 없이 윤리적 상대주의라는 문화 형식을 받아들이게 되었다. 윤리적 절대주의가 '엄격한' 것과는 달리 윤리적 상대주의는 '포용력 있는' 견해로 생각될 수 있다. 윤리적 객관주의를 옹호하는 것은 곧 독단적인 사람들이 자신들의 가치 규범을 다른 사람들에게 강요할 특권을 주는 처사로 생각될 수 있다. 하지만 커틀러 교수의 지적처럼, 누군가 윤리적 객관주의를 수용할 때, 우리는 그가 현재 윤리적 문제들에 대한 올바른 답을 전부 알고 있다고 말하지 않는다. 단지 우리는 발견하려고 노력해야 할 올바른 답이 존재한다고 주장할 뿐이다. 거의 대다수의 철학자들은 윤리적 상대주의를 수용하지 않는데 커틀러 교수는 그 이유를 다음과 같이 말한다. "상대주의는 무엇이 옳고 그른지에 관한 논의를 시작하기도 전에(즉, "논점이 무엇이죠? 누가 말씀하시겠습니까?"라고 말하기도 전에) 끝내는 경향이 있다." 윤리적 연구는 윤리적 상대주의가 아닌 윤리적 객관주의가 참이라고 가정할 때 비로소 가능하다. 커틀러 교수는 자신의 이름을 걸고 이 논제를 분명히 지지하고 있다. 이는 학생들이 새겨들을 필요가 있으며, 철학 강좌에서조차도 좀처럼 듣기 어려운 메시지다. 대체로 철학 교사들은 논의를 활발히 하기 위해 위의 두 견해를 일부러 반대하고 비판하는 훈련을 받아 왔는데, 그 때문인지 우리는 학생들을 도덕적 회의론자로 만드는 경향이 있다.

누군가는 윤리적 상대주의를 거부하는 커틀러 교수를 비판할 것이나, 그들이 커틀러 교수의 추론에서 오류를 찾아낼 수 있다면 그에게도 비판은 좋은 일이 아닐 수 없다. 커틀러 교수는 독단적인 주장을 펼치지 않는다. 그는 독자들에게 상대주의의 거부를 포함해서 자신이 내세운 모든 논점들을 직접 생각해 볼 것을, 그리고 자신이 한 모든 말에 반드시 동의할 필요는 없다는 주장을 하고 있다. 바로 이 대목에서 우리는 이 책의 가장 좋은 특징 하나를 엿볼 수 있다. 커틀러 교수는 자신의 논점들을 비판하는 토대를 제공하고자 책 전반에 걸쳐서 각각의 소주제마다 '더 생각해 보기'라는 훌륭한 장치를 마련해 놓았다.

이 책은 참신하며 그래서 학생들도 매우 좋아할 것이다. 이 책은 한창 배움에 목말라 있는 학생들을 위한 것이지 저자와 같은 전문 철학자들을 위한― 교사의 설명이 있어야만 학생들이 이해할 수 있는― 책이 아니다. 커틀러 교수는 창의성이 풍부한 일급의 철학을 하고 있다. 자신의 주요 논제를 주장하면서 그는 접근하기 쉽고 친절하게, 그리고 생각을 자극해서 이끌어 내는 방식으로 언제나 이렇게 묻고 있다. "당신의 생각은 어떠십니까?"

수잔 리 앤더슨(Susan Leigh Anderson)
코네티컷 대학교

서 문

교사들에게

이 책은 소위 윤리 인식론의 연습이다. 나는 이 책에서 우리는 윤리적 주장들의 참 혹은 거짓을 어떻게 알 수 있는가 하는 물음에 초점을 맞추고 있다. 버트런드 러셀(Bertrand Russell)은 낱말의 서로 다른 두 기능인 사용(use)과 언급(mention)을 구분하였는데, 나의 접근법은 논지를 입증하기 위해 논증을 **사용**함과 동시에 다른 한편으로는 강한 논증을 구성하고 분석하는 데 꼭 필요한 기술을 **언급**한다.

이 책을 보는 사람들은 나의 시도가 상대주의를 약화시키려는 것이 분명한 만큼 별도의 뚜렷한 의도가 있다는 사실에는 반대할지 모른다. 하지만 나의 접근법은 독단적이지 않다. 나는 시종일관 독자들로 하여금 내가 제시하는 논증의 주된 요점에 질문을 던지고, 다른 대안들을 고려하며, 나의 논증과는 독립적인 자신들만의 논증을 구성하도록 할 것이다. 이를 위해 내가 채택한 방식은 소크라테스의 **산파술**(maieutic), 혹은 칼 포퍼(Karl Popper)의 방법인 '추측과 반박'이다. 나는 주요 논증을 추측 형태로 제시하고, 학생(혹은 교사)은 할 수 있다면 그 논증을 반박한다. 이 과정에서 학생은 비판적 사고법을 익히며, 그와 동시에 원문 자체를 통해서는 모범적인 비판적 사고법을 배울 것으로 기대하고 있다. 다시 말해서 이것은 사용과 언급을 결합하려는 시도다.

윤리에 대한 이 책의 접근법이 독창적인 이유는 거기에 있으며, 그래서 이 방법에 공감하는 교사들과 이를 전적으로 반대하는 교사들 모두에게 이 책은 유용할 것이다. 즉 동의하지 않는 교사들은 자신들의 입장을 부각시키기 위해서 사용하거나, 학생들 사이에서 널리 확산되어 있는 윤리적 상대주의라고 하는 것에 대한 나의 관심에 공감하는 교사들이 사용할 수 있다. 이 책은 교재로서 또 다른 장점을 가지고 있다. 즉 이 책은 적절한 내용들을 추가하기만 하면 전형적인 2학기제 수업에서 사용하기에 알맞도록 간결하게 꾸며져 있다. 이는 의도적이다. 좀 더 이론적인 접근을 원하는 교사들은 기본적인 재료들을 추가할 수 있다. 또 좀 더 실용적인 접근을 원하는 교사들이라면 자신들이 주로 관심을 가지고 있는 분야의 사례 연구들을 보충해 넣을 수 있다. 또한 교사들은 전혀 다른 방향을 택해서 장편소설과 단편소설을 보충해 넣거나, 혹은 일간신문의 기사들을 추가함으로써, 간혹 이론의 관련성을 파악하지 못하지만 '실생활'의 문제로 생각하기를 좋아하는 학생들의 상상력을 사로잡을 더 생생한 화제를 제공할 수 있을 것이다.

감사의 글

1판을 낼 때 여러 번에 걸쳐 가르침을 주고 2판을 개정하는 데에도 유익한 제안을 많이 해준 나의 동료 스튜어트 데이(Stewart Day)에게 고마움을 표한다. 옛 제자인 케빈 스트룹(Kevin Stroup)과 질 앤더슨(Jill Anderson)은 초기 원고를 읽고 마찬가지로 유익한 제안을 많이 해주었다. 나를 도와준 두 학생에게 감사를 표한다. 또한 크리스트 테일러(Kriste Taylor) 교수, 마크 스밀리(Mark Smillie)와 월리스 비슬리(Wallace Beasley) 교수에게도 감사드린다. 그들은 원고 전체를 꼼꼼히 그리고 비판적으로 읽고서 참으로 많은 조언과 함께 새로운 것들을 알려 주었는데, 그것이 아니었다면 이 책은 더 나아질 수 없었을 것이다. 2판에 대해 추천의 글을 흔쾌히 써준 수잔 앤더슨 교수에게도 큰 감사를 드린다.

남서부 미네소타 주립대학에 근무하는 컴퓨터의 귀재, 션 헤드먼 (Shawn Hedman)에게는 특별한 고마움을 표하고 싶다. 왜냐하면 그는 이 책의 초고를 담은 10년 묵은 플로피 디스크를 변환시켜 2판을 펴내는 작업을 할 수 있도록 해주었기 때문이다.

끝으로 여러 달 내내 일에 파묻혀 있는 남편을 평소보다 더 참아가며 묵묵히 지켜 준 아내 린다에게 진심으로 고마움을 표한다. 그녀는 원고를 꼼꼼히 검토하여 내용들을 가능한 한 가장 명료한 방식으로 표현할 수 있도록 도와주기까지 했다.

6장에 소개한 42개의 사례 연구들 중 여러 개를 1980년 국립인문재단(National Endowment for the Humanities)에서 지원한 연구 보조금을 받은 「직업윤리 교육위원회 보고서(Report of the Committee for Education in Business Ethics)」에서 가져왔다. 나는 판권을 가지고 있지 않음에도 불구하고 그 사례들을 사용하도록 기꺼이 허락해 준 노만 보위(Norman Bowie)에게 감사를 전한다. 나머지 사례들 거의 대부분은 독창적인 것이지만, 몇몇은 마이클 베일즈(Michael Bayles)의 책 『직업윤리(*Professional Ethics*)』(Wadsworth, Inc., 1981)에서 빌린 것이다. 물론 출판사의 허락을 얻어 실었고 이 책에서 그 사항을 명시했다. 시사만화인 '둔즈베리'(Doonesbury cartoons, ⓒ Gary Trudeau in 1984, 1985, 1986, 1987)와 '캘빈과 홉스'(Calvin and Hobbes cartoons, ⓒ Universal Press Syndicate 1989)는 모두 유니버설 프레스 연합사(Universal Press Syndicate)의 허락을 받아 사용하였다.

서 론

학생들에게

 먼저 언급하고 넘어가야 할 것은 이 책에서 사용하고 있는 '논증'이라는 용어는 결론을 진술하고 그 결론을 가장 잘 지지하는 증거를 찾는 사고 절차를 지칭한다는 것이다. 그것은 오늘 밤 어떤 영화를 볼 것인지, 혹은 농구 경기에 출전한 선수들 중 누가 최고인지를 두고 친구와 나누는 대화에 담긴 일상적인 의미의 사고 절차와는 다르다. 논증에서는 목소리를 높이지 않아도 된다!

 이 책이 제시하고 있는 일련의 논증들은 윤리학이 합리적 숙고를 하기에 적절한 분야라는 것을 보이기 위해 고안해 낸 것인데, 이 책은 이를 통해 여러분이 윤리학에서 말하는 윤리적 상대주의에 대해서 진지하게 생각해 볼 것을 요구한다. 윤리학을 개인적인 의견이나 감정 혹은 서로 다른 문화적 관점들이 충돌하는 전쟁터로 생각하는 이들이 있지만, 나는 그들의 생각이 옳지 않음을 입증하고자 한다. 본격적인 논증 형식을 갖춘 이 책을 보면서 여러분은 효과적인 비판적 사고법을 배움과 동시에 나와 함께 생각하면서 예리한 비판적 사고력을 키울 수 있다.

 나는 비판이 더 신뢰할 수 있는 결론을 이끌어 내는 데 필요한 긍정적 수단임을 강조하는 소크라테스의 방법을 채택할 것이다. 그 방법을 우리는 그리스어로 **산파술**이라고 부른다. 이 방법의 특징은 참인 주장들을 면밀히 검토하고 비판을 견딜 수 없는 주장들을 기부하는 데 있다. 여기서 살아남은 주장들은 또 다른 비판들에 의해 제거되지 않는 한, 혹은 제거될 때까지는 '참'으로 간주된다. 그렇다고 해서 참이 거짓 아닌 것(non-falsehood)으로 정의될 수 있다는 뜻은 아니다. 어떤 주장이건 그것의 거짓을 증명할 수 없다는 이유만으로 참이 되지 않는다. 만일 그렇다면 "카이사르는 주근깨가 있었다."라는 주장이 거짓임을 보일 수 없으므로 그 진술은 참이어야 한다. 그런데 우리는 "카이사르는 주근깨가 없었다."라는 주장에 대해서도 똑같은 얘기를 할 수 있으므로 그 진술 또한 참이어야 한다. 하지만 이는 불합리하다. 어떤 진술이든 동시에 그리고 동일한 관점에서 참이면서 거짓일 수는 없다! 이는 곧 거짓임을 보일 수 없는 주장은 참으로 **간주될** 수 있다는 뜻이다. 그와 같은 주장들은 **현재 우리가 아는 한** 참이다. 윤리학에서는 종종 그와 같은 진리치를 수용하는 것이 최선일 때가 있지만 그래도 그것은 윤리적 갈등에 참과 거짓이 들어설 자리란 존재하지 않으며, 그 모든 것을 견해상의 문제로 보는 것에 비해 훨씬 더 낫다.

윤리에 관련된 어떤 주장과 그 반대 주장을 비판적으로 검토하는 것이 무엇인지를 알아보기 위해서는 자신을 어떤 범죄사건의 범인이 누구인지를 판단해야 하는 배심원으로 상상해 보는 방법이 괜찮다. 범인임을 확인할 때 내리는 결론은 "합당한(reasonable)[1] 의심으로부터 벗어난" 것이어야 하므로 결론을 내리기 전에는 관련된 증거에 귀를 기울여 꼼꼼히 평가해야만 한다. 이 유비가 안고 있는 주된 문제는 "샐리는 탈지우유 대신 전유(全乳)를 두고 갔기 때문에 우유배달원을 살해했는데 그러지 말았어야 했다."와 같은 윤리적 주장은

---

1) [옮긴이 주] 이 책에서 'reasonable'은 '합리적(rational)'과 구분하여 '합당한'으로 옮겼다. 또 우리말 표현으로는 어색할 경우에는 문맥에 따라서 '합당성(reasonableness)을 지닌(갖춘)' 또는 '사리분별을 할 줄 아는'으로도 옮겼다.

18

"샐리는 탈지우유 대신 전유를 두고 갔기 때문에 우유 배달원을 살해했다."와 같은 사실적 주장과 다르다는 점이다. 누군가는 그 차이가 아주 중요하기 때문에 윤리적 탐구를 (범죄를 저지른 사람이 분명히 존재하는 재판에서처럼) 사실 문제를 확정하는 일에 견주려 하는 것을 하찮은 시도라고 주장한다. 그들에 따르면, 윤리는 개인의 감정들에 관한 것이지, 사실에 관한 것이 아니다. 이 비판에 따르면 윤리적 주장이란 '참인 주장들' 내지는 참으로 지지받는 주장들이 아니며, 단지 (우유 배달원을 살해한 샐리의 행동을 생각하자 화가 났으며 그것이 내가 샐리의 행동은 잘못이라고 말한 이유라고 하는 것처럼) 일어난 사건을 보고 어떻게 **느끼는지**를 말하는 진술들일 뿐이다.

　이런 비판은 윤리를 순전히 주관적이거나 혹은 개인적인 차원으로 환원하는 견해로서 나는 이를 면밀히 검토할 것이다. 윤리적 주장을 특정 문화 내지 하위문화에서 공유되는 감정과 태도들에 관한 진술로 환원하려는 비슷한 견해들도 마찬가지다. 분명히 어떤 감정들은 윤리에 개입하며 윤리적 선언들은 종종 그 감정들을 반영한다. 심지어 윤리적 판단은 우리들 내지는 이웃들의 감정 표현에 **지나지 않는**다는 것도 사실이다. 하지만 윤리적 판단들이 **모든 경우**에서 이들 감정으로 환원될 수 있다는 사실이 그 진술들로부터 따라 나오는가? 바꿔 말하면, 윤리적 판단들에는 주관적인 요소들이 들어가 있다는 것을 인정하면서도 **그것들만**을 포함한다는 주장은 허용하지 않을 수 있다. 샐리의 우유 배달원 살인 사건을 생각하는 것이 우리를 화나게 한다는 사실 말고도 샐리가 우유 배달원을 살해하지 말았어야 했다는 주장을 지지해 줄 훌륭한 논거들은 얼마든지 존재한다. 그 윤리적 주장이 단지 '견해의 문제'이거나 혹은 그저 감정을 표현한 것인지를 결정하기에 앞서 우리는 그 주장을 지지해 줄 증거가 있는지를 꼼꼼히 알아본 후, 증거가 있다면 면밀히 검토해야 한다.

윤리적 주장이 '주관적'인지 아니면 '객관적'인지를 묻는 물음은 그들 주장 자체가 아닌, 그것을 지지하는 증거(혹은 증거의 부재)를 토대로 결정된다.

이것이 이 책에서 옹호하려는 견해다. 윤리적 주장에 대한 합리적 지지를 일컬어 '정당화'라고 한다. 그렇다면 윤리적 판단들의 객관성은 정당화의 한 기능이다. 윤리적 판단들을 정당화할 수 있는 만큼 그 판단들은 객관적이며, 그것들을 정당화할 수 없는 만큼 윤리적 판단들은 주관적이거나 혹은 상대적이다.

윤리적 논증에서 우리의 주된 관심은 윤리적 주장을 지지하는 증거와 논거를 찾을 수 있는지를 살피는 일이다. 만일 그 증거가 강력하다면, 그리고 그것이 **문화 구속적**이지 않다면, 즉 특정한 문화의 사람들에 의해서 수용되면서 다른 문화에서는 일반적으로 수용되지 않는 것이 아니라면, 언제 어느 때 누구든 그 논증을 따라가서 그 결론에 해당하는 주장을 받아들여야 한다. 만일 지지 근거가 강력해서 반드시 인정해야 할 주장이라면 그와 같은 주장은 단순히 개인적 견해 내지는 문화적 관점에 관한 문제가 아님을 확고히 말할 수 있다. 그와 같은 주장은 '객관적'이다. 영국의 철학자 칼 포퍼(Karl Popper)는 "객관적이라는 말은 누군가의 일시적인 생각과 독립적으로 **정당화가 가능함**을 뜻한다. 원리상 누군가에 의해 시험될 수 있고 이해될 수 있는 정당화라면 그것은 '객관적'이다."라고 말했다.[2] 만일 내가 정직하고 열린 마음을 가지고 있으며, 또한 그 논증을 따라갈 능력이 있다면, 나는 **원하든** 원하지 않든 간에 합당한 결론을 수용해**야만** 한다. 윤리학에서 우리가 찾으려는 것은 나의 욕구와 상관없이 "누군가의 일시적인 생각과 독립적으로" 논증을 수용하게 만드는 바

2) Karl Popper, *The Logic of Scientific Discovery*, New York: Harper and Row, 1968, p.44.

로 그 요소들과 특징들이다.

나는 이 책의 상당 부분을 주로 윤리적 정당화가 무엇인지에 관한 물음을 다루는 데 할애할 것이다. 정당화란 증거와 논거에 관한 문제이므로, 무엇이 논증을 강화하거나 약화시키는지, 강력한 윤리적 논증을 만드는 방법은 무엇인지, 그리고 약한 윤리적 논증을 공략하는 방법은 무엇인지를 알아야 한다. 논증을 구성하면서 저지르는 가장 일반적인 오류들로는 어떤 것들이 있는가? 우리는 어떤 것들이 윤리적 논증을 지지하는 '좋은 윤리적 이유들'인지, 그리고 설득력 있는 윤리적 결단을 내리기 위해서는 어떻게 찬반 두 방향에서 이유들을 비교 평가하는지를 알고 싶어 한다.

윤리적 상대주의를 무너뜨리려는 나의 시도가 성공할 것인지는 나의 주장이 건전한 윤리적 추론이라는 것을 입증할 수 있느냐에 달려 있다. 우리는 강력한 논증이 대부분의 사람들에게 윤리의 전부처럼 생각되는 대립적인 견해들과 감정들의 수렁에서 우리를 벗어나게 해 주는지를 살펴볼 것이다. 나는 확신을 갖고서 윤리적 주장을 할 수 있다거나, 혹은 우리들 중 누군가는 윤리학에서의 '진리(The Truth)'를 말할 수 있는 특권적인 위치에 있다고 주장하지 않는다. 그렇지만 우리에게는 윤리적 갈등을 합리적으로 해결할 방법과 분별력 있게 윤리적 결단을 내릴 방법이 없다고 말하는 상대주의자들의 입장에는 문제를 제기할 것이다. 내가 찾으려는 것은, 윤리란 어느 정도 불확실성을 안고 있음을 인정하되 어떻게 손을 써보지도 않고 그저 불확실성은 근절할 수 없다고 결론 내리려는 유혹에 빠지지 않는 중도(中道)다.

여기에는 내가 삼고 있는 가정이 드러나 있다고 해야겠다. 그것은 윤리적 갈등에 대한 '합당한' 접근이 '합당하지 않은' 접근에 비해 더 바람직하다는 것이다. 내가 말하는 '합당성(reasonableness)'은 미국의 철학자인 브랜드 블랜샤드(Brand Blanshard)에서 비롯된 것으로서, 그는 다음과 같이 말했다.

지능이 큰 도움이 되기는 하지만, 내가 말하는 합당성은 지능을 뜻하지 않는다. 훈족의 왕인 아틸라[3]와 토르크마다,[4] 그리고 스탈린[5]은 매우 뛰어난 지능을 지닌 사람들이긴 했으나 합당한(사리분별을 할 줄 아는) 사람들은 아니었다. 또한 합당한(사리분별을 할 줄 아는) 사람이라 하더라도 꼭 박학다식하지는 않다. 왜냐하면 일상적인 상식 없이도 학식을 갖출 수 있기 때문이다. 내가 지금 말하는 합당성이란 증거에 의거해서 신념이나 행동을 인도하는 일정한 성향을 뜻한다. 그것은 관련된 사실들에 의거해서 우리의 사고에 질서를 부여하고, 관련된 가치를 기준 삼아 실천을 명하는, 그리고 반성적 판단을 우리의 신념과 행위의 지침으로 삼도록 하는 일종의 의지적 경향이다.[6]

여기에서 말하는 합당성이 무엇인지, 그리고 왜 그것이 상대주의를 논박하는 토대가 되는지를 이해하는 것은 접어 두더라도, 적어도 이 책에서 제시되는 논증들을 신중히 숙고해 보기까지는 판단을 미뤄 두기 바란다. 이 책의 궁극적인 목적은 주요 논증을 비판적으로 고찰함으로써 윤리적 추론에 관한 자신만의 결론을 내리도록 여러분을 독려하는 것이다.

윤리적 추론을 유죄이거나 무죄인 사람이 실제로 존재하는 배심 재판에 비유하는 일은 가능할까? 바꿔 말하면, 그 사실을 지지하는 증거의 특성으로 인해 반드시 동의해야 하는 그러한 **사실**과 같은 무언가가 윤리적 갈등의 중심부에도 존재하는가? 혹은 윤리란 다른 견

---

3) [옮긴이 주] 아틸라(Attila, 406?-453) : 재위 당시 유럽 최대의 제국을 지배한 훈족의 왕.

4) [옮긴이 주] 토르크마다(Tomas de Torquemada, 1420-1498) : 스페인의 종교 재판소 초대 장관. 1만 220명을 화형하고 유대인을 박해함.

5) [옮긴이 주] 스탈린(Joseph V. Stalin, 1879-1953) : 구소련의 정치가.

6) Brand Blanshard, *Four Reasonable Men*, Middletown, Conn.: Wesleyan University Press, 1984, p.247.

해들보다 '더 좋은' 것이라고는 없는 고만고만한 개인적 견해들의 집합으로 환원될 수 있는가? 바로 이 물음들이 윤리적 논증을 고찰하기 시작할 때 우리 앞에 놓이게 되는 주요 물음들이다.

이 책의 구성

가상 인물인 릭(Rick)과 니나(Nina)는 한 문화에 속한 사람이 다른 문화에서 일어나는 행위들에 대해 가치판단을 내릴 입장에 있다고 보아야 하는지를 두고 대화를 나눈다. 두 학생의 간단한 대화에 이어서 나는 윤리적 상대주의에 관해 조심스럽게 논의를 시작할 것이다. 1장 1절에서 나는 윤리적 상대주의를 정의하고 비판한 후에 그와 반대되는 (즉 윤리적 판단이란 증거와 논증에 의해 잘 지지될 경우에 개인 내지 문화에 대해 상대적이지 않다는) 논제를 옹호할 것이다. 1장 3절에서는 윤리적 판단의 비-상대성 내지 객관성을 주장할 수 있는 경계가 어디인지를 규정한다. 역사는 물론 심지어 수학, 물리학과 같은 엄밀 과학(exact science)의 경우에서처럼 윤리학에도 주관적이거나 개인적인 요소들이 개입할 것으로 생각되지만, 윤리적 판단은 역사적 혹은 과학적 판단들 이상으로 개인적인 요소들로 **환원**될 수 있다고 생각할 필요는 없다.

2장에서는 이하의 논의의 틀을 제공하게 될 몇 가지 윤리적 원칙들을 검토할 것이다. 이 원칙들은 윤리학에서 다년간 일반적으로 받아들여져 왔던 것들이다. 나는 인격에 대한 존중을 윤리학의 근본 원칙으로 삼아 거기에 공정성을 부가하자는 제안과 더불어 윤리적 선택권을 받아들여서 윤리적 갈등을 해결하기 위해서는 인격에 대한 존중과 공정성 모두와 모순을 일으키지 않으면서 인간의 행복을 극대화할 규칙을 채택해야 한다는 권고도 할 것이다. 이와 같은 논의를 거치면서 우리는 결국 윤리적 갈등이 해결되고 그와 같은 선택이 이루어지는 방법을 좀 더 분명하게 알 수 있는 '윤리적 관점(The

Ethical Perspective)'을 면밀히 검토하게 될 것이다. 윤리적 관점에 따를 경우 우리는 눈앞에 놓인 당장의 자기 이익과 실천적 고려사항들을 (한동안) 무시해야 한다. 우리는 이해를 초월하고 장기적인 안목을 고려하는 관점이자 우리 자신을 불법 행위로 인해 피해를 입은 희생자의 위치에서 상상하게끔 해주는 관점을 모색해야만 한다.

릭과 니나 두 학생을 '막간'에서 다시 만나 본 후, 3장에서는 윤리적 논증의 도구들을 만드는 일에 착수할 것이다. 나는 논증들의 구조와 그 논증들을 강화하거나 약화하는 요인들을 검토할 것이다. 3장 2절에서는 건전한 윤리적 논증을 구축하고 약한 논증을 거부할 때 꼭 알아야 할 가장 일반적인 비형식적 오류들을 제시할 것이다. 그 뒤에는 비판적 기술을 정교하게 다듬는 데 도움을 주고자 고안된 연습문제를 실었다.

이 책의 핵심을 다루는 4장에서는 윤리적 정당화가 이루어지는 과정을 매우 꼼꼼히 살펴볼 것이다. 정당화는 합리화 그리고 설명과 다르며 윤리적 객관성을 주장할 때 필요한 이유를 제공한다. 비판을 견디고 재판에서의 배심원처럼 중립적인 청중들에 호소할 수 있도록 증거와 논증을 통해 지지될 수 있는 윤리적 주장은 객관적이다. 이것이 4장의 핵심이자 곧 이 책 전체의 핵심이다.

5장에서는 윤리적 갈등에 비판적으로 접근하는 방법과 건전한 논증을 직접 구성하는 방법을 익히도록 네 가지 사례 연구를 기본적인 착상과 함께 다소 세밀히 제시하였다.

마지막으로 6장에서는 스포츠에서부터 의료에 이르는 다양한 영역의 주제를 담은 42개의 사례를 실음으로써 학생들이 논의도 하고 분석도 할 수 있도록 하였다.

막을 올리는 대화

논의의 진행을 위해, 여러분의 수업과 다르지 않은 철학 수업을 방금 마치고 나온 두 학생이 나누는 가상의 대화를 들어 보자.

릭 : 윤리학 시간에 읽은 치누아 아체베[1]의 작품 『몰락(*Things Fall Apart*)』 같은 책은 참 흥미로워. 해결하기가 퍽 까다로운 물음들을 던져서 다른 사람들의 관점을 이해할 수 있게 해주거든. 물론 가끔은 우리 모두에게 필요한 일이지. 우리는 사물을 한 가지 방식으로만 바라보는 수렁에 빠져 있으면서도 그것이 **유일한** 방식이라고 생각하니까.

니나 : 동감이야. 그러나 아체베의 소설은 어느 정도 사실을 토대로 하면서 소설 속 마을인 우무오피아에서 일어나는 사건에 관한 얘기들을 담고 있는데, 그 사건들이 나를 아주 혼란스럽게 만들어.

릭 : 오, 그래? 어떤 거지?

니나 : 음, 예를 들자면 이렇지. 소설 속 주인공은 아내에게 폭력을 휘두르고 아동 학대를 일삼는 사람이야. 또 그 마을 사람들은 '악마의 숲'에 쌍둥이 아기를 남겨 두어 죽게 만들어. 이유는 그 아이

---

1) [옮긴이 주] 치누아 아체베(Chinua Achebe, 1930-   ) : 나이지리아의 소설가.

들에게 어떤 악령이 깃들어 있다고 생각했기 때문이지. 그건 옳지 않아! 영국 백인들의 등장은 어떤 면에서 '몰락'을 가져온 원인이 기는 하지만 다른 면에서 보면 진보이기도 하지.

릭 : 뭐라고!!?? 어떻게 그런 말을 할 수 있지? 너는 지금 미국의 안락한 교실에서 지구 반대편에 있는 다른 나라에 대해 판단을 하고 있어. 그들의 행위가 못마땅할 수는 있지만 그건 어디까지나 네 문제야. 무슨 권리로 아프리카의 작은 마을 주민들에게 무엇을 해야 하고 무엇을 해서는 안 된다고 말하는 거니?

니나 : 그래, 그건 정말로 '권리'에 관한 문제가 아니지, 안 그래? 우리 문화에서든 아니면 다른 문화에서든 무언가가 분명히 잘못일 때, 우리는 그것에 대해 어떤 소신을 가지고 말할 **책임**이 있는 것 아닐까?

릭 : 내 생각은 달라. 전혀 그렇지 않아. 그건 어떤 게임 규칙과 같아. 아프리카의 백인들 가운데 많은 이들은 영국인의 후손이어서 그들이 '풋볼'이라고 부르는 축구를 즐겨. 축구의 규칙들은 우리가 풋볼이라고 부르는 것의 규칙들과 같지 않아. 그런데 누가 둘 중 어느 것이 '옳은' 규칙이라고 말할 수 있을까? 아마도 그들은 모든 행동을 우리와는 다른 방식으로 하겠지. 우리가 옳고 그들이 그르다거나, 혹은 거꾸로 우리가 그르고 그들이 옳다는 말을 누가 하겠니? 성급하고 일방적으로 판단해서는 안 돼.

니나 : 글쎄…

릭 : 다른 예를 하나 더 들어 볼게. 미국이 파나마를 침공해서 마누엘 노리에가(Manuel Noriega)를 축출했을 때, 미국 군부의 지도자들은 파나마 국민은 '파나마 운하의 안전을 위해' 강력한 군대를 주둔시켜야 한다고 주장했어. 하지만 정작 파나마 국민들은 어떤 군대도 원하지 않았거나 기껏해야 약한 군대가 주둔하는 정도를 원했는데, 그 이유는 그들이 20년 동안 강력한 군부의 통제를 받

았던 탓에 더 이상은 그런 통제를 원하지 않았기 때문이지. 이제 물어볼게. 우리는 무슨 권리로 그들에게 이러저러한 것이 이득이 된다고 말하는 것일까?

니나 : 잠깐! 좀 찬찬히 생각해 보자고! 릭, 너는 지금 세 가지, 즉 유아 살해, 게임, 파나마에 대한 우리 군인의 조언을 혼동하고 있어. 놀이에 대한 네 생각에는 거의 전적으로 공감해. 아무도 다치지 않는 한 다른 나라의 관습과 생활방식 대부분은 게임과 같아. 예를 들자면, 그들의 결혼풍습이 무엇인지에 누가 신경 쓰겠니? 파나마에서의 군대에 관한 예는 유아 살해에 관한 예에 비해 더 게임에 가까워. 왜냐하면 그건 무엇보다도 일종의 전략에 관한 문제이며 누구도 부상을 입지 않을 테니까. 만일 누군가 부상을 입는다면 상황은 급변하게 돼. 그래서 아기들을 죽도록 숲에 내버려 둔다면, 반대할 뿐만 아니라 그런 일이 일어나지 않도록 하기 위해 그리고 천진난만한 아이들의 권리를 지켜 주기 위해 개입을 권장할 수도 있어. 나는 다른 나라에 개입하는 일은 윤리적 이유가 없는 한, 언제나 그릇된 것이라는 데에 동의해. 하지만 내가 여기에서 개입을 옹호하고 있는 것은 아니야. 단지 그들이 잘못이라고 말할 뿐이지. 나는 윤리적 판단을 내리고 있는데, 너는 내가 그런 판단을 내릴 '권리'가 없다고 주장해. 나는 사람들이 부상을 입거나 죽어 간다면, 윤리적으로 비난할 근거가 된다고 말하는 거야. 물론 개입이 필요할 수도 있지만 그건 완전히 다른 문제지.

릭 : 하지만 내가 아는 한, 우무오피아 주민들은 네가 '권리'라고 부르는 걸 인정하지 않아. 너는 지금 그들에게 네 윤리적 관점을 강요하고 싶은 거야.

니나 : 나의 윤리적 관점이 **옳은** 경우에만 그렇지.

릭 : 그런데 네 관점이 옳다는 걸 어떻게 알 수 있지? '옳은' 윤리적 관점 따위는 존재하지 않아! 나의 윤리적 관점, 너의 윤리적 관점,

그리고 지구 반대편에 있는 아체베의 마을 사람들의 관점만이 있을 뿐이야. 각자의 관점은 서로 다르며 더 '옳은' 관점은 존재하지 않아. 그 관점들은 모두 상대적이지.

니나 : 무엇에 대해 상대적이지? 문화에 대해서?

릭 : 응, 대체로 그래. 우리들은 모두 인류학자들이 말하는 '문화 적응'의 결과이며 모유를 먹으면서 태도와 신념도 함께 흡수하지. 우리는 거의 언제나 그 태도와 신념들이 무엇인지조차 모르면서! 분명한 건 그것들에 대해 의문을 갖지 않는다는 거야. 태도와 신념들을 가정해 놓고는 그것들이 자명해 보이기 때문에 결국에는 그 태도와 신념들에 의지하지. '옳다'와 '그르다'에 관한 너의 화려한 말들은 사실 문화적 편견에 지나지 않은 것을 얄팍하게 포장한 언어적 위장이야.

니나 : 지금 네 말은, 말하자면, 인간의 권리 개념이 문화적 편견일 뿐이라는 거니?

릭 : 그래, 꼭 그렇게 말하고 싶다면.

니나 : 하지만 편견이란 판단에 앞서고 또 이유들을 배제해 버리지. 인간은 권리를 가진다는 나의 주장은 이와 다르게 내가 속한 문화권이 아닌, **누구든** 마땅히 받아들일 수 있는 이유들에 의해 지지되는 그런 것이지. 이러한 주장은, 이유들에 의한 지지를 받지 못해서 비판을 견딜 수 없는 주장들, 즉 저마다의 문화적 선입견에 지나지 **않는** 주장들과는 차이가 있어. 릭, 너의 견해에 따르면 모든 주장들은 선입견 내지 편견과 동등한 것으로 전락하고 말지. 말도 안 돼! 넌 지금 많이 흥분하고 있어!

릭 : 대체 무슨 말을 하고 있는지 알 수 없구나. 예를 들어 보렴.

니나 : 나는 교사, 너는 학생이라고 치자.

릭 : 그래 좋아. 동의하지. 그런데 내 생각에는 반대로 했어야 해!

니나 : 아무래도 좋아. 어쨌든 교사로서 나는 전문적으로 말해서 '학

계'라고 부르는 문화의 하부 문화에 속해. 그 하부 문화를 'T'라고 부르자.

릭 : 알았어.

니나 : 내 문화에는 네 또래의 학생들이 속하는 또 다른 하부 문화 'S'가 있다고 하자.

릭 : 좋아.

니나 : 내가 속한 하부 문화의 성원들은 지금 이 시각 이후로는 학생들의 성적을 다음과 같은 방식으로 평가하는 데에 찬성해. 교실의 가장 앞쪽에 앉는 학생은 A학점, 맨 뒤쪽 학생은 F학점, 그리고 그 사이에 앉은 학생들은 나머지 적절한 학점.

릭 : 두 번째 줄에 앉은 학생들은 B학점, 세 번째 줄의 학생은 C학점, 뭐 그런 식으로?

니나 : 그렇지.

릭 : 절대로 안 돼! 황당하군! 아주 불공정한 방식이야.

니나 : 왜 그렇게 말하지? 학계 사람들이 이런 방식에 동의했어. 그리고 만일 학생들이 이 방식을 싫어한다면, 얼마든지 학교를 떠나 '공정하게' 평가되는 그런 곳으로 갈 수 있어.

릭 : 그렇지만 네가 속해 있는 집단의 결정은 자의적이고 제멋대로야. 누구나 그걸 알 수 있어!

니나 : 그것은 너의 견해야. 그런데 너는 나의 문화에 속해 있지 않다는 걸 잊지 마. 무슨 권리로 넌 우리가 공정하지 않다고 말하는 거지?

릭 : 그런 방식이 불공정하다는 것은 삼척동자도 알 수 있어! 그 평가 방식에 따라 얻은 점수들은 더 이상 아무런 의미도 나타내지 않아. 점수와 성과 사이에 어떤 연관성도 없다는 말이지. 지식은 쓸모없어질 거야. 학생들은 어떤 것도 배우려 하지 않을 것이고, 오로지 앞자리를 차지하기 위해 혈안이 되고 말겠지. 터무니없는

예란 말이야!

니나 : 그래? 그렇지 않다면 이 예는 유아 살해와 유사할까? 하부 문화 'S'의 학생들은 아체베 소설 속의 사람들과 같은 처지가 아닐까? 적어도 중요한 점에서는 그들과 닮지 않았을까? 내가 제시한 예가 너와 같은 사람들에 관한 것이고 네 자신을 그들과 동일시할 수 있다는 점 때문에 지금처럼 흥분하는 것은 아닐까? 그 문제가 네게 영향을 끼치지 않는 한 뒤에 팔짱을 낀 채 앉아서 그것이 우리가 관여할 일이 아니라는 것을 발표하기는 쉬워. 하지만 생각해 봐. 성적 평가 방식이 자의적이며 변하기 쉽다는 네 이유들은 어떤 문화의 사람들이건 **모두가** 받아들여야 한다고 생각하면서 제시한 것이지! 네가 옳아! 그 이유들은 학생이 속한 하부 문화의 사람들과 마찬가지로 교사인 내가 속한 하부 문화의 사람들도 받아들일 수밖에 없는 **좋은** 이유들이야. 네가 아까 말했던 것처럼 위장된 편견은 분명 아니지. 그 이유들은 문화와는 아무런 관련이 없어.

릭 : 하지만 어떤 의미에서는 관련이 있어. 교사들의 문화권에서는 그렇지 않을지 몰라도 학생들이 속한 문화권에서는 이들 이유를 인정할 거야.

니나 : 맞아, 그런데 내가 속한 하부 문화도 이 이유들을 인정**해야** 한다고 생각하지 않니? 결국 내 말은 교사들의 결정이 너는 물론 다른 학생들에게도 영향을 미친다는 것이지. 실제로 우리 문화권에서는 윤리적인 것이든 아니면 다른 것이든 간에 이유들에 의해 지지되는 참인 주장이라면 모두 인정해. 만일 우리 문화권 사람들이 우리의 평가 제도를 반대하는 네 논변을 들은 후에도 그것이 공정하다고 주장한다면, 그들은 마치 지구가 평평하다는 주장을 지지하는 증거가 전혀 없음에도 불구하고 그것을 믿는 사람들과 매우 닮은 셈이야. 평가 제도를 반대하는 네 이유들은 과학에서

지구가 평평하다는 가설을 반대하는 이유들과 닮았어. 그 이유들의 호소력은 모든 문화에 걸쳐 발휘되지. 말하자면 보편적이지. 논증을 따르면서 증거를 검토한 사람이라면 누구든 **틀림없이** 결론을 받아들일 거야.

릭 : 뭐 그럴 수도 있겠지. 그러나 너도 알다시피 그들은 그렇게 안 할 거야.

니나 : 그래 네가 맞아. 나도 그걸 알아. 하지만 그건 논점을 벗어나는 거지. 강력한 이유들이 있는 그런 사실들을 참인 것으로 인정하지 않는 이유를 설명하는 일은 심리학자들의 몫이야. 왜 사람들은 계속해서 지구가 평평하다고 믿을까? 난 잘 모르겠어. 너는 아니? 그건 우리가 논할 문제가 아니지.

릭 : 나도 그렇게 생각해. 그런데 내가 생각하기에 이유들의 강도는 하나의 문화적 현상이야. 우리 문화에서 강한 이유들이 다른 문화에서는 약할 수 있어. 처음 우리가 논의했던 예를 다시 보기로 해. 흑인은 인간이 아니라고 생각하는 사람들에게 '인간의 권리'라는 문구는 어떤 의미를 가질까?

니나 : 아 그렇구나! 하지만 그건 생물학자들이 쉽게 답할 수 있는 물음이야. 그것은 매우 쉬운 문제이며, 윤리적 주장을 지지하는 많은 이유들처럼 사실의 문제지. 그런 물음을 가장 쉽게 다루는 방법은 흑인은 인간이 **아니라는** 주장을 지지한다며 내어 놓는 이유들을 검토하는 것이야. 이 '이유들'이 비판을 견뎌 낼지 알아보는 거야. 그것이 우리가 취하는 방식, 즉 주장의 제시와 해결이라는 방식이지. 증거를 검토하고 걸러 내면서 비판을 견딜 수 있는 이유와 증거만을 수용하는 과정이야. 이는 문화적인 문제가 아니라 합당성을 지닌 모든 사람들에 해당하는 일이지. 좋은 이유들은 문화와 무관해. 백인들이 수세기 동안 흑인들의 권리를 부정하긴 했을지언정, 분명히 우리는 흑인들의 권리를 부정하는 좋은 이유들

을 찾을 수 없어. 우리는 이 경우에 백인들은 편견에 사로잡혀 있고 잘못을 저질렀다고 주장해야 해.

릭 : 그럴 수도 있고 아닐 수도 있어. 분명 문화적 선입견이 끼어들지. 논증 어느 지점에서는 그런 선입견을 피할 도리가 없어. 너는 네게 동의하지 않는 사람들 전부를 '합당성을 지니지 못한' 사람이라고 간주할 것 같지 않니? 네 입장은 옹졸함, 너만의 '합당성을 지닌' 입장과 충돌하는 입장을 마뜩해하지 않는 그런 편협함을 낳지 않을까?

니나 : 물론 가능한 일이야. 그렇지만 그게 바로 주장의 제시와 해결이라는 방법이 말하는 핵심 사항이지. 즉 내게 동의하지 않는 사람들의 신념은 물론이거니와 나의 신념을 검토하는 데에도 그 방법이 사용될 거야. 그러다 보면 당연히 내가 합당성을 지니지 못한 사람이 될 수도 있어. 꼭 다른 사람이 그렇게 되라는 법은 없다는 거지. 개인적인 선입견과 문화적인 선입견은 어디서든 툭 튀어나올 수 있어. 중요한 것은 항상 열린 마음을 유지하면서 그런 것이 발견될 때마다 어디에서든 제거하는 모습이야. 물론 완전히 제거할 수는 없지만 비판을 통해 그러한 선입견들 중 많은 것을 제거할 수 있고, 그때마다 우리는 자신의 논증들을 재검토하게 돼.

릭 : 그렇다면 네가 지금 말하고 있는 것은 윤리적 주장의 '진리'란 양자택일(either/or)이 아닌 정도(more or less)의 문제라는 거니? 그것은 문화적 선입견에 일정 정도 영향을 받는 강력한 이유 혹은 좋은 이유에 관한 문제라는 거지? 그래?

니나 : 내 생각은 그래. 그럼에도 불구하고 진리란 '선택'이 아닌 '정도'의 문제라는 네 말이 무얼 뜻하는지 아직 잘 모르겠어.

릭 : 에이, 모를 리가 있나. 예를 들어 수학에서 2 + 2 = 4라는 진술은 참 아니면 거짓이야. 중도(中道)는 없지. 심리학에서 예를 들자면, "인구 과밀 지역에 사는 사람들은 농촌 지역에 살 때보다 더 폭력

적이기 쉽다."고 주장한다면 그 진술은 어느 정도 확률적인 것이어서 증거의 강도에 의존해. 엄밀히 말하자면, 그러한 주장들은 참 혹은 거짓이라기보다는 그럴듯하거나 그럴듯하지 않거나이지. 그 주장들의 개연성은 증거와 상관관계에 있어. 즉 그 주장을 지지하는 증거가 많으면 많을수록 그 진술들은 더욱더 그럴듯하지. 네가 지금 주장하는 것이 바로 윤리적 주장은 수학적 주장들과 비슷하기보다는 심리학에서의 주장들과 더 비슷하다는 거야. 맞지?

니나 : 그래 맞아.

이 글의 제목이 알려주듯이 이 대화는 이후에 전개되는 이 책의 무대 설정에 해당한다. 처음 윤리학을 접하는 사람들 거의 대부분은 이처럼 쉽게 니나의 논증에 수긍할 가능성은 없으며, 지금까지 나타난 릭의 입장을 거의 그대로 취하는 경향이 있다! 이런 점을 감안해서 나는 여러분에게 니나가 더 강한 입장을 지지하고 있다는 사실을 납득시킬 생각이다. 여러분은 동의할 수도 있고 그렇지 않을 수도 있지만, 한 가지 지켜야 할 규칙은 논의 과정에서는 그 쟁점의 두 측면 모두를 보면서 열린 마음을 지니도록 최선을 다해야 한다는 것이다. 결국 니나의 입장에 동의하게 될지, 아니면 그렇지 않을지는 모르지만, 여러분은 윤리적 쟁점들과 관점들에 대해 진지한 사고를 하게 될 것이다. 그것은 매우 중요한 일이다!

제 1 장

모든 것은 의견 문제인가?

상대주의 대 객관주의

1.1 윤리학에서의 여러 주장들: 상대주의 비판

역사학자들에 의하면 학문의 역사에서 상대주의가 서양의 사고에 스며들기 시작한 때는 19세기 후반이다. 당시 비유클리드 기하학은 "모든 지식은 하나로 통한다. 만일 누군가가 기하학에서 모종의 확실성을 발견한다면, 우리는 물리학, 생물학, 윤리학, 혹은 종교에서도 그와 동일한 확실성을 기대할 수 있다."라고 하던 고전적 견해에 도전하기 시작했던 때다.[1] 비유클리드 기하학뿐만 아니라 다위니즘, 과학적 자연주의, 그리고 새로운 사회학과 인류학에 힘입어 윌리엄 G. 섬너(William Graham Sumner)[2]는 단정적으로 "자연법칙이란 존재하지 않는다. 자연권도 존재하지 않으며 그 어떤 것도 선천적이지 않다. 유일한 자연권은 생존권뿐이다."라고 말했다.[3] 여러 해 동안

---

1) Philip Davis and Rubben Hersh, *Descartes' Dream*, Boston: Houghton Mifflin, 1986, p.207.

2) [옮긴이 주] 윌리엄 G. 섬너(William Graham Sumner, 1840-1910)는 미국의 사회학자로, 예일 대학 교수를 지냈으며 예일 학파의 창시자다. 관습의 기원, 본질, 가치를 실증적으로 연구하였다. 현재의 주제와 관련 있는 섬너의 저서로는 『습속론(*Folkways: a study of the sociological importance of usages, manners, customs, mores, and morals*)』(1906)이 있다.

'자연권'이라는 용어는 '인간의 권리', 그리고 '자연법칙'은 '도덕법칙'과 동의어로 사용되었다. 이들 두 개념을 거부하면서 상대주의자들은 모든 종류의 윤리적 객관성을 거부하게 된다. 그리고 만일 어떤 의미에서 윤리를 '객관적'인 것으로 볼 수 없다면, 마틴 루터 킹(Martin Luther King, Jr.)의 표현대로, 도덕적 우위란 존재하지 않는다.

이와 같은 공격의 결과로 상대주의는 윤리 또는 도덕뿐만 아니라 우리 일상에도 널리 확산되었다. 상대주의는 일상적인 사유에도 위력을 발휘하면서 다양한 모습으로 나타나고 있다. 낸시 L. 기퍼드(Nancy L. Gifford)의 말을 들어 보자.

소박한 상대주의는 일상언어의 어법에서는 확실히 살아남아 있다. "너에게는 너의 진리가, 나에게는 나의 진리가"라는 말은 몇 가지 표현들만 인용해 보더라도 "각자에게 그의 것을", "모든 사람은 자기 생각을 말할 자격이 있다", "로마에서는 로마인들처럼 행동하라", "사람이 다르면 다른 식으로", "좋게 느끼는 건 무엇이든"과 같이 되풀이되고 있다. 우리는 이런 표현들을 무심코 그리고 아무 거리낌 없이 사용한다. 자신이 정말 무엇을 말하고 있는지 자문할 필요는 없다. 사실상 우리는 이런 표현들을 사용하면서 우리 자신이 상대주의자인지를 생각조차하지 않는다. … 그 표현들은 친숙한 모습으로 우리의 주변을 에워싸고 있다. 우리가 예상할 수 있는 것은 이렇다. 그와 같은 상대주의적 표현들을 사용하는 사람들은 그 표현을 반복하는 것만으로도 때때로 '상식'이라고 부르는 그 친숙함을 핑계로 상대주의 입장을 무비판적으로 수용하거나 선호하는 성향을 띠게 된다.[4]

이와 같은 배경에서 보면 상대주의에는 많은 논란거리들이 도사리고 있으므로 윤리적 상대주의를 면밀히 그리고 비판적으로 검토해

---

3) Davis and Hersh, *Descartes' Dream*, p.213.

4) Nancy Gifford, *When in Rome*, New York: State University Press, 1983, p. 28.

볼 필요가 있다. 표면상, 어떤 것들은 옳은 듯, 그리고 나머지 것들은 그른 듯 보이며, 따라서 도덕적 우위가 존재하는 듯하다. 그리고 우리 모두는 이따금 자기 자신이 그 우위를 점하고 있다는 생각에 빠져든다.

윤리학에서의 상대주의

앞서 언급한 이유들에서 알 수 있듯이 우리 문화에는 이제 윤리적 판단, 그리고 가치판단 일반은 '상대적'이라는 견해가 널리 퍼져 있다. 많은 사람들은 앞의 대화에 등장하는 릭의 견해에 공감한다. 그들이 볼 때 윤리적 논쟁은 단지 다양한 욕구와 바람, 흥미, 태도, 그리고 좋아함과 싫어함을 둘러싸고 일어나는 갈등일 뿐이다. 이러한 가치들은 논쟁의 각 당사자들에 대해, 혹은 그들 각자의 문화에 대해 상대적이다. 따라서 만일 내가 유대인들을 몰살하려 한 것은 사악한 일이라고 판단하거나, 팔레스타인의 한 청년이 손님들로 가득한 이스라엘의 어느 레스토랑에 걸어 들어가 자폭함으로써 남녀노소 구분 없이 많은 사람들을 죽였을 때 그를 미쳤다고 주장할 경우, 그런 사람들에 따르면, 나의 판단은 그저 나의 '의견(opinions)'[5])에 불과한 것, 즉 방금 제시한 긴 문장 속에 등장하는 단어 목록을 하나의 말로 표현하기 위해서 사용하는 일종의 집합 용어에 불과한 것이다. 대중적인 견해에 따르면, 이들 '견해'는 개인 내지 문화의 경계를 넘어선 합리적 논증을 필요로 하지 않으며, 그리고 또 이런 견해에 따르면, 윤리학은 현재 이성이 아무 역할도 하지 못하는 수렁에 빠져

---

5) [옮긴이 주] 이 책에서는 'opinion'과 'view'를 각각 '의견'과 '견해'로 옮겼다. 또 간혹 문맥에 따라서 'opinion'을 '견해', '생각' 등으로 적기도 했으나, 이를 일일이 밝히지는 않았다. 저자는 이 둘을 구분해서 사용하는 대목에서는 'view' 는 단수로, 'opinion'은 복수로 표현함으로써 그 차이를 드러내고 있지만, 모든 경우에 그 차이를 하나의 우리말 단어로 온전히 드러내기는 쉽지 않다.

있다. 마르크스주의 작가인 테리 이글턴(Terry Eagleton)의 말처럼, 윤리적 상대주의에 따를 경우, 우리는 "가령, 파시즘에 저항해야만 하는 이유를 파시즘은 잉글랜드 남동부의 서섹스 주 또는 미국의 새크라멘토에서는 행해지지 않기 때문이라는 전혀 설득력이 없는 무기력한 변명"으로 제시해도 무방하다.6)

내가 상대주의를 신중하게 그리고 꼼꼼하게 따져 보려는 목적은, 상대주의를 거부하고, 그 대신에 윤리학에는 이성이 들어설 매우 중요한 지점이 있고, 윤리적 추론은 서로 충돌하는 견해들로 뒤엉킨 수렁에서 우리를 벗어나게 해주며, 정말 오늘날처럼 복잡한 세상에서 우리가 직면하는 숱한 윤리적 문제들을 해결하고, 도덕적 우위를 모색하고 확보하는 데 도움을 줄 수 있다는 주장을 하기 위해서다. 이것이 바로 내가 이 책에서 하고자 하는 주장이다. 하지만 그렇다고 해서 여러분이 내 주장을 액면 그대로 받아들이기를 바라지는 않는다. 내 주장을 출발점으로 삼아 모든 주요 쟁점들을 신중하게 그리고 비판적으로 검토하기 바란다.

윤리적 주장은 무엇에 관한 것인가?

상대주의와 비상대주의 논쟁에서 주요 쟁점은 가치판단이 한편으로는 주체나 문화 혹은 둘 모두에 관한 것인지, 아니면 주체와 문화와는 독립해 있는 세계 내의 사건들과 대상들에 관한 것인지 하는 물음을 둘러싸고 발생한다. 예컨대, 내가 만일 "브루투스가 카이사르를 죽인 것은 그릇된 일이었다."라고 주장한다고 하자. 그러면 나는 나 자신에 관한 무엇인가를 주장하고 있는가(주관주의), 아니면 나의 문화에 관한 어떤 것을 주장하고 있는가(문화상대주의), 그것도 아니

---

6) Terry Eagleton, *The Illusions of Postmodernism*, Malden, Mass.: Blackwell, 1996, p.27.

면 사건 그 자체에 관한 어떤 것을 주장하고 있는가(비상대주의 혹은 객관주의)?

첫 번째 경우, 나의 판단은 "그러한 일은 내게 섬뜩함을 준다."와 같이 그 사건을 향한 나의 개인적 반감을 표현하거나 "내가 그러한 일에 찬성하지 않는다는 것은 참이다."와 같이 그 사건을 보는 나의 태도에 관한 주장을 표현한다. 두 번째 경우, 그 판단은 "일반적으로 말해, 그러한 일은 나의 문화에서는 받아들일 수 없다. 그 일은 법에 저촉된다."고 하는, 그 사건에 대한 나의 문화의 지배적인 태도에 관한 주장이다. 세 번째 경우에 나의 판단은 "브루투스가 카이사르를 살해한 것은 그릇된 일이다."와 같이 나 자신 혹은 내가 속한 문화권의 다른 사람들의 호불호(好不好)와는 상관없는 그 사건 자체에 관한 주장이다.

> 우리가 상대적인 입장에서 판단을 하고 있는지, 아니면 비상대적인 입장에서 판단하고 있는지는 각 경우의 주장의 이유가 어떤 종류이냐에 따라 결정된다.

주관주의자 내지 상대주의자는 사람들이 실제로 그와 같은 사건에 찬성하지 않는다는 주장을 그 이유로 삼거나, 혹은 거기에는 판단이란 아예 존재하지 않으며, 그 사건에 대한 개인의 감정 표현에 불과하기 때문에 이유란 존재하지 않는다고 생각한다. 문화상대주의자의 경우에는 일반적으로 자신의 문화에 속해 있는 개인들은 사실상 살인과 같은 행위를 부정하는 것에 대해서 (문화적으로 구속력이 있는) 이유를 가지고 있다는 주장을 이를 지지하는 이유로 삼는다. 바꿔 말하면, 그들의 이유는 특정 문화에 속한 사람들에게만 혹은 그들 대부분에게만 설득력이 있다. 비상대주의자 내지 객관주의자들의 이유는, 그 살인 행위는 그릇된 것이며 어느 시대 어느 문화의 사람들이건 그 이유들에 동의하고 각자의 개인적 혹은 문화적 특수성과는 무관하게, 그 사건에 대해 동일한 결론을 내려야 한다는 주장을 지지한다.

윤리적 주장의 진리

주관주의자 내지 상대주의자들에게 가치판단은 당신 혹은 당신의 문화에서는 참이지만 나 혹은 나의 문화에서는 거짓이라는 점에서 참이면서 또 거짓일 수 있다. "당신은 브루투스가 카이사르를 살해한 것이 그릇된 일이라고 말하고, 나는 그렇지 않다고 말한다." 언뜻 보기에 이는 매우 매력적인 입장이며 서로 다른 관점들에 대해서 개방적이며 관용적이다. 하지만 불행히도 관용에는 한계가 있고, 거의 모든 사람들이 동의할 그릇된 일은 존재한다(만일 그 남자를 붙잡는다면 우리 모두는 그가 어린아이를 때리지 못하도록 노력할 것이다!). 또 대부분의 사람들이 동의하는 사건들은 무엇인지, 그리고 우리는 그것들이 실제로 그릇된 일임을 의심할 만한 좋은 이유들을 가지고 있는지를 알아내는 노력은 의미가 있다. 안타깝게도 상대주의는 무엇이 옳고 그른지에 관한 논의를 "논점은 무엇인가? 누가 말할 것인가?"라며 시작도 하기 전에 종결시키며, 철학자들은 바로 이것을 상대주의의 주된 문제로 지적한다. 이와 달리 객관주의자에게 가치판단은 참이면서 동시에 거짓일 수 없다. 가치판단들은 주어진 이유들 또는 이미 확정되어 있는 다른 이유들에 의거해서 참이거나 거짓이다.

그렇다면 객관주의는 논의의 장을 열어 놓은 셈인데, 그 이유는 "브루투스는 카이사르를 죽이지 말았어야 했다."와 같은 주장들은 거의 틀림없이 참이거나 적어도 합당한 것이기는 하기 때문이다. 결론적으로 논의할 무엇이, 그리고 동의하거거나 거부할 어떤 것이 존재한다. 하지만 상대주의자에게는 그와 같은 것이 존재하지 않는다.

상대주의와 객관주의의 차이와 관련해서 우리가 직면하는 난점은 단지 각 주장의 표현 방식을 조사하거나 듣는 것만으로는 각각의 특징을 확정할 수 없다는 것이다. 각 주장은 외관상 동일하다! 앞에서 이미 말했던 것처럼 우리는 각 경우에 주어지는 **이유의 종류**만으로 그 차이점을 포착할 수 있다. 결국 윤리적 추론에서 '왜?'라는 물음은 결정적이다. 이에 대해 좀 더 자세히 알아보자.

A. 상대주의 / 주관주의

"브루투스가 카이사르를 죽인 일은 그릇된 행동이었어."

"왜?"

"그냥 그렇게 느끼기 때문이야. 그런 일은 날 열 받게 해. 나는 폭력을 참을 수 없어. 웩!!!"

이때의 주장은 말하는 사람 내지 글쓴이에 관한 것이며, 따라서 주관적이거나 혹은 사람에 따라 상대적이다.

B. 문화상대주의

"브루투스가 카이사르를 죽인 일은 그릇된 행동이었어."

"왜?"

"왜냐하면 나의 문화에서는 누구도 그와 같은 종류의 행동을 하지 않기 때문이지. 그 행위는 불법이고 나와 같은 사람들에게는 도덕적으로 혐오스러운 것이야. 나는 늘 그와 같은 일은 그릇된 것이라고 배웠어."

브루투스에 관한 주장은 화자의 문화에 관한 것이며 따라서 문화적으로 상대적이다.

C. 비상대주의 / 객관주의

"브루투스가 카이사르를 죽인 일은 그릇된 행동이었어."

"왜?"

"그건 말이지, 생명 존중에 관한 윤리적 원칙들을 지키지 않았고, 그 원칙들이란 모든 문화와 대부분의 주요 종교에서 기본적인 것으로 간주되기 때문이야."

(또는)

"그건 말이지, 브루투스는 로마에 미칠 결과를 잘못 계산해서 결국 자신이 의도한 것과는 정반대의 결과를 낳았고 로마 시민들에게는 그의 행위가 없었더라면 겪지 않았을 고통과 불행을 남겼기 때문이야. 따라서 누군가 그 행위 자체를 결과들에 비추어 정당화하려 한다고 해도, 그 결과들은 그 행위가 그릇된 것이었음을 보여주거든."

이것이 바로 개인 내지 문화적 편견과 무관하게 모든 시대에 누구나 접근할 수 있는 이유들과 논증이 지지하는 비상대주의적 주장이다. 이 주장의 참은 그 논거의 강도에 따라 결정된다. 그렇다면 우리는 그 주장에 대한 토론 대신에 그 주장을 지지하기 위해서 제시된 이유들을 면밀히 검토해야 한다. 객관주의에서는 이유들을 어떻게 검토할지가 의미 있는 일이지만, 주관주의와 문화상대주의에서는 그와 같은 일이 사실상 무의미하다는 점에 유의하라. 만약에 오로지나 자신 내지 내 이웃들만 '이유들'에 접근할 수 있다면, 브루투스가 그릇된 행동을 했다고 생각하는 이유를 묻는 일이 무슨 의미가 있겠는가?

위에서 언급한 세 경우 각각 어떤 주장을 하고 있다. 하지만 각 주장들은 서로 다르며 우리는 제시된 이유들과 증거를 살핌으로써 그 차이를 분명히 확정해야 한다. 우리는 그 차이를 '상대적 주장들'과

'비상대적 주장들'이라는 말로써 표시할 것이다. 이렇게 구분함으로써 문화상대주의가 주관주의에 비해 훨씬 더 그럴듯하며 따라서 좀 더 꼼꼼히 다룰 필요가 있긴 하지만, 여기에서는 그 둘을 두 가지 유형의 상대주의이면서도 근본적으로는 같은 것으로 다룰 것이다. 아무튼 두 관점은 내가 여기에서 옹호하려는 비상대주의 혹은 객관주의와는 날카롭게 구분된다.

윤리학에서의 정당화는 지지 근거의 한 기능이다

그렇다면, 윤리적 추론에서 우리가 찾고 있는 것은 18세기 독일의 철학자 임마누엘 칸트(Immanuel Kant)가 윤리적 판단을 위한 '객관적이고 충분한' 이유들이라고 지칭한 것, 즉 신중하고 비판적으로 숙고하는 사람들이면 누구나 그 판단들을 수용하도록 해주는 이유들이다. 한마디로 말해, 우리는 지금 윤리적 판단을 위한 '정당화'를 모색하는 중이다. 만약 이 정당화가 비상대적이라면, 그것은 정당화될 주장의 이유 내지 증거가 **어떤 사람**이 제기하는 합리적인 비판이든 반드시 견디어 낼 수 있어야만 한다는 뜻에서 객관적이어야 한다.

우리가 '위대함'과 '그릇됨' 같은 것을 눈으로 볼 수 없으며, 그리고 이에 해당하는 판단들에 정확히 대응하는 것이 무엇인지 모르기 때문에 윤리적 판단, 또는 일반적으로 가치판단을 정당화하기 **어렵다**는 것은 분명한 사실이다. 그럼에도 불구하고, 내가 "셰익스피어는 위대한 작가다."라고 주장할 때는, 일단 우리가 '위대한'이라는 핵심어의 의미에 관해 의견의 일치를 보기만 하면, 셰익스피어의 희곡들에는 그 작품 그리고 그 작가에게 '위대한'이라는 수식어를 붙이도록 해주는 **그 무엇**이 존재할 가능성이 매우 크다. 셰익스피어의 희곡들에서 발견한 것이 예컨대 재키 콜린스(Jackie Collins)의 작품에는 없는 것임을 판단하고자 할 때, 우리의 관심은 그의 희곡들이 지닌 그 특징들로 쏠릴 수 있다. 이것이 문예비평이 하는 작업이다. 대개 우리는 원문에 대한 면밀한 독해를 기초로 한 강력한 이유들을 제시하고, 가능한 한 최선을 다해 편견이나 선입견을 제거하려고 노력한다. 또한 우리는 사실적인 증거도 찾는다. 가치 영역에서의 정당화를 위한 합리적 기초로 삼게 되는 것이 바로 이들 이유와 증거라 할 수 있다. 이와 같은 합리적 기초가 강력한 것인지 아니면 약한 것인지를 둘러싸고 의견이 다를 수 있다는 사실이 셰익스피어 혹은 살인에 관한 우리의 판단이 절망적이게 상대적이라거나 주관적임을 함축하지 않는다. 실제로 우리는 가장 활발한 토론으로 이끄는 가치판단들이 곧 가장 숙고할 만한 유의미하고 중요한 주장들이라고도 말할 수 있다.

나의 핵심 주장이 무엇인지 분명히 하기로 하자. 윤리학은 비상대적인 주장들, 말하자면 합리적이거나 불합리한 주장들에 관여한다. 윤리적 주장을 정당화하고 개인적 편견과 같은 상대적 요소를 제거하는 과정에서 어느 정도의 성공 내지 실패가 있기는 할지라도, 합리적인 정당화와 문화 구속적이지 않은 지지 근거를 확보한 윤리적 판단일수록 그만큼 객관적인 주장이다. 자신의 편견과 정서적 요소를 자각하기는, 불가능하지는 않지만, 무척 어렵다. 때문에 나는 이 편견들이나 정서적 요소들을 확인하고 제거할 수 있느냐에 의존한다는 점에서, 우리의 윤리적 주장들이 **어느 정도** 상대적이라는 사실을 인정한다. 이 점에서는 상대주의자가 옳다. 문화적 편견과 선입견은, 때에 따라서는 격한 감정을 동반하면서 다른 유형의 판단들보다 가치판단에 더 잘 스며든다. 하지만 우리는 이들 주관적 요소들이 무엇인지를 확인할 수 있으며, 예컨대 우리의 판단이 문화적 편견이나 감정적 개입에 기초한 것임을 알면 알수록 그만큼 우리는 그 요소들에 얽매이지 않으면서 윤리적 주장을 위한 합리적인 (범문화적) 기초를 모색할 수 있다. 만일 내게 예컨대, 동성애 혐오증이 있음을 깨닫는다면, 동성애자에 관한 나의 판단은 결함을 안기 마련이다. 하지만 이런 편견이 있음을 인정해서 제거하면, 내 판단은 훨씬 더 쉽게 바로잡힐 것이다. 윤리적 추론은 주로 여기에 관여한다. 이곳이 바로 윤리적 영역에서 '정당화'가 관여하는 지점, 즉 윤리적 주장을 위한 객관적 기초, 다른 모든 사람들이 좋은 윤리적 이유들로 인정하고 받아들여야 할 기초를 모색하기 위해 이미 제시된 지지 근거들에서 주관적이거나 상대적인 요소들과 함께 편견과 선입견을 제거하는 지점이다.

비상대적인 주장과 상대적인 주장 사이에는 차이가 존재한다는 사실과 우리는 비상대적인 윤리적 주장을 제시하거나 제시할 수 있다는 사실에 동의할 수 있다면, 그리고 윤리적 주장이 정당화되면 될수록 그만큼 객관적이라는 사실에도 동의할 수 있다면, 이제 우리는 좀 더 까다로운 문제, 즉 특수한 경우에 우리가 상대적인 주장을 다루고 있는지 아니면 비상대적인 주장을 다루고 있는지를 결정하는 방법, 그리고 만일 비상대적인 주장을 다루고 있다면 그 주장은 얼마나 강력한 것인지, 즉 우리가 제시한 증거에 주관적이고 상대적인 요소들이 어느 정도 스며들어 있는지에 관한 문제에 맞서야 한다. 이 부분에서 우리가 주목할 것은, '강한(strong)'이라는 낱말은 윤리적 주장이 합리적인 논증에 의해 그리고 독립적으로 시험 가능한 증거, 즉 강력한 증거의 지지에 의해 얻을 수 있는 객관성의 정도를 가리킨다는 사실이다. 한 주장을 지지하는 근거가 개인적, 문화적 편견에서 자유로울수록, 그리고 논증과 증거가 합리적이고 사심 없는 인격에게 더 설득적인 것일수록 그 주장은 더 강력하다. 어떤 주장의 증거와 지지 근거가 덜할수록, 그리고 주관적인 요소 내지는 문화적인 요소가 더 우세할수록 그 주장은 더 약해진다.

검증(verification) 또는 정당화 절차는 매우 간단하다. 주관적이거나 상대적인 요소를 확인하고 제거하듯이 객관적인 요소들을 분리하고 확인하면 된다. 주관적이거나 상대적인 요소들은 판단의 당사자에게 독특하거나 혹은 그 당사자의 문화와 관계가 있으며, 따라서 모든 문화의 모든 합리적인 사람들에까지 구속력을 갖지 못한다. 우리가 객관적인 주장을 할 때, 다음과 같은 단계를 밟는 경우에 한해서 참이거나 또는 합당하다고 말할 수 있다.

1. 우리는 객관적인 주장을 다른 시점에서도 직접 검증할 수 있거나 혹은 반증할 수 있다.

2. 다른 누군가가 (그 사람의 문화적 편견과는 무관하게) 그 주장을 검증 내지는 반증할 수 있다.

3. 그 주장은 합리적 비판을 견뎌 낼 수 있다.

이 세 단계는 주관적이고 문화적인 요소들을 점진적으로 제거하면서 객관적이고 범문화적이며 비개인적인 요소들을 확인하는 과정이다. 이 방법은 완전하지는 않지만, 매우 성공적일 수 있다. 이 방법에는 제안과 거부, 비판과 옹호, 수정과 적응이 들어 있다. 그 무엇보다도 이 방법은 열린 마음과 지적인 정직을 요구한다.

더 생각해 보기

이곳에서 제시된 논제는 윤리적 혹은 미적 판단을 단지 '의견들'로 간주하는 데 익숙한 사람에게는 특히 더 소화하기 어렵다. 우리는 "셰익스피어는 위대한 작가였다."라든지 "브루투스가 카이사르를 죽인 일은 그릇된 행동이었다."와 같은 판단을 할 수 있으며, 그것들은 정당화될 수 있는 것이라고 주장할 수 있다. 그런데 이와 같은 생각이 많은 이들을 괴롭히고 있다. 그들이 보기에 그와 같은 생각에는 우리가 상위 지식을 가지고 있는, 즉 그들이 모르는 것을 알고 있는 사람들이라는 주장도 함축되어 있다. 당신은 이렇게 묻고 싶을 것이다. 셰익스피어가 재키 콜린스보다 더 위대한 작가라고 말씀하시는 건가요? 옳지 않아요! 콜린스의 소설은 정말 재미있지만 셰익스피어의 글은 너무 따분해요. 더구나 콜린스의 책이 셰익스피어 작품보다 더 많이 팔렸답니다! 누가 감히 셰익스피어가 더 훌륭한 작가라고 말하죠? 실제로 '위대한'이라는 말의 뜻을 모른다면 우리는 어떻게 그가 위대하다고 말할 수 있을까요?

이는 매우 훌륭한 질문들이며, 이에 대해서는 그와 같은 질문들이 다시 등장하는 다음 장들에서 직접 다루게 될 것이다. 현재로서는 내가 지금까지 옹호한 입장에는 상위 지식이 존재한다는 주장이 함축되어 있지는 않다는 점을 지적할 수 있을 뿐이다. 아무도 그 또는 그녀가 무엇이 셰익스피어를 '위대한' 인물로 만드는지 (확실히) **알고 있다**고 장담할 수 없다. 이 주제는 셰익스피어는 위대하거나 그렇지 않다 — 둘 다일 수는 없다 — 이며, 브루투스가 카이사르를 죽인 일은 그릇된 행동이었거나 아니었다는 것이다. 이 중에서 어떤 견해가 옳든 그것은 셰익스피어에 관한 특징 혹은 카이사르의 암살을 둘러싼 상황의 특징이 무엇인지를 힘써 확정하려는 누군가에 의해 합리적으로 옹호될 수 있다.

이 책의 논의 방향을 계속 따라가기는 그리 만만치 않다. 앞서 보았듯이 윤리적 추론은 집중력과 끈기를 필요로 한다. 시작부터 그것이 불가능하다고 단정한다면 (상대주의적 태도에서 출발한다면) 더 이상의 논의는 아무런 의미가 없다! 때문에 적어도 우리는 출발 단계에서만큼은 윤리적 추론에 뛰어들어 윤리적 판단들을 위한 합리적 기초를 발견하는 것이 **가능하다**는 것을 허용해야 한다. 시도를 해본 후에 그것을 행할 수 없다는 판단이 서면, 그때서야 비로소 불가능하다는 말을 할 수 있다.

말이 나온 김에 중요한 논점 하나를 보기로 하자. 가치판단은 객관적이며 단순한 개인적 신념에 불과한 것이 아니라고 주장하는 것이 가치판단을 개인적 신념이나 의견으로 환원하려는 통속적인 경향을 따르는 것에 비해 궁극적으로 훨씬 더 **흥미로울** 뿐만 아니라 유익하기까지 하다. 이 책에서 내가 옹호하려는 객관주의 논제는 다른 논제는 닫아 놓은 탐구의 문을 많이 열어 놓고 있다. 만일 우리가 가치판단들은 그저 개인적 신념이라고 고집한다면, 그것들을 깊게 생각해야 할 사람이라고는 기껏해야 그 신념을 내세우는 사람과 그와 가까운 친구들, 가족, 그리고 아마도 그 사람의 정신과 의사 정도일 것이다. 가치판단이 우리 모두가 공유하는 세계에 관한 것이 아니라면 우리 말고 다른 사람들은 가치판단에서 그 어떤 철학적 흥미도 찾지 못할 것이다. 기퍼드는 이 점을 아주 잘 지적하고 있다. "상대주의적 입장은 우리가 정말 궁금해 하는 더 넓은 세계로부터 결국 등을 돌리게 하였으며 이는 불행한 일이다."[7] 달리 표현하자면, 상대주의는 파괴적인 신조인데, 논의를 시작할 수는 있지만 논의의 **요점**도 없고 결과를 낳을 가능성도 없다고 우기면서 시작하기도 전에 논의를 끝내 버리기 때문이다. 반면에 가치판단을 우리 모두의 세계에 관한 합당한 믿음 내지는 객관적 주장으로 취급할 수 있다면 동의 여부와 상관없이 우리는 그 판단들을 논의에 부칠 수 있고, 더 나아가 관련된 논쟁들을 (적어도 원리상) 합리적인 방식으로 해결할 수 있다. 이유와 증거가 이 주장들을 지지하면서 그것들을 객관적으로 만들거나 아니면 그렇지 않은 것으로 만든다. 그런 까닭에 우리는 반드시 주어진 증거와 근거들, 판단을 위한 '객관적이고 충분한 근거'에 관심을 기울여야 한다. 바꿔 말하면, 서슴없이 '왜?'라는 질문을 던지고 열린 마음으로 그 답을 찾을 수 있다면 우리는 윤리적 추론에 뛰어들 수 있다.

---

7) Gifford, *When in Rome*, p.77.

1.2 윤리적 논증에서의 객관주의 옹호론

윤리적 상대주의는 받아들일 수 없으며 윤리적 판단은 합당한 주장이지 개인적 신념에 불과한 것이 아니라고 단언하는 것과 이를 옹호하는 일은 서로 별개의 문제다.

우선, 윤리적 판단은 '객관적'이거나 그렇게 될 수 있다고 말할 때 그 의미가 무엇인지를 분명히 파악할 필요가 있고, 특히 **윤리적** 판단으로서, 그것이 다른 유형의 판단들과는 어떤 점에서 유사한지, 또 어떤 점에서 다른지를 잘 이해할 필요가 있다. 윤리적 판단은 예컨대 일상적인 지각 판단과 분명히 다르기 때문에 우리는 윤리적 판단을 그저 '상대적'인 것으로 무시하면서, 대부분은 지각 판단을 비상대적이거나 객관적인 판단, 그리고 참이거나 거짓인 판단으로 생각하기 십상이다. 비록 그와 같은 차이점들이 꽤 실제적이기는 해도, 중요한 유사점 역시 존재하며, 우리는 윤리적 판단에 대한 공정한 평가를 위해서 그 유사점에 더 주의를 기울여야 한다.

앞 절에서 나는, 논의의 범위를 좀 더 확장해서 셰익스피어의 '위대함'에 대한 나의 생각을 밝혔다. 이제는 논의의 범위를 윤리로 좁히기로 하자. 그러기 위해서는 더 예리한 집중이 필요하지만, 그렇다고 해서 나의 논점이 달라지는 것은 아니다. 만일 내가 "조지는 좋은 사람이다."라고 말한다면, 그것은 "조지는 키가 180센티미터가 넘는다."라는 말과 상당히 다르다. 높이는 볼 수 있고 측정할 수 있지만 '좋음'은 볼 수도 없고 측정할 수도 없다. 하지만 그렇다고 해서 이 사실로부터 나에게는 조지가 좋은 사람임을 주장하기 위한 합당한 근거가 전혀 없다는 결론이 따라 나오는가? 다시 말해서, 감각 경험이 제공할 수 있는 것, 즉 보고 측정할 수 있는 것 이외에 다른 증거들은 제공할 수 없는가? 아니면 검증과 정당화에는 단순한 감각 이상의 무엇이 존재하는가?

다른 학문 분야와 비교하기

세 개의 서로 다른 판단, 즉 천문학에서의 판단, 역사학에서의 판단, 그리고 윤리학에서의 판단을 택해 무엇이 각각의 검증 혹은 정당화를 구성하는지 보자. 이때 우리는 차이점뿐만 아니라 유사점에도 주목해야 한다. 만일 내가 윤리적 주장이란 비상대적인 주장임을 옹호하고자 한다면, 나는 내가 비상대적이라고 알고 있는 주장을 검증할 방법을 알고 있어야 하며 또한 그와 같은 것이 윤리적 주장들의 경우에도 등장하는지 살펴야 한다.

첫 번째 예는 천문학에서 가져온 주장인데, 어느 누구도 문제 삼지 않을 내용을 진술하고 있다.

(C1) "지구는 매년 태양 주위를 타원 궤도로 일주한다."

두 번째 예는 역사에 관한 주장이다.

(C2) "후기 청동기 시대에 그리스와 수메르 사이에는 밀접한 교류가 있었다."

세 번째 예는 윤리적 주장이다.

(C3) "속도측정 탐지기를 불법화해야 한다."

세 번째 주장이 참인지 아닌지는 지금 우리가 가릴 일이 아니다. (C3)가 하나의 '주장'이라는 말은 단지 그것이 참이라고 **주장한다**는 뜻이다. 즉, 그 주장을 지지하는 증거들을 토대로 그것을 시험하고 참 또는 거짓인 것으로 수용하거나 거부하는 어떤 절차가 존재한다.

바꿔 말하면, 그 주장은 정당화되거나 정당화될 수 없다. 세 번째 주장의 정당화 방법을 알기 위해서는 과학과 역사에서 가져온 더 직접적인 주장들의 정당화 과정을 알아야 한다.

과학적 주장

과학에서 가져온 (C1)은 엄밀히 말해서 지각에 토대를 둔 판단은 아니다. 그 주장의 증거들은 주로 수학과 물리학에서 가져온 것들이다. 감각적 증거들 대부분은 어느 것에나 적용되기 때문에 의존할 만한 것이 못 된다. 감각적 증거는 지구중심설을 지지하거나 혹은 태양중심설을 지지하는 증거로 사용될 수 있다. 우리는 태양의 겉보기 운동을 지구의 운동으로 설명하거나 태양의 운동으로 설명할 수 있다. 하지만 거의 전적으로 수학적 증거에 의해 지지받는 가설은 폴란드의 천문학자인 코페르니쿠스의 태양중심설이다. 그의 가설이 오늘날 '더 합당한 견해'라는 자격을 가질 수 있는 이유가 거기에 있다.

1530년에 코페르니쿠스는 지구가 태양 주위를 돈다는 이론을 최초로 제안하였다. 그의 제안은 지지를 받았지만 동시에 심각한 반대에 부딪치기도 하였다. 지지를 받은 이유는 그가 이미 오래전부터 상당한 능력을 가진 수학자로 알려졌기 때문이다. 반대에 직면한 이유는 그의 이론이 로마 천주교회의 전통적인 견해와 정면으로 충돌했기 때문인데, 당시 교회는 인간의 '당연한' 지위를 우주의 중심에 두었던 아리스토텔레스의 권위를 따르고 있었다. 시간이 갈수록 반대는 더욱 격해졌다. 코페르니쿠스가 죽은 지 57년이 지난 후에 브루노(Giordano Bruno, 1548-1600)는 태양중심설을 옹호했다는 이유로 화형을 당했다. 루터(Martin Luther, 1483-1546)마저도 코페르니쿠스를 성서에 반하는 생각을 고집하는 '바보'라며 비난했다. 이에 대해서 코페르니쿠스는 용기 있게 "수학을 전혀 모르면서도 그러한 물음들을 함부로 판단하는 사람들, 그리고 나의 연구를 비난하고 거부하는 사람들은 성서의 구절을 잘못 해석하고 있다."라고 훈계했다.[8]

17세기 초 브라헤, 갈릴레이, 케플러와 같은 학자들이 역학에서 한 새로운 발견, 더 정교해진 천문학적 관찰, 더 정확해진 수학적 계산법이 등장하면서 태양중심설은 얼핏 보기에 상식과 이치에 들어맞는 듯 보이는 해묵은 지구중심설을 차츰차츰 대체하기 시작했다. 예컨대 갈릴레이는 지구가 운동 중일 때에도 물체는 여전히 수직 자유낙하운동을 한다는 사실을 증명할 수 있었다. 그리고 그는 목성 주위에서 태양계 전체의 모델을 제공할 것으로 보이는 네 개의 달을 발견하였다. 더구나 코페르니쿠스의 이론은 지구, 달, 그리고 행성들의 운동을 설명하는 데 34개의 원으로도 충분했으므로 79개의 원을 필요로 하는 프톨레마이오스 가설보다 더 단순한 것이었다. 태양중심설을 의심의 여지없이 확고히 한 이는 뉴턴이었다. 그는 지구의 중심을 향하는 물체들의 인력과 멀리 떨어져 있는 거대한 두 물체 사이에서 작용하는 인력을 설명할 수 있는 운동법칙을 제시하였다. 그로 인해 지구가 태양의 주위를 공전함에도 불구하고 우리는 왜 우주 밖으로 튕겨져 나가지 않는지, 그리고 왜 지구가 무한한 우주 공간으로 직선을 그리며 날아가지 않는지 — 태양중심설을 반대하는 사람들에게는 아주 우려스러운 일이었다! — 알 수 있었다.

결국 코페르니쿠스의 견해가 지지받을 수 있었던 이유는 새로운 관찰들, 더 증가된 정확성, 더 큰 예측력, 단순성, 그리고 다른 주장들과도 잘 어울리는 포괄성, 즉 하나로 묶여 정합적인 전체를 형성한 덕분이다. 아리스토텔레스 이래로 인정되어 온 정합성과 일관성이라는 논리적 요건이 행성의 운동에 관한 그 새로운 견해에 힘을

---

8) Giorgio Abetti, *The History of Astronomy*, London: Abelard Schuman, 1952 (Tr. Betty Abetti), p.75.

실어 주었던 것이다.

행성의 운동에 관한 코페르니쿠스의 가설이 최종적으로 받아들여진 것은 이들 논리적 요건들 덕분이었지만, 그에 못지않게 중요한 요인으로는 그 관찰들과 계산이 언제 누구에 의해서건 반복될 수 있었다는 사실을 꼽을 수 있다. 이 요건이 바로 '시험 가능성' 기준이며, 그 핵심은 주장을 검증하는 과정과 그 주장을 단지 개인적 신념이 아닌 객관적인 것으로 확립하는 데 있다.

코페르니쿠스, 특히 뉴턴 이후의 방대한 증거들로 인해 코페르니쿠스 체계는 (지구는 타원 궤도로 운행한다는 이론에 의해 수정되어) 진리 수준으로, 그리고 케플러의 원래 이론들은 법칙의 수준으로 상승하였다. 이와 같은 사실은 두 번째 사례인 (C2)에 포함된 역사적 주장들에 대해서는 성립할 수 없다. 그런데 그 판단들에 대한 검증 과정은, (C1)과 같은 판단들에 대한 검증 과정만큼 엄격하고 정확하지는 않지만, 그렇다고 전적으로 다르지도 않다. 이는 잠시 후에 확인될 것이다.

역사적 주장

"후기 청동기 시대에 그리스와 수메르 사이에는 밀접한 교류가 있었다."는 역사적 주장을 보자. 칼 포퍼가 말했듯이 역사가들은 이런 종류의 주장을 검증할 때 그 주장의 원천이나 기원을 추적하지 않고, "다만 그 주장이 내세운 내용, 즉 주장된 사실들만을 비판적으로 검토함으로써 더 직접적으로 그 주장을 시험한다."[9] 현대의 한 미국인 역사가의 글을 통해 그가 어떤 일을 했는지 살펴보자. 이때 여러분은 그 사람이 자신의 주장을 지지하기 위해 어떻게 증거들을 수집했는지에 특별히 주목할 필요가 있다.

---

9) Karl Popper, *Conjecture and Refutation*, New York: Harper and Row, 1965, p.25.

라파엘 실리(Raphael Sealey)의 『기원전 700-338년의 그리스 도시 국가들의 역사(*A History of the Greek City-States 700-338 B.C.*)』에는 앞서 칼 포퍼가 기술한 과정을 잘 보여주는 많은 예들이 등장한다. 예컨대, 실리는 헤시오도스의 『신통기(*Theogony*)』를 보면 수메르인들의 『쿠마르비 서사시(*Epic of Kumarbi*)』와 밀접한 관계에 있음을 알 수 있고, 따라서 그리스와 수메르는 후기 청동기 시대에 지적 교류가 활발했다고 주장한다. 이런 주장을 지지하기 위해 실리는 다음과 같은 논증을 제시한다.

> 『신통기』가 언제 쓰였는지는 분명하지 않다. 기원전 8세기 혹은 7세기 어느 날이라는 주장은 옹호될 수 있다. 하지만 그 작품은 전통적인 기법을 동원해 구두로 쓰였기 때문에 그것이 현재의 형태를 갖게 된 시점은 중요하지 않아 보인다. 그 작품은 알파벳을 차용하고 동양적 도예 스타일이 시작되던 시기의 그리스에 영향을 줄 수 있었던 생각들이 어떤 종류인지를 보여준다. 대를 잇는 신들의 탄생에 관한 이야기는 후기 청동기 시대 초에 차용되었고, 『쿠마르비 서사시』의 히타이트 원문이 그 일부라고 상상할 수 있다. 하지만 이는 그럴듯하지 않다. 동방 국가들과의 접촉이 거의 없던 암흑시대의 그리스에서 복잡한 내용이 보존되기는 어려웠을 것이다. 그러므로 적절한 결론은 후기 청동기 시대와 같이 이른 고대시기에 그리스는 문화적으로나 지적으로나 단일한 근동권[10]에 속해 있었다는 것이다.[11]

여기서는 실리가 이 글에서 사용한 **방법**만 숙고해 보자. 실리가 행한 일은 포퍼가 강력히 주장한 바로 그 일이다. 그는 경쟁하는 관점을 비판하면서 비합리적으로 보이는 것을 거부한 후, 남겨진 결론을 수용한다. 포퍼의 '비판적 합리주의'라는 용어를 보자. 위의 짧은

---

10) [옮긴이 주] 아라비아, 북동아프리카, 동남아시아, 발칸 등을 포함하는 지역.
11) Raphael Sealey, *A History of the Greek City States*, Berkely: University of California Press, 1976, p.29.

인용문에서 실리는 다음과 같은 핵심 어구를 사용하고 있다. "옹호될 수 있다", "그리스에 영향을 줄 수 있었던 것", "상상할 수 있다", "이는 그럴듯하지 않다", "적절한 결론은" 등.

역사적 방법은 대단히 합리적이다. 역사가들은 비일관성과 비정합성을 찾는다. 그 주장은 인정된 역사적 사실들과 잘 어울리는가? 그렇지 않다면 그 주장은 거짓일 가능성이 높다. 물론 알려진 사실들이 오류일 가능성도 있으나, 새로운 주장이 거기에 들어맞지 않는다면 그 주장이 오류일 가능성이 더 크다. 역사가는 역사적 증언을 하는 사람 쪽에 편견이 있음을 검증할 증거들도 찾는다. 예를 들면, 영국의 역사가이자 고고학자인 맬컴 토드(Malcolm Todd)는 독일의 풍습과 사회 조직에 대한 율리우스 카이사르의 설명을 거부하면서 다음과 같이 지적한다.

카이사르는 무엇보다 냉철한 민족지 학자가 아니라는 점을 기억해야 한다. 그는 최고의 정치적 지위를 갈망한 사람이었으며 역사가에게 그러한 사람들은 위험하다.[12]

또한 역사가들은 증언과 정보의 출처에서 비합리적이고 신뢰할 수 없는 요소들을 거침없이 찾아낸다. 예를 들어 실리는 책의 말미에서 그리스 역사가인 투키디데스가 펠로폰네소스 전쟁이 발발하게 된 근거들과 관련해 제시한 몇몇 주장에 비판적인 입장을 취한다. 그는 이렇게 쓰고 있다. "우리는 [역사가들이 스파르타 사람들에게 부여한] 현실화되지 않은 의도들에 회의적이어야만 한다. 특히 그 의도들이 비밀로 전해졌다면 말이다. 그러한 일방적인 주장은 점검될 수 없었으며 나중에 날조되었을 수 있다."[13] 정말 그렇다!

---

12) Malcolm Todd, *Everyday Life of the Barbarians*, New York: Dorset Press, 1972, p.5.

천문학자의 비판적 방법과 역사가들의 비판적 방법은 분명 다르다. 하지만 역사와 사회과학에는 일반적으로 수학적 증명이 없다는 사실에 초점을 맞춤으로써 결과적으로 그 둘의 차이점을 과장하는 것은 잘못이다. 과학자와 사회과학자의 방법은 대단히 합리적이다. 과학자와 역사가는 모두 객관성을 추구하고 편견, 비합리성, 그리고 거짓을 거부한다.

윤리학과의 가능한 유비

과학과 사회과학에서의 검증 방법들은 신뢰할 만한 관찰과 계산 방법은 물론이거니와 주장이 제시되는 맥락에 대한 비판적 인식도 포함한다. 한 주장은 그것이 제시되는 맥락에 따라 설득력이 있거나 없거나, 정합적이거나 비정합적이거나, 그리고 일관적이거나 비일관적으로 보일 수 있기 때문이다. 이것들은 탐구 능력을 갖춘 사람이라면 누구나 확인할 수 있어야 하는 합당성과 신뢰성을 요구하는 합리적인 탐구 방법이다. 그 방법들은 주관적이지도 않고 문화적 상대성을 띠지도 않는다.

윤리적 정당화에서도 유사한 방법이 사용되며, 윤리적 주장 역시 동일한 비판적 검사, 즉 동일한 조건의 합당성과 신뢰성에 의해 평가되고 검토되어야 한다. 그리고 그 과정은 언제, 누구에 의해서든 반복될 수 있어야 한다. 편견에 물들지 않고 한 개인을 넘어 개인과 개인을 모두 아우르는 합리적인 지지 근거에 의존하며 어느 분야, 어떤 주장에 대해서건, 즉 역사적 정확성이나 행성 궤도의 모양에 관한 것이건, 두루 갖추어야 할 합당성과 신뢰성이라는 동일한 기준에 근접할 때에라야 윤리적 주장은 '객관적'이다.

---

13) Ibid., p.253.

비록 과학과 윤리학을 비교하는 것에는 몇 가지 문제점들이 있기는 하지만, 결국에는 어떤 윤리적 주장은 다른 것들에 비해 더 강력하며, 어떤 주장들은 불합리하지만, 또 어떤 것들은 자명하다는 사실은 그대로 남는다. 아마도 더 중요한 것은, 많은 윤리적 주장들이 선의지를 가진 사람들로부터 언제 어디에서든 존중과 동의를 얻는 합당한 논증과 증거에 의해 지지를 받을 수 있다는 사실일 것이다.

윤리적 논증 검토하기

세 번째 예인 속도측정 탐지기에 관한 윤리적 판단을 소재로 살펴볼 것은 그 주장의 합당한 기초를 마련하는 방법이다. 우리는 어떻게 해서 "속도측정 탐지기를 불법화해야 한다."는 판단을 비상대적인, 즉 객관적인 주장이자 단순히 개인적 신념 내지는 우리 문화에 상대적이지 않은 주장으로 간주할 수 있는가?

우선, 이 장 맨 처음 절에서 언급했듯이 이런 판단을 접하면서 '왜?'라고 물을 경우 세 가지 상황이 연출될 수 있다. 먼저 화자가 단순히 "잘 모르겠다. 단지 그렇게 하는 것이 옳은 일로 여겨질 뿐이다."라고 말하는 상황이 벌어질 수 있다. 이 경우에는 합리적인 지지 근거를 결하고 있으므로 우리는 주관적인 주장, 즉 단순히 화자의 감정이 어떤지를 보여주는 주장을 마주한 셈이다. 두 번째 경우, 화자는 자신이 속한 문화권에 널리 퍼져 있어서 거기에서는 그와 같은 일들을 허용하지 않는다는 주장을 지지하는 관습과 규칙에 주목할 수 있다. 하지만 세 번째 경우에서는 판단을 지지하기 위해서 화자가 문화적 경계를 넘어 모든 합리적 인격들에 호소하는 논증과 증거를 제시할 수도 있다. 이때의 주장은 그 증거와 그것이 문화적 제약을 받지 않는 경우, 그리고 오직 그 경우에만 비상대적이다. 바꿔 말하면, 그 주장은 우리 문화에서 뿐만 아니라 어떤 문화에서건 참이 된다. 우리가 할 일은 그 지지 근거가 적절한 것인지 아닌지, 다시 말해 그 주장이 비판적인 검사를 견딜 수 있는지를 검토하는 것이다. 우리는 소크라테스의 **산파술**을 채택할 수 있으며 주장 자체가 아닌 주장의 지지 근거에 초점을 맞추는 일이 무엇보다 중요하다.

이 점을 염두에 두면서 "속도측정 탐지기를 불법화해야 한다."는 제안을 가장 강력히 옹호하는 논증을 구성한 다음에 이를 비판적으로 검사해서 그 논증이 견고한, 비상대적인 기초 위에 서 있는지 살펴보자. 아직 그 절차를 완전히 제시하지는 않았지만, 상식과 상상력을 동원해 보자. 여기에서 관건은 주장의 지지 근거가 화자의 개인적 혹은 문화적 편견과 상관없이 누구에게나 호소력을 가지는지 여부다.

그렇다면 현재 우리가 그 주장의 지지 근거로 접할지도 모를 논증은 이렇다. 속도측정 탐지기는 불법화해야 하는데, 그 이유는 그것을 사용하는 사람은 사용하지 않는 경우에 비해 속도를 더 높이는 경향이 있고, 따라서 심각한 부상은 물론 심지어 사망의 위험도 감수해야 하기 때문이다. 과속은 고속도로 운전자들을 위험에 빠뜨린다. 더구나 저속 운전은, 그 양이 한정되어 있고 재생이 불가능한 자원인 연료가 낭비되는 것을 막고 공기오염을 줄이는 것으로도 알려져 있다.

이들 내용을 각각 분리해서 아래와 같이 정리해 보자.

1. 속도측정 탐지기를 사용하는 운전자는 그렇지 않을 때보다 더 속도를 높이는 경향이 있다.
2. 따라서 탐지기 사용은 사용하지 않는 경우에 비해 심각한 부상과 사망 위험의 정도를 더 증가시킨다.
3. 저속 운전은 한정된, 재생 불가능한 에너지 자원인 연료를 절약한다.
4. 저속은 공기오염을 줄인다.

논의를 더 진행시킬 경우, 중상과 사망 위험을 증가시킨다는 내용의 두 번째 진술은 도로공사의 신뢰할 만한 통계자료, 즉 저속이 더 안전하다는 상식적인 견해와 잘 어울리는 자료에 의해 실증될 수 있다. 첫 번째 진술은 두 번째 진술을 지지하며 분명 두 번째 진술에 대한 이유다. 그 진술은 (물론 논리적 관점에서 사실 여부를 확정하기는 까다로운 일이지만) 탐지기를 사용하는 차량이 실제로 탐지기를 장착하지 않은 차량에 비해 훨씬 더 속도를 높인다고 주장한다. 이는 사실적인 고려사항으로서, 만일 그것이 참이라면 두 번째 진술을 강화할 것이다.

세 번째와 네 번째 진술이 경험적 근거에 비추어 강화될 수 있는 이유는 고속 주행은 일반적으로 더 많은 연료를 태우고 공기오염원을 더 많이 배출하기 때문이다. 이제 여기에다 인간의 행복을 증진시키는 윤리적 규칙을 채택해야 한다는 취지에서 어떤 윤리적 원칙을 부가한다면(이는 다음 장에서 옹호될 것이다), 속도측정 탐지기를 불법화해야 한다는 결론은 상당히 강화된다. 왜냐하면 탐지기 불법화로 인해 불행해질 사람들의 수는 향상된 안전성과 신선한 공기 덕분에 행복해질 사람들의 수에 비해 더 적기 때문이다.

그러므로 위의 목록에다 다섯 번째 진술을 추가할 필요가 있다.

5. [P] 우리는 어떤 규칙이 관련 당사자들의 행복을 증진시켜 줄 경우 그 규칙을 채택해야 한다.

이 별도의 논증을 위해서는 또 다른 전제가 하나 더 필요하다. 이 전제는 일종의 가정이다.

6. [A] 이와 같은 경우에 윤리적 규칙을 시행할 수 있는 법을 제정해야 한다.

여기서 한 가지 덧붙이자면, 일반적으로 말해서, **모든** 윤리적 규칙을 시행할 수 있는 법을 만들어야 한다는 가정은 설득력이 없다. 하지만 그 가정이 정당해 보이는 이유는 속도측정 탐지기 사용이 초래할 사회적 결과 때문이다. 그런데 가정이란 논증의 핵심 요소인 경우가 많은 만큼 이 부분에서는 신중한 고려가 요구된다. 일반적으로 가정은 표현되지 않는 경우가 많으므로 마땅히 우리는 그것을 탐색해 내어 진지하게 생각해야 한다. 이에 대해서는 3장에서 논의할 것이다.

아무튼 우리는 강력한 논증, 즉 탐지기를 사용하는 사람을 포함한 합리적인 사람들 모두를 공감시킬 수 있는 논증과 마주한 듯하다. 바꿔 말하면, 그 주장을 지지하기 위해 인용한 사실들이 단순히 '상대적'인 것 같지는 않다. 게다가 대부분 그와 같은 사실들은 이해관계가 없는 집단에 의해 수집되고 대체로 쉽게 접근할 수 있기 때문에 비판적 검사를 너끈히 통과할 것으로 보인다. 윤리적 원칙의 경우 그와 같은 통과가 이루어질지에 대해서는 다음 장에서 살펴볼 것이다. 하지만 제공된 증거의 경우에는 분명 비판을 견뎌 낼 것이다. 이 증거를 '문화적 편견'으로 무시할 수 있는 방법을 알기는 어렵다. 앞서 잠시 언급했던 것처럼 그 논증의 유일한 약점은 그 탐지기를 사용하는 운전자는 그렇지 않았을 때에 비해 과속을 한다는 주장이다(진술 1). 이와 같은 진술은 논리학자들이 말하는 '반사실적 조건문'으로서 엄밀히 말해 검증될 수 없다. 이 경우에서 우리는 동일한 사람이 탐지 장치를 사용하지 않을 때에는 더 느리게 운전하리라는 것을 어떻게 알 수 있는가? 상식적인 측면에서 보면 그럴 수 있다. 하지만 경험을 토대로 하고 있는 진술 2와 3, 그리고 4와 달리 진술 1은 분명 취약한 주장이다.

그 논증을 더 강화하기 위해서는 다른 강력한 관점들도 (이들 중 일부는 강한 설득력을 갖고 있다) 잘 알고 있음을 보임과 동시에 반대 논증을 약화시킬 경우 자신의 논증이 강화된다는 점을 숙지하면서, 반대 논증들을 비판적으로 고려할 필요가 있다. 예컨대 탐지기 사용 금지법은 그것을 구입해서 사용하고 싶어 하는 시민의 자유를 억압한다거나, 혹은 다음의 '둔즈베리' 만화가 암시하듯, 그 장치를 사용하는 행위는 '자유주의자의 시민 불복종'의 한 형태라는 주장을 논박해야 한다.

불행하게도 만화 속의 학생은 약한 논증을 펼친 셈인데 그 이유는 그 논증이 '자유'라는 단어의 정서적 측면에 의존하고 있기 때문이다. 이는 오류로서 3장에서 논의할 것이다. 학생의 논증은 자유로운 사회의 모든 시민은 무엇이든 원할 수 있지만 그것이 만일 공동체에 속한 다른 사람들에게 해를 끼칠 경우 그에 대한 자유는 보장되지 않는다는 사실을 간과하고 있다. 법은 또한 사람들이 모여 있는 광장에서 수류탄을 터뜨릴 시민의 자유를 제한하지만, 우리는 이 법이 테러리스트가 될 자유를 제한한다는 사실에 동의한다. 다소 차이는 있지만, 속도측정 탐지기의 경우에서도 사정은 다르지 않다.

물론 탐지기 불법화가 시민의 자유를 제한한다는 것은 사실이다. 하지만 여기에 제시된 논증이 (보이는 것처럼) 강력하다면, 탐지기의 사용은 인간의 행복을 감소시킬 심각한 사회적 결과를 초래하기 때문에, 그 자유를 제한할 좋은 이유가 존재한다고 볼 수 있을 것 같다.

속도측정 탐지기를 불법화해야 한다는 주장은 충분히 검증되는 듯하며 따라서 그 논증을 이해할 수 있는 사람이라면 누구든지 받아들일 것이다. 지금까지 짚고 넘어가야 할 주장들이 무시되지 않았다면, 우리는 비상대적인 윤리적 주장이 무엇인지를 보여주는 사례 하나를 갖게 된 셈이다.

– 물론, 미국 자본주의를 면밀히 검토하면서 해밀턴은 공공선을 희생한 대가로 축적되는 엄청난 사유재산을 예견 못했을 수도 있지요.

– 속도측정 탐지기 발명이라는 현대적인 예를 봅시다. 10년도 채 안 돼서 그는 오로지 수많은 사람들이 교통법규를 위반하도록 돕기 위해 고안된 그 장치를 1억 7,500만 달러어치나 팔았습니다.

– 다시 말해서…
– 교수님, 그 장치는 자유주의자의 시민 불복종의 한 형태가 아닐까 하는데요. 개인의 자유의 허용 같은 것입니다.

– 저는… 그렇게 보지 않습니다.
– 그럼 어떻게 보신다는 말씀인가요?

– 이런! 드디어 여러분들 중에 생각할 줄 아는 학생 하나를 만났군요! 전 여러분 모두 아무 생각 없이 받아쓰기만 하는 속기사인 줄 알았는데! 그렇지 않은 학생이 하나 있었다니! 한 명의 학생이나마 살아 있군요!

– 학생, 자네는 누군신가? 어디서 왔나요? 당황하지 마시고.
– 무슨 문제라도? 제가 뭘 잘못했나요?

비상대적인 윤리적 주장들

나는 비상대적인 주장 — 즉, 비판과 검사를 너끈히 통과할 수 있고 설령 상대적 요소를 포함한다고 해도 극히 적게 포함하는 주장 — 을 구체화한 논증들은 성장한 문화와 개인적 선호에 상관없이 합리적인 모든 사람에 대해서 구속력을 갖는다고 주장한다. 윤리적 논증 역시 마찬가지다. 한마디로 말해, 강력한 윤리적 논증은 그 논증을 면밀히 숙고하는 사람이라면 누구나 **원하든 원하지 않든** 받아들여야 한다. 이와 같은 주장은 논란의 여지가 매우 많다. 당신이라면 이를 받아들이겠는가?

여하튼 여기서 꼭 짚고 넘어갈 일은 이 논제를 확립하기 위해서는 해야 할 일이 매우 많다는 사실이다. 혹시라도 아직 확신이 서지 않는다면, 아직 다루지 않은 더 강한 논증을 접하면서 여러분의 생각은 바뀔 것이다. 일이 어찌 되어 갈지 보자. 나는 아직 윤리적 결론을 비판적으로 검사하는 과정인 정당화 절차를 완전히 검토하지 않았다. 우리는 상대방이 제시하는 윤리적 논증은 말할 것도 없고 자신의 윤리적 논증들도 검토할 수 있는 기본적인 비판적 추론 기술을 몸소 익혀야 한다. **윤리적 추론**만의 특징이 무엇인지를 면밀히 살피는 것도 큰 도움이 될 수 있다. 하지만 현재 최우선 과제는 윤리적 주장을 더 강화하기 위해서는 어떻게 해야 개인적이고 문화적인 선입견을 윤리적 판단에서 줄이거나 제거할 수 있는지를 면밀히 살핌으로써 계속해서 비상대주의를 옹호하는 일이다.

1.3 우리는 어떻게 해야 객관적일 수 있는가?

나의 현재의 목표는 윤리적 판단이란 항상 개인적이거나 문화적일 수밖에 없다고 보는 상대주의 관점에 맞서서 정당화할 수 있는 범문화적인 윤리적 판단의 가능성을 옹호하는 것이다. 이 목표를 위해 아래에서는 언뜻 보기에 그럴듯한 문화상대주의자들의 관점들 중 몇 몇을 언급할 것이다.

우선, 윤리적 주장이 개인적이고 문화적인 편견에 빠져드는 것은 피할 수 없는 일이라는 상대주의자들의 주장을 인정해서는 안 되는 가? 그렇기도 하고 아니기도 하다. 전부는 아니더라도 상당히 많은 윤리적 주장들이 개인적이고 문화적인 편견을 포함한다. 하지만 앞서 말했듯이 참인 윤리적 주장들에서도 과학과 사회과학에서처럼 그러한 편견을 줄이거나 제거할 수 있다. 결과적으로, 윤리적 주장들은 상대주의자가 허용하지 않는 일정 수준의 객관성을 확보할 수 있다. 이 절에서는 이에 대한 다소 세밀한 설명을 위해 과학적 주장들에도 가끔씩 개인적이고 문화적인 편견이 끼어들지만 우리는 과학의 객관성을 의심하지 않는다는 사실을 보일 것이다.

과학에서 선입견을 제거하기

과학에서는 선입견을 제거하고 새로운 이론을 확립시키는 시도가 어떤 방식으로 이루어지는지를 검토함으로써 (1) 이와 같은 일이 어떻게 발생하는지, 그리고 (2) 윤리적 추론을 할 때 도움이 될 만한 교훈은 있는지를 살펴보자.

1923년 드브로이는 랑주방과 모귄14)을 포함한 과학 '단체'의 몇몇 학자들에게 운동 중인 입자는 파동의 성질을 띤다는 이론을 제안하였다. 드브로이는 자신의 이론이 당시 일반적으로 받아들여지던 다른 이론들과는 어울리지 않았음에도 자신의 마음을 사로잡은 이유는 그 이론의 지적인 정교함과 우아함 때문이었다고 말한다. 이론을 접

---

14) [옮긴이 주] 드브로이(Louis de Broglie, 1892-1987), 랑주방(Paul Langevin, 1872-1946)은 프랑스의 물리학자이며 모귄(Charles Mauguin, 1878-1958)은 프랑스의 광물학자다.

한 교수 사회는 그 이론에 대해 어떻게 생각해야 할지 전혀 몰랐으므로 결국 아인슈타인(Albert Einstein)에게 도움을 청하였다. 그 새로운 이론의 잠재력을 즉각 알아챈 아인슈타인은 그들에게 드브로이의 이론을 받아들이라고 권했다. 모권은 훗날 다음과 같이 회상했다.

> 그 이론이 제시되었을 때 나는 물질 입자와 결합된 파동의 물리적 실재성을 믿지 않았다. 오히려 나는 그것을 마음의 창조물로 생각했다. … 1927년 데이비슨과 저머,[15] 그리고 1928년 톰슨[16]의 전자 회절 실험 이후에야, 그리고 폰테(Ponte)가 에콜 노르말(Ecole Normale)에서 성공적으로 촬영했던 그 아름다운 (산화아연 층으로부터의 전자의 회절 패턴을 보여주는) 사진을 손에 쥐어 들었을 때에야 비로소 내 태도가 얼마나 비일관적이고 어리석으며 엉터리였는지를 깨달았다.[17]

앞서 본 것처럼 코페르니쿠스의 견해를 박해했던 것도 새로운 이론을 받아들이길 꺼리는 이러한 거부감이었다. 어찌되었건 상식과 잘 어울린 것은 프톨레마이오스의 이론이었다. 우리는 여전히 태양의 '뜨기'와 '지기'에 대해 말한다. 게다가 그 이론은 인간을 우주의 중심에 두었고 당시 로마 가톨릭 교회가 공식적으로 인정하고 받아들인 아리스토텔레스의 자연철학과도 잘 어울리는 것이었다. 1,700년 이상 유지되었던 견해였으며 월식을 아주 정확하게 예측한, 당시에는 수학적으로 정교한 이론이었다. 게다가 그 이론에 의하면 행성들은 완전한 원 궤도를 운행해야 하는데, 이는 일반적으로 이해하는 신의 설계와도 부합했다. 이와 달리 코페르니쿠스의 새로운 관점에

---

15) [옮긴이 주] 데이비슨(Clinton J. Davisson, 1881-1958)과 저머(Lester H. Germer, 1896-1972)는 미국의 물리학자로서 1927년 공동으로 전자의 파동성을 실험을 통해 실증한 인물들이다.

16) [옮긴이 주] 톰슨(G. P. Thompson, 1892-1975) : 영국의 물리학자.

17) *Louis de Broglie und die Physiker*, quoted in Michael Polany, *Personal Knowledge*, Chicago: University of Chicago Press, p.148, n.1.

따르면, 지구는 타원 궤도, 혹은 나중에 케플러가 타원임을 확인하기 전에는 '준 원(quasi-circles)'이라고 불렸던 궤도를 따라 매우 빠른 속도로 공간을 이동해야 한다. 이는 상식 또는 로마 교회의 입장과 부합하지 않았다. 그러나 증거자료들이 축적되면서 점차 분명해지기 시작한 것은 프톨레마이오스의 견해를 토대로 한 대부분의 확신과 선입견들이 기껏해야 불완전한 참이거나 최악의 경우 전혀 수용할 수 없게 된다는 사실이었다. 이미 알고 있듯이, 새로운 수학적 방법과 역학에서의 새로운 발견, 그리고 망원경의 발명과 사용으로 인해 더 정확해진 측정은 코페르니쿠스와 같은 사색가들로 하여금 "복잡한 프톨레마이오스 체계를, 점점 더 풍부해지고 정확해진 관찰 결과와도 훨씬 잘 어울리는 다른 가설로 대체해야 한다."는 생각을 하게 만들었다.[18] 행성은 완전한 원 궤도를 주행한다는 주장과 같은, 증거라고는 자신들의 믿음이 참이기를 바라는 강한 욕구가 전부였던 몇몇 주장들은, 다른 어떤 합리적 근거도 없는 그저 단순한 믿음이었다. 코페르니쿠스마저도 천상의 행성은 원 혹은 '준 원' 궤도를 주행해야 한다고 확신했다는 점을 상기하면 그와 같은 선입견은 매우 강한 것이었다. 이런 신념들을 제거하고 나서 더 정확하고 합리적인 태양중심설로 그것을 대체하기까지는 아주 오랜 시간이 걸렸다. 이와 같이 오랜 시간이 걸리고 당시의 매우 명민한 대부분의 사색가들을 혼란에 빠뜨린 한 가지 원인은 점성술과 천문학의 관계였다. 예를 들어 코페르니쿠스의 견해가 처음 제시되었던 때로부터 9년이 지난 후, 케플러가 쓴 글에는 점성술과 천문학, 그리고 고대 피타고라스의 종교철학이 어색하게 뒤섞여 있음을 확인할 수 있다. 그는,

  자신의 궤도를 주행하는 행성의 최대 속도와 최소 속도 사이의 비율은 음악적으로 조화를 이루어야 한다고 믿었다. 예를 들면 그는 토성은 장

---

18) Abetti, *The History of Astronomy*, p.72.

음 3도(4/5), 목성은 단음 3도(5/6) 등등임을 발견했다. 태양만이 그 천상의 음악을 들을 수 있었다.[19]

뉴턴의 『프린키피아(*Principia*)』가 출간된 이후에야 비로소 태양 중심설은 점성술의 굴레를 벗어나 분명해질 수 있었는데, 그 책이 나온 것은 코페르니쿠스의 이론이 처음 제시되었던 1530년 이후 150년이 지났을 때였다! 프톨레마이오스의 견해에 녹아 있던 선입견과 전통의 위력이 그 정도로 강력했던 것이다.

오늘날의 사례 : 창조론

앞에서 짚어 본 사례들을 보면서 우리는 과학은 마침내 선입견이 끼어들 수 없는 지점에 도달했다고 생각할지 모른다. 하지만 그렇지 않다. 현재 가장 문제가 되는 논란들 중 하나가 창조론에 대한 논쟁과 학교에서 다른 과학적 관점과 마찬가지로 창조론을 가르쳐야 할 것인가 하는 문제다. 이 예와 관련된 흥미로운 점 한 가지는 수세기 전에 로마 교회가 코페르니쿠스 이론에 대해 지독한 선입견을 가졌던 것과 똑같은 식으로 과학 공동체 또한 창조론에 대해 선입견을 가지고 있다는 사실이다!

창조론에는 여러 가지가 있다. '신생 지구(young earth)' 이론을 옹호하는 가장 보수적인 창조론자들은 성경의 문자적 해석을 지지하면서 세계는 6천 년에서 1만 년 전 사이에 창조되었다고 주장하는 반면, 더 진보적인 창조론자들은 성경을 현대과학에 맞추어 해석한다. 보수적 창조론을 하나의 엄밀한 과학적 관점으로서 학교의 교과과정에 포함시키려던 노력은 사실상 진척을 이루지 못했다. 하지만 더 온건한 창조론은 훨씬 강한 논거를 가지고서 몇 가지 흥미로운 물음을 제기했다. 창조론자들과는 다소 동떨어진 이들은 가끔 '유신론적

19) Ibid., p.120.

진화론자(theistic evolutionist)'로 불리는 사람들이다. 그들은 "진화는 신의 계획 가운데 일부"라고 주장하며 세계는 엄밀한 의미의 다위니즘적 진화론으로는 설명할 수 없는 징표, 즉 '지적 설계'의 징표들을 보여주고 있다고 주장한다. 대개의 경우 '지적 설계'를 옹호하는 진영에서는 다윈의 이론에는 설명의 틈이 있다는 지적과 함께 진화란 '우연의 일치'라는 표현으로 설명할 수 있는 무작위적인 요소들에 관한 문제일 수 없다는 주장이 나온다. 이 집단의 학자들은 "(환경오염에 대한 반응으로서 나방이 어두운 색깔의 날개로 위장하는 것과 같이 진화의 과정이 종 내의 변이에 대해서만 적용되기 때문에) 자신들의 입장을 옹호하는 데 유리한 진화 유형인 '소진화(microevolution)'와 창조자의 인도 없이 자연적으로 발생하는 진화의 과정이 종 분화의 전면적인 혁신을 필요로 하기 때문에 자신들의 신념과는 충돌하는 진화 형태인 '대진화(macroevolution)' "를 명확하게 구분 짓는다.[20]

그 옹호자들 스스로도 자신들을 '창조론자'로 좀처럼 부르지 않는, 더 온건한 형태의 창조론이 흥미와 함께 주목할 가치가 있다고 생각되는 까닭은, 다원주의를 거부하지 않으면서 '지적 설계' 개념을 다원주의와 함께 가르쳐야 한다고 주장하는, 즉 창조론과 다위니즘은 양립할 수 있다고 주장하는 과학자들을 포함한 다수의 뛰어난 전문가들이 그 이론을 지지하기 때문이다. 한마디로 말해 그들은 두 이론의 타협을 모색하면서 세계 창조와 종의 기원을 연관시켜 신에 대해 말하는 것을 거부하는 태도는 선입견일 뿐이라고 주장한다. 여러분의 생각은 어떠한가?

---

20) Amy J. Binder, *Contentious Curricula*, Princeton, N.J.: Princeton University Press, 2002, p.41.

과학에서의 진보 그리고 윤리학

이 논의로부터 흥미로운 두 가지 고려사항이 대두된다. 첫째, 새로운 견해는 고정관념, 짐작, 그리고 이런저런 진리의 혼합물로서의 잠재적 소인들, 말잔치들, 거짓, 속임, 희망적 사고, 그리고 노골적인 선입견들이 지니고 있는 매우 강력한 관성력에 맞서 싸워야 한다. 둘째, 새로운 견해는 옛 견해를 성공적으로 대체하고, 옛것을 떠받치고 있던 잘못되고 약한 지지 근거들이 적합하지 않은 것임을 밝혀내기도 한다. 흔히들 '과학적 진보'라고 부르는 것은 이를 두고 하는 말이다.

윤리적 진보에 대해서도 같은 이야기를 할 수 있다. 행성이 원 운동을 한다는 주장을 이제 더 이상 합당하게 할 수 없듯이, 흑인이 백인보다 열등하다거나 혹은 여성이 남성에 비해 지적으로 모자라거나 능력이 떨어진다는 주장을 (합당하게) 할 수 없다. '보통선거권'은 이제 더 이상 유산계급의 백인 남성들의 전유물이 아니라 (과거 수 세기 동안은 그랬지만) 모든 이들의 권리다. 우리는 더 이상 종교재판소에서 이교도들을 공개적으로 화형에 처하는 **심판 행위**를 하지 않음은 물론, 마녀재판 또는 이단에 대한 종교재판도 하지 않는다. 윤리학에서의 발전으로 특정한 주장은 뻔한 편견에 불과하다는 것이 밝혀졌다고 말할 수 있게 되었다. 어떤 다른 편견들은 덜 분명해 보이지만, 그래도 우리는 그것을 인지할 수 있다. 편견들이 일단 발견되면 벗어나기가 좀 어려울지는 몰라도 해낼 수는 있다. 우리는 윤리적 판단을 할 때 얼마든지 실수를 범할 수 있고, 그것들을 알아챌 수 있음은 물론 실수를 바로잡을 수도 있다. 최근 동성애자들 간의 성행위에 대한 판결에서 나온 대법원의 다수 의견을 보면 이 점을 잘 이해할 수 있다. 다수 의견을 낸 판사들 일부는 "법원이 17년 전 지지한 남자들끼리의 성행위 반대 법은 판결이 있던 당시에는 물론 오늘날에도 온당치 않다."고 주장했다. 종종 그렇듯이 이 경우에서도 올바른 판결을 방해한 것은 동성애 혐오증이라는 강한 편견이었다. 한 나라의 최고 법정에서조차 이런 일이 일어난 것이다!

만일 우리가 윤리적 주장을 지지하면서 '지금까지 항상 들어 온' 것 내지는 '편안함'을 주는, 그러나 사실상 어떤 합리적인 지지 근거도 찾을 수 없는 진부한 의견과 반쪽 진리에 의거하고 있다면, 혹은 무언가를 거부할 때 '혐오스럽다'거나 '좀처럼 행하지 않는 종류의 일' ― 그러나 **왜 그런지**를 물을 수 없는 일 ― 임을 이유로 내세우고 있다면 우리는 선입견 ― 또는 기껏해야 무지 ― 과 관계하고 있을 공산이 크다. 물론 이 말이 만일 우리가 우연찮게 받아들인 신념들을 고수하는 이유를 설명할 수 없다면, 그 신념들은 거짓이거나 선입견임에 틀림없다는 뜻은 아니다. 그 말의 뜻은, 그 신념들을 고수하는 이유를 제시하지 못한다면 선입견임을 나타내는 징표는 없는지 신중히 살펴보면서 증거나 논증에 의거해 지지할 수 있는 것인지 여부를 확정해야 한다는 뜻이다. 만일 그러한 증거나 논증을 찾을 수 없다면 그 신념들은 선입견일 가능성이 매우 높다.

선입견이 우리가 집착하는 신념들 속에 도사리고 있는 까닭은 이러저러한 이유를 들어 신념들을 꼼꼼히 살피려 하지 않기 때문이다. 선입견이라는 낱말을 정의하는 방식은 다양하지만, 심리학자 고든 앨포트(Gordon Allport)가 내린 정의인 "사실에 대한 검사와 숙고 이전에 형성된 판단 ― 섣부르거나 조급한 판단"[21]이 적절해 보인다. 선입견들에는 종종 강한 감정들이 투영되기도 하지만, 언제나 그것들은 불충분한 증거들을 가진 친숙함 내지 오래된 믿음에 기초한 '선판단(prejudgment)'을 포함하기 마련이다. 그러나 항상 참이라고 믿어 왔다는 이유만으로 참이 되지는 않으며, 만일 우리의 내면 깊숙이 자리한 신념과 믿음들이 수용할 가치가 없다면, 그것들은 그렇

---

21) Gordon Allport, *The Nature of Prejudice*, Boston: Beacon Press, 1954, p.7.

지 않은 다른 신념과 믿음들로 대체되어야만 한다.

상대주의는 철학적 관점에서 볼 때 지나친 단순화에 기초하기 때문에 수용할 수 없다. 주지하듯이 선입견이 윤리적 판단에 끼어들 수 있다. 하지만 **그렇다고 해서** 윤리적 판단들이 한 묶음의 선입견에 불과하다는 사실은 따라 나오지 않는다. 이미 살펴보았던 것처럼, 우리는 선입견을 알아채고 최소한 일부나마 제거할 수 있다. 그리고 우리는 우리의 주장을 뒷받침하는 근거에 입각해서 선의지를 지닌 모든 사리분별을 할 줄 아는 사람들— 즉, 기꺼이 열린 마음을 유지하면서 자신들이 그릇될 수도 있음을 인정하는 사람들— 에 대해서 구속력을 갖는다고 주장할 수 있다. 따라서 상대주의 입장에도 진리의 요소가 존재하지만, 그렇다고 해서 그것을 전체적인 진리로 혼동하는 실수를 범해서는 안 된다.

윤리학에서의 범문화적 판단들

이 절을 마치기 전에 꼭 짚고 넘어가야 할 것은 상대주의 입장에 존재하는 또 다른 진리 요소다. 나는 개인적 혹은 문화적 관점이 (결정적이지는 않을지언정) 윤리적 판단에 큰 영향을 끼친다는 사실을 인정하였다. 이번에는 윤리학에서의 범문화적 판단을 정당화하는 일이 어렵다는 사실 또한 인정해야 한다. 바꿔 말하면 한 문화에서 일어난 행위에 대한 다른 문화의 윤리적 판단은 분명 의심스럽다. 문화인류학자들이 한 세기 이상 주장해 온 것처럼, 특정 문화권 밖에서는 그 어느 누구도 그 문화 내부에서 발생하는 문화적 관점을 완전히 공유할 수 없다. 각 문화의 언어는 풍부한 전통을 지니고 있으며, 그리고 정서적 의미, 또는 그 문화권 내에서 양육된 사람과 태어나면서부터 그 언어를 사용한 사람들만이 파악할 수 있는 '함축적 의미'가 깊이 배어 있는 언어를 소유하고 있다. 더구나 이방인에게는 설명할 수 없는 정기적인 풍습들과 비정기적인 풍습들이 존재한다. 그 문화권 밖의 사람들은 고작 이들 풍습을 보며 즐기기를 바랄 뿐이다. 그리고 제대로 된 감상도 기대할 수 없는데, 하물며 이해하는 것은 어떻겠는가.

이와 같은 이유로 타문화 (혹은 내 문화 속의 하위문화) 속의 사건들 대부분은 나의 이해 범위를 벗어날 수밖에 없다. 그렇다고 해서 이것이 한 문화 안에서 일어나는 **모든** 것이 외부인들에게는 불투명할 수밖에 없다는 것을 뜻하는 것은 아니며, 그리고 윤리적 판단이 문화적 한계를 **결코** 뛰어 넘을 수 **없다**는 뜻도 아니다. 다시 강조하자면, 반쪽 진리를 진리 전체로 여기는 우를 범해서는 안 된다.

인류학자들의 조사가 처음 시작된 18세기 후반 이래로 매우 많은 문화적 차이들이 알려졌다. 분명히 매우 많은 차이들이 존재한다. 더 나아가 대부분의 인류학자들의 선례를 따라서 우리는 '자민족 중심주의' 또는 타문화는 우리의 문화와 다르며, 여하튼 우리 문화보다 '열등하다'는 견해를 피하고 싶어 한다. 어떤 특정 문화가 다른 문화보다 **하나의 문화로서** '우월하다'거나 '열등하다'는 주장을 받아들일 만한 근거는 존재하지 않는다. 실제로 이는 불합리한 주장이다. 하지만 어떤 특정한 문화적 **풍습**이 다른 풍습보다 우월하다거나 열등하다는 주장은 가능하다. 여기에서 중요한 점은 비판이 한쪽에만 치우쳐서는 안 된다는 사실이다. 비판은 타문화에 대해서만 적용되는 것이 아니다. 자기 문화 안에서 일어나는 일들 가운데 일부가 타문화의 관점에서 비판과 비난을 받는 것은 당연하다. 물론 타문화의 관점이 우리의 관점에 비해 더 분명하고 바를 수 있다는 것 역시 너무도 당연하다!

비상대주의자는 자신의 문화적 관점이 다른 모든 관점들보다 우월하다고 생각하지도 않으며, 한 문화적 관점이 어떻게든 **유일하게** 올바른 관점이라고 주장하지도 않는다. 그가 주장하는 바는 상이한 두 문화의 사람들 사이에서 서로 충돌하는 윤리적 판단이 제기된다면 모두가 그를 수는 있지만 **모두 옳을 수는 없다**는 사실이다. 또한 비상대주의 견해는 문화 간 차이의 합당한 해결이 때로는 가능할 수 있으며, 그리고 철학적으로 흥미롭다고 주장한다.

물론 두 상충하는 판단들 중 어느 것이 '올바른' 견해인지를 말하기가 매우 어려운 특별한 경우도 있다. 하지만 우리는 이 점에 있어서 합당한 결론에 이를 수 있다. 우리는 우리 자신의 편견들에서 벗어나서 가능한 한 다른 문화적 관점에서 생각하도록 해야 한다. 그리고 우리는 그것이 가능한 일이라는 사실을 알고 있다. 왜냐하면 그 같은 일이 거의 매일 행해지고 있기 때문이다.

생각해 보자. 어느 한 문화에 속한 사람이 쓴 문학작품이 다른 문화에 속한 사람에게 기쁨을 주거나 공포를 줄 때 쌍방은 문화적 관점을 공유한다. 이와 같은 일은 남자와 여자, 흑인과 백인, 원주민과 외지인 사이에서 의사교환이 이루어질 때마다 일어난다. 또한 한 문화권에서 성장한 사람이 다른 문화권에서 자란 작곡가의 곡을, 감수성과 통찰력을 가지고 연주할 때에도 그와 같은 공유는 어김없이 이루어진다. "번역을 할 때 무언가를 잃는다."는 것은 다 아는 일이지만, 발견되는 무언가 역시 존재한다고 말하는 것도 주저해서는 안 된다!

범문화적 판단 : 한두 가지 예

타문화 사람들의 말들 중 상당수가 '번역 불가능'한 것으로 남기는 하지만 전부 다 그런 것은 아니다. 우리는 타문화의 일들을 적절하게 이해할 수도 올바르게 감상할 수도 있으며, 무언가가 그릇된 일임을 정확히 추론할 때도 있다. 이를 증명하기 위해서 ― 이 책 서두의 시작하는 대화에서 니나를 혼란스럽게 한 것과 다르지 않은 ― 예를 하나 들어 보자.

우리는 기원전 4세기와 5세기에 스파르타인들이 허약하거나 장애를 가진 어린아이들을 타이게투스 산 협곡에 버렸다는 사실을 알고 있다. 우리는 그들이 왜 그러한 행위를 했는지 아주 잘 알고 있다. 그들은 **폴리스**에 공헌하지 못할 사람들의 혈통을 제거했다 — 플라톤은 이런 생각이 설득력이 있다고 보았다. 플루타르크는 그 부족의 원로들이 품었던 동기를 묘사하면서 이를 꽤 사실적으로 전한다.

> 애초부터 건강하고 강건하게 자라지 못할 아이인데도 양육되어야 한다는 것은 … 아이 자신을 위한 것도, 그렇다고 공익을 위한 것도 아니라고 생각하였다.[22]

비록 그들이 왜 그 풍습이 필요하다고 느꼈는지를 우리 자신이 스파르타인이 아니기 때문에 완전히 이해할 수는 없지만, 우리는 스파르타의 교육은 합리적으로 옹호될 수 없는 풍습이라고 주장할 만큼은 스파르타의 교육에 대해 잘 알고 있다. 스파르타인들이 그 풍습을 행하지 말았어야 할 강력한 이유로는 다음 두 가지를 생각할 수 있다.

1. 한 개인이 어떤 신체적 능력을 가졌느냐는 사회에 대한 그의 가치를 평가하는 유일하거나 혹은 가장 중요한 척도가 아니다. 전투 기술을 매일매일 훈련할 필요가 있음을 알고 있던 호전적인 스파르타인들은 신체적 강함과 용맹성을 매우 강조하였다. 때문에 그들은 '장애'를 가진 사람들의 비군사적인 공헌으로부터 이익을 얻을 수 있는 길을 간과하고 말았다. 이는 '가치'판단이 거의 포함되어 있지 않은 사실적인 고려다. 이는 그 자체로 어떤 문화에서 자란 사람에

---

22) Plutarch, *Lives of the Noble Grecians and Romans*, New York: Modern Library(Tr. John Dryden), p.62.

게든, 심지어 스파르타 사람들에게도 호소력이 있다.

2. 유아 살해는 인격으로서 갖는 생존권을 심각하게 침해한다. 따라서 (곧 살펴보겠지만) 스파르타인들은 윤리적으로 그릇된 행동을 했다. 이 점에서 아체베 소설 속 마을의 풍습을 반대한 니나는 분명 옳았다. 그리고 이는 스파르타인들, 또는 우무오피아인들 스스로가 쌍둥이 혹은 신체적인 장애아들의 권리를 인정했는지 여부와는 무관하다. 이 주장을 옹호하기 위해 논증할 필요는 없다. 다만 우리는, 유아 살해를 옹호할 때 스파르타인들은 신체적인 결함만을 안고 있는 사람들이 스파르타 **폴리스**를 위해 지니고 있는 잠재적 가치를 보지 못하도록 한 선입견에 의거하고 있었으며, 또 우무오피아인들은 합리적 토대가 결여된 미신에 의거하고 있었다는 사실만을 고려하면 된다. 그러므로 스파르타인들 내지는 우무오피아인들이 잘못했다는 견해를 지지해 줄 이유들을 굳이 들지 않고서도, 비판적 합리주의의 방법을 사용해서, **그들이** 그 풍습을 옹호하고자 제시한 이유들이 검사를 통과하지 못한다는 점을 보여줄 수 있다. 그렇게 된다면, 그리고 여러분이 이에 관해 신중하게 생각한다면, 스파르타인들과 우무오피아인들의 유아 살해 행위가 잘못임을 보이는 주장들은 무엇이건 매우 강력해질 것이다. 만일 그들이 그와 같은 풍습을 합리적으로 옹호할 수 없다면, 신뢰를 얻는 것은 우리의 반대 견해다.

상대주의자와 비상대주의자 사이의 불일치가 무엇인지에 관해 혹시라도 아직 혼란스럽다면, 좀 더 현대적인 두 번째 예가 우리의 이해를 도울 것이다.

무슬림 무장 세력을 생각해 보자. 그들은 여러 대의 대형 여객기를 탈취하여 2001년 9월 11일에 뉴욕 쌍둥이 빌딩과 워싱턴 펜타곤 건물로 돌진했다. 이 야만스러운 행위로 인해 세계는 공포에 떨었다. 하지만 테러리스트의 입장에서는 종교적인 확신을 표현한 행위일 뿐이었다. 동료 군인들은 그들을 신성한 이유에서 영웅적인 죽음을 택한 순교자로 추앙했다. 상대주의자는 이렇게 말할 것이다. 그들이 행한 일이 옳은지 아니면 그른지를 판단하는 당신들은 누구인가? 우리는 그들 문화의 사람이 아니며 한 번도 '그들의 입장에' 서본 적이 없다. 우리는 그들의 행위를 좋아하지 않을 수 있고, 통탄할 일임을 알게 될 수도 있다. 그러나 그렇다고 우리가 어떤 식으로든 윤리적 판단을 내릴 입장에 서 있는 것은 아니다.

이와 달리 비상대주의자는 이들의 (그리고 또 다른) 테러 행위는 명백한 잘못이라고 응수할 것이다. 그들은 모든 인간의 기본권인 생존권을 침해했다. 그리고 만일 이에 대해 도전을 받는다면, 비상대주의자들은 논증을 이용해서 자신들의 주장을 옹호할 수가 있을 것이다. 그 논증은 다음 장에서 검토할 기본적인 윤리적 원칙을 포함할 것이다. 또 그것은 테러리스트들을 포함해서 그 논증을 이해할 수 있는 모든 사람들에 대해서 구속력을 갖는다고 주장할 것이다. 최근에 이 문제에 관해서 많은 숙고를 해온 어느 전문가가 한 논평이 결국에는 옳을지 모른다. 그는 "사상가들은 상대주의가 역사적으로 중요한 역할을 해오긴 했으나 이제 더 이상은 유지되기 힘든 입장이라는 데에 점점 동의하고 있다."고 말했다. 이와 같은 입장을 옹호하고자 그는 다른 문화권의 사상가들을 끌어들인다. 싱가포르의 (비서방계 인사라는 점에 주목할 필요가 있는) 빌라하리 카우시칸(Bilahari Kausikan)23)의 지적처럼, "인권이란 국가 간의 관계에서 이미 합법적인 쟁점이 되었다. 한 국가가 시민 — 혹은 시민이 아닌 사람 — 을 어떻게 대우하느냐의 문제는 이제 더 이상 각자 배타적으로 결정할 문제가 아니다." 이 주장은 일본의 유력한 인권 전문가 야수아키 오누마(Yasuaki Onuma)24)에 의해 재차 강조되었는데, 그는 " '국가는

---

23) [옮긴이 주] 싱가포르의 외교관.
24) [옮긴이 주] 동경대학 공공정책 대학원 교수.

더 이상 편의에 따라 인권의 보편성을 부정할 수 없다'는 인식이 널리 퍼져 있다."고 주장한다.[25] 나는 '인권' 개념을 다음 장에서 좀더 세세히 검토할 예정이다. (그리고 3장에서는 권위 있는 인물을 인용하는 것이 어떤 관점을 지지할 만한 설득력이 있는 이유가 되는지 아닌지 하는 문제도 검토할 것이다!)

더 생각해 보기

한 철학 교사가 수업 중에 슈바이처가 히틀러보다 더 훌륭한 사람이라고 말한 적이 있다. 교실에 있던 학생들 가운데 어느 누구도 슈바이처가 어떤 사람이었는지 (그는 의학박사이면서 뛰어난 재능을 가진 오르간 연주자였고 아프리카의 가난한 원주민들을 돕기 위해 독일에서의 명성과 부를 포기한 인물이다) 몰랐던 것과는 상관없이, 그 교사는 모든 학생이 자신의 진술을 받아들일 것으로 생각했다. 하지만 예상은 빗나갔다! 몇몇 학생들은 어느 한 인간이 다른 인간에 비해 더 훌륭하다고 (또는 더 나쁘다고) 말하는 것에 대해 격한 반응을 보였다. 신나치주의를 주장하는 스킨헤드족은 히틀러가 더 훌륭한 인물이라고 주장할 것이기 때문에 그들로 꽉 찬 교실에서는 그 주장이 완전히 매도될 것이다. 이러한 반론은 매우 뛰어나서 좋은 쟁점을 낳았다. 우리의 주장에 대한 '합리적 지지 근거'를 살펴본 사람 가운데 일부 혹은 전부가 그 지지 근거를 **거부한다면** 우리는 어떻게 해야 하는가? 이와 같은 일은 가능하다. 신나치주의자들이 가득한 교실에서는 충분히 일어날 것이다! 하지만 우리가 곰곰이 생각해 볼 물음은 과연 이것이 비상대주의 옹호론을 약화시킬 수 있겠느냐 하는 것이다. 한 가지 유비를 생각해 보자. 평평한 지구 옹호자

---

25) 인용은 다음에서 가져온 것들이다. Amatai Etzioni, *The Monochrome Society*, Princeton, N.J.: Princeton University Press, 2001, pp.232-233.

들이 강의실에서 태양계에 관한 강의를 듣고 있다고 하자. 여러분은 그들 중에서 뉴턴의 견해로 전향하는 사람들이 얼마나 있으리라고 생각하는가? 신나치주의자들과 평평한 지구 옹호론자들을 폐쇄적인 마음을 소유한 광신자에 불과하다고 단정 지을 수 있는가? 혹여 우리는 결국 그 모든 것들이 상대적임을 인정해야만 하는가?

우리는 자신의 의견에 동의하지 않는 사람을 단지 선입견 탓에 눈이 먼 사람으로 단정 지으려 들기도 하는데, 이는 단지 구실에 불과한 것이 아닌가? 선입견이란, 그것이 암시하는 것처럼, 늘 우리와 함께하는 것이어서 가볍게 여겨야 할 그 무엇인가? 아니면 이 책이 시사하고 있는 것처럼 그것을 분명히 알아차림으로써 결국 극복할 수 있는 것인가?

얼핏 보기에는 다른 문화에서 일어나는 대부분의 일들은 우리에게 낯설며 그 때문에 칭찬 내지 비난의 대상이 아니다. 그러나 ‘그곳에서’의 사건들은 종종 그릇된 것이며 따라서 비난받아 마땅하다. 심각한 경우에는 그릇된 행위를 비난하고 가능하다면 간섭할 필요도 있을 수 있다.

그러나 ‘비난하다’라는 낱말은 골치 아픈 말인데, 매우 당연한 일이다. 그 낱말에서 우리는 군대 내지는 최소한 외교사절을 동원한 침략과 같은 권위주의와 불관용을 떠올리게 된다. 하지만 앞서 언급했듯이 관용이 윤리적으로 항상 바람직한 것은 아니다. 마치 강도를 만난 사람의 필사적인 비명을 무시하는 방관자의 행위가 옳지 않은 것처럼 말이다. 한 걸음 더 나아가 그것은 윤리적 관점에서는 전혀 칭찬받을 수 없는 ‘무관심’이라는 말의 다른 표현일지도 모른다. 하지만 그렇게까지 멀리 논의를 이끌어 갈 필요는 없다. 현재로서는 나는 단지 비난과 칭찬의 철학적 기초에만 관심이 있으며, 또 나는 문화적 경계란 모든 경우에 극복할 수 없는 것은 아니라고 말하고 있을 뿐이다. 아니면 그것은 극복할 수 없는 것인가? 여러분은 어떻게 생각하는가?

내가 논증하는 것은 우리는 선입견의 본성과 문화적 편견을 피하는 일의 어려움에 관한 문화적 상대주의자들의 주장들 대부분을, 그들과 같은 결론을 도출하지 않고서도, 인정할 수 있다는 것이다. 우리 모두는 '문화적응'의 산물임이 분명하지만, 타문화의 관점들을 충분히 이해할 수 있으며, 사람들이 그와 같이 행동하는 이유들을 평가할 수 있다. 자문화의 관점에서는 타문화에서 일어난 행위를 제대로 판단할 수 없기 때문에 우리는 그들이 한 행위가 '그러므로' (변함없이) 옳다고 하게 되는 결론을 받아들여서는 안 된다. 또한 우리는 윤리학에서 선입견이라는 짙은 안개 속을 통과해 가면서 때로는 그 안개를 걷어 낼 수 없다거나 뚫고 지나갈 수 없다는 결론을 받아들여야 하는 것은 아니라는 것도 인정해야 한다. 하지만 우리 입장에 동의하지 않는 사람들은 '부당한(unreasonable)' 사람들이며 단지 선입견 탓에 눈이 어두워진 사람들이라고 주장하는 것은 그저 책임을 회피하고 마는 것은 아닌가? '합당한' 것과 '부당한' 것을 사람들은 어떻게 결정하는가?

긴 안목으로 보면 문화적 경계를 지적으로 넘나드는 방법, 그리고 개인적, 문화적 선입견을 줄이거나 제거하는 방법은 많아 보인다. 그중 하나는 다양한 모습으로 위장된 선입견을 날카롭게 포착해 낼 감수성을 향상시키는 것이다. 또 다른 방법은, 비판 기술을 향상시킴으로써 편견과 선입견이라는 안개를 일거에 거두어 내어 문화적 경계를 초월하는 강력한 논증을 알아내고 평가하는 것이다. 그리고 마지막으로는, 더 넓고 객관적인 시각을 갖도록 해주는 '윤리적 관점'을 채택함으로써 윤리적 충돌이 어떻게 발생하고 어떻게 그 갈등이 해결될지를 더 분명히 알 수 있다. 예를 들면, 우리와 직접적인 관련이 없는 어떤 문제 — 즉, 우리와 다른 시대와 장소에 살았기 때문에 전혀 알지 못하는 스파르타인들과 같은 사람들이 관련된 문제 — 에 관해서 명료하게 사고하는 일이 얼마나 더 쉬운지 고려해 보라. 이 점은 중요하며, 더구나 이는 우리에게 윤리적 관점이 어떤 문제들과 관련되어 있는지를 알려 줄 단서를 제공해 준다. 다음 2장에서의 목표는 이 관점을 확립하는 것이다. 3장에서는 윤리적 논증을 분석하고 평가하는 데 꼭 필요한 방법들을 소개하고 다룰 것이다. 이와 같은 고려들이 이제 막 제기된 까다로운 몇몇 물음들에 답변하는 데 도움이 되는지도 알아볼 것이다.

제 2 장

논증의 틀

2.1 존중, 공정성, 그리고 인간의 행복: 윤리적 논증에서 전통적인 세 가지 원칙

'ethics(윤리)'라는 단어는 그리스어 '*ēthikós*'에서 유래한 것이며, 이것은 '관습', 즉 좀 더 정확하게는 '관행(that which is done)'을 뜻하는 '*ēthos*'의 변형이다. 고대 아테네에서조차 '이다(is)'가 "아인에르트는 식사를 한 후에는 이를 쑤신다(Einert picks his teeth after every meal)."에서처럼 **실제적** 행위를 지칭하는지, 아니면 "아인에르트, 공공장소에서 이를 쑤셔서는 안 돼. 그건 예의가 아니야(it just isn't done)!"에서처럼 **이상적** 행위를 가리키는 것인지를 두고 많은 논란이 있었다.

플라톤의 말을 믿을 수 있다면, 아테네의 소피스트들은 '이다'는 실제 행위를 지칭한다고 주장함으로써 지금까지 살펴본 '상대주의'의 적극적인 옹호자가 되었다. 그들은 윤리학을 사실상 사람들이 행한 일들에 주석을 달고 분류하는 **기술적(descriptive)** 연구로 보았다. 소크라테스, 그리고 플라톤과 그 뒤를 이은 아리스토텔레스의 생각은 달랐는데, 그들에 따르면 윤리학은 **마땅히 해야 할** 일들, 즉 문화적 편견과는 무관한, 혹은 '표준적인(normal)' 행위에 관한 신중하면서도 체계적인 탐구인 **규범적**(normative) 학문이다.

예컨대, 모두 10권으로 이루어진 『니코마코스 윤리학』에서 아리스토텔레스는 대개는 '덕'으로 번역되는, 그러나 일상 용법에서 나타내는 것 이상의 의미를 지닌 아레테(*areté*) 개념을 심혈을 기울여 분석했다. 아레테는 인간의 탁월성(excellence)과 관계가 있으며 강한 성격(character, 아리스토텔레스에 따르면 도덕적인 덕)과 지성(intelligence, 지적인 덕) 둘 다를 내포한다. 아리스토텔레스의 분석들 중 인간 공동체의 구성원에 관한 분석이 가장 중요한데, 대부분의 그리스인들과 마찬가지로 그 또한 **폴리스**, 즉 도시국가의 구성원을 염두에 두고 있었다. 그가 말하려는 핵심 논점 중 하나는 지금의 우리에게도 매우 흥미로운 것인데, 사람이란 **오로지** 더 큰 인간 공동체의 구성원으로서만 자아를 실현할 수 있고, 따라서 완전한 인간이 될 수 있다는 것이다. 한 공동체의 구성원은 예법을 포함해서 언어, 사유, 법 그리고 문화를 생산하는데, 이것들은 모두 공동체 자체를 유지하도록 해줌과 동시에 개인을 행복하게 만드는 요소들이다.

이상으로서의 인간의 행복

아리스토텔레스의 행복 개념은 흥미롭다. 아리스토텔레스는 일상적 의미에서의 행복에 관해 말한 것이 아니다. 우리에게 쾌락을 주는 사소한 감정들에 대해 이야기하지 않았다. 그가 말하는 행복은, 스누피가 우리에게 "행복은 마약을 들이킨 코에 있지."라고 말할 때의 행복이라든지, 혹은 친구 피터가 당신에게 "행복은 마셔 버린 빈 술병 속에 있지."라고 말할 때의 행복을 뜻하지 않는다. 아리스토텔레스에게 행복이란 규범적 개념이다. 행복이란 **마땅히** 인간을 행복하게 만들어**야만 하는** 것들을 지칭한다. 더 나아가, 이런 의미에서의 행복은 마셔 버린 빈 술병 내지는 마약을 들이킨 코와 같은 찰나의 것을 뜻하지 않는다. 행복이란 전체 삶을 아우르는 인간의 조건이다. 우리는 지금 당장 행복할 수 없다. 충만하고 덕 있는 삶을 살아 온 경우에만 행복하다고 주장할 수 있는 것이다.

아리스토텔레스는 덕 개념 혹은 인간의 탁월성을 행복에 결부시켰다. 덕을 갖춘 개인은 행복하며 또한 행복한 이는 덕을 갖춘 사람이다. 무엇이 우리를 실제로 더 인간답게 해줄 것인지에 관한 올바른 선택을 통해, 우리는 살아 있는 동안 행복해질 수 있다. 이들 선택은 좋은 판단을 동반한 좋은 성격의 결과다. 어렸을 때 우리는 부모님들(그리고 도시)의 도움으로 정직, 자기 절제, 타인에 대한 배려 등과 같이 '성격'이라고 부르는 덕 습관을 기를 수 있다. 성장을 하면서 우리는 우리 자신을 더 인간답게 만들어 주는 올바른 수단을 선택하는 데 도움이 될 '실천적 지혜' 내지 도덕적 분별력(prudence)을 계발할 필요가 있다.

행복은 '낡은' 개념인가?

현대인들의 귀에는 이 모든 것이 시대에 뒤떨어진 소리로 들릴지 모른다. 그러나 오늘날의 용어로 번역을 하면 사정은 달라진다. 아리스토텔레스에 따르면 좋은 남자와 여자란 존재해야만 하는 남자와 여자다. 그들은 여러분과 내가 결국 실천하지 못한 일을 행한다. 우리는 그들을 찬양한다. 아리스토텔레스는 소크라테스를 그러한 사람의 전형(paradigm)으로 생각했음이 분명하다. 우리에게는 우리의 활동이 추구해 나가야 할 인간 본성의 이상이 존재하며, 그 이상은 누구에게나 동일한 것이다. 우리는 개성을 우리의 이상으로서 높이 사도록 교육받아 왔기 때문에, 아리스토텔레스의 이런 생각은 우리에게 독특한 인상을 준다. 그러나 아리스토텔레스가 개인들 간의 차이를 무시하거나 모든 사람이 서로 거의 같다고 주장한 것은 아니다.

그는 단지, 인간 본성은 하나이며 불변하는 것, 즉 지금이나 아리스토텔레스 시대에나 동일한 것이기 때문에, 모든 사람은 동일한 전형에 따라 평가되어야 한다고 말했을 뿐이다. 그에 따르면 어떤 사람들은 다른 사람들보다 더 좋은 사람들이며, 그래서 인간 본성의 이상에 훨씬 더 다가서 있다. 예컨대 슈바이처 박사는 히틀러보다 더 좋은 사람이다. 우리들 대부분 또한 (적어도 다른 생각을 하지 않을 때에는) 여기에 동의할 것이며 '사람들이 해야만 하는 행위'에 관한 다소 모호한 개념에 비추어 우리 자신과 타인을 평가하려 할 것이다. 아리스토텔레스는 우리에게 그 개념을 좀 더 신중하고 명료하게 밝혀 주려 했을 뿐이다. 그 과정에서 그는 '덕' 개념에 이르게 되었는데, 인간의 모든 활동 방향은 거기에 맞춰져야 하며, 또 모든 인간의 행동은 이에 의거해서 판단되어야 한다. 개인으로서 우리는 각자의 능력에 따라서, 그리고 운 내지 행운에 따라서 그와 같은 이상을 실현하거나 이를 실현하는 데 실패하기도 한다. 한 개인이 인간의 최고선 혹은 덕을 추구하며 살아간다면, 그리고 운이 좋아서 좋은 친구를 가질 수 있고 굶주리지 않을 정도의 재물이 있다면, 그 사람이 삶의 마지막 순간을 맞을 즈음에 우리는 그 사람이 '행복'했다고 어느 정도는 자신 있게 말할 수 있다.

아리스토텔레스 윤리학에서 흥미로운 사실은 그의 이론이 소위 '덕 윤리'라는 이름으로 부활하여 최근까지 이어지고 있다는 점이다. 이 독특한 견해들 중에서 가장 대중적인 해석들 중 하나가 '배려 윤리'인데, 이를 발전시켜 온 상당수의 여성주의 철학자들은 여기 2장에서 택한 나의 접근법이 윤리적 원칙들에만 과도하게 집중하고 있다는 점을 들어 너무 제한된 방법이라고 생각한다. 배려 윤리와 덕 윤리는 원칙들의 중요성보다는 행위 주체의 본성을 강조하는 경향이 있다. 덕을 갖춘, 다른 사람들을 배려하는 인격은 옳은 일을 할 것이다. 배려 윤리와 덕 윤리 이론가들의 시각에서 볼 때, 그것은 원칙들을 특정 행위에 적용하는 문제가 아니다. 그것은 좋은 사람이 되는 문제인데, 여기서 말하는 좋은 사람이란 타인에 대해, 그리고 성격이 갖는 한 가지 결과로서, 옳은 일을 행하는 데에 관심을 갖는 사람을 뜻한다.

이들 입장에는 큰 강점이 있으며, 이에 대해서는 2장의 후반부에서 좀 더 많은 이야기를 할 작정이다. 당분간은 내가 윤리적 사고의 핵심으로 생각하는 세 가지 윤리적 원칙들을 계속해서 옹호해 나갈 계획이다. 아리스토텔레스의 윤리학에서 특히 중요하며 가치가 있는 것은 인간 공동체가 윤리학의 중심이라는 생각이다. 이 생각이 덕 윤리와 배려 윤리에서 차지하는 비중은 점차로 증가하고 있다. 이에 대해 간략히 탐구해 보자.

인간 공동체

한 개인이 공동체의 구성원이라는 말은 자신이 속한 공동체에 예속됨을 뜻하는데, 이는 마치 어떤 운동부원이 그 팀의 목적에 예속되는 것과 같다. 공동체에서 각 구성원은 손해보다는 더 많은 이익을 얻기 때문에 그와 같은 예속에는 자기희생은 따르나 자기부정이 따르지는 않는다. 아리스토텔레스에게 있어서 공동체의 구성원임은 사람이 **인간으로서의** 잠재력을 실현하기 위한 필요조건이다. 그리스인들은 인간 공동체에서의 축출, 도시국가에서의 추방을 몹시 싫어했는데, 아마도 소크라테스는 그 때문에 아테네에서 도망치지 않고 죽음을 선택했는지도 모른다.

다음으로 공동체에서 개인들은 모두에게 이로운 것이 각자에게 이롭고, 타인들로부터 고립된 개인은 온전한 인간이 아니라는 것을 배운다. 일반적으로 아리스토텔레스 윤리학의 이면에 놓인 핵심적인 생각이 바로 이것이다. 인간 공동체의 구성원에게는 상호간의 행동에 관한 일련의 기대, 즉 규범이 필요하다. 아리스토텔레스 이래로 이들 규범은, 인간 공동체의 구성원에게 요구되는 것이 무엇인지를 두고 정합적이고 통합적인 이론을 세우고자 한 여러 철학자들에 의해 특정 원칙으로 발전했다.

이 책에서 제시되는 견해는 윤리학을 기술적인 학문이라기보다는 규범적인 학문, 즉 사실상 어떻게 행동하느냐가 아니라 어떻게 행동해야 하느냐에 관한 학문으로 보는 데에서 출발한 것이므로 소크라테스, 플라톤 그리고 아리스토텔레스를 거의 그대로 따르고 있는 셈이다. 이상적인 인간 공동체에서는 인격은 서로를 인격으로서, 즉 도덕적 행위자로서 존중하며 서로를 공정하게 대한다. 더구나 만일 그들이 상호간의 행동을 통제하는 규칙을 제정한다면, 그 규칙들은 아리스토텔레스가 말하는 의미에서의 인간 행복을 증진시킬 것이다. 나는 2장에서 바로 이 원칙들을 전개하고 옹호할 것이다.

중심이 되는 세 가지 윤리적 원칙

세 가지 원칙에는 윤리적 추론과 사실상 윤리학 자체를 가능하게 하는 가장 기본적인 조건들이 담겨 있다. 그 원칙들은 인격에 대한 존중, 공정성, 그리고 결과 세 가지로 모아지는데, 다음과 같이 나타낼 수 있다.

1. 네 자신과 타인의 인격을 존중하라.

2. 모든 인격을 공정하게 대우하라.

3. 1, 2와 일관적이면서, 영향을 받게 될 다수의 행복을 증가시키는 행위 규칙을 채택하라.

[원칙 1] 인격에 대한 존중

첫 번째 원칙의 기원은 이미 언급했던 독일의 철학자 칸트다. 어떤 사람들에게 칸트의 윤리적 견해는 다른 원칙들이 없어도 될 만큼 충분해 보인다. 하지만 대부분의 비평가들이 보기에 칸트의 견해에는 나머지 다른 두 원칙을 필요로 하는 문제들이 있다.

칸트는 도덕적 인격(person)을 "목적 그 자체"라고 부른다. 이 말은 인격에 대한 **존중**이 얼마나 중요한지를 강조하는, 칸트의 도덕철학의 초석이다. 도덕적 인격은 도덕의 주체, 즉 도덕적 행위 능력을 갖춘 사람이기 때문에 우리는 그들을 존중해야지 다른 목적을 위한 "단지 수단으로만 대우해서는" 안 된다고 칸트는 주장한다. 즉 우리의 목적 — 어떻게 해서 생겨난 것이든 — 을 위해서 다른 인격을 결코 이용해서는 안 된다. 인격에 대한 칸트의 관심은 주로 **부정적인 방식으로** 표현되는데, 그 때문에 일련의 금지 규정들에 이르게 되며, 또 우리가 서로를 대우할 때 취해야 하는 긍정적인 척도가 무엇인지에 대해서는 의심의 여지를 안고 있다. 그는 인격을 수단으로서 대우**하지 않을** 의무, 다른 인격을 (또는 자기 자신을) 이용**하지 않을** 의무, 인격을 강제**하지 않을** 의무 등을 강조한다. 우리는 다른 인격의 행복을 증진시켜야 하며 자신의 소질을 최대한 실현하도록 애써야 한다는 점을 칸트는 분명히 주장하고 있다. 이러한 권고들이 자기 자신과 다른 인격을 존중하라는 개념에 긍정적인 면을 부가하는 한편, 우리 자신과 타인을 목적으로서 대우하라는 칸트의 앞선 선언으로부터 그와 같은 권고들이 어떻게 따라 나오는지는 분명하지 않다. 내가 칸트의 인격에 대한 존중 개념을 두 개의 원칙들을 이용, 확대한 이유가 바로 거기에 있다.

인격에 대한 존중에 담긴 칸트의 생각이 얼마나 중요한지는 아무리 강조해도 지나치지 않으며, 실제로 나는 그것이 모든 윤리적 행동의 **필요조건**이라고 제안한다. 이 말은 만일 우리가 인격을 존중하지 않는다면, 즉 인격 존중의 원칙을 위반하는 쪽으로 행동한다면, 우리의 행위가 윤리적으로 가치 있다는 주장을 할 수 없음을 뜻한다.

　인격은 권리를 갖는다. 만일 우리 모두에게 우리 자신과 타인의 인격을 존중할 의무가 있다면, 모든 인격은 인격으로서 존중받아야 할 **권리**를 가질 것이다. 그 이유는 권리란 하나의 규칙으로서 상호 책임, 즉 의무를 함축하기 때문이다. 바바라가 누군가로부터 존중받을 권리를 갖는다면 다른 이들 또한 그러한 권리를 가지며, 바바라가 자신이 존중받기를 기대한다면 다른 이들과 마찬가지로 그녀 또한 그들의 권리를 존중해야만 한다. 바바라의 권리는 타고난 권리 또는 인간의 권리이며, 단지 인격이라는 사실에 의해 모든 인격에 귀속될 수 있는 권리다. 인격은 권리의 획득을 위해 달리 무엇을 할 필요가 없다. 칸트도 지적하듯이, 인격은 욕망과 본능을 따를 뿐만 아니라 욕망과 본능을 형성할 능력 또한 (실제로 그것을 실행하는지 여부와는 상관없이) 지니며, 도덕법칙에 따르거나 따르지 않을 자유를 갖는다는 점에서 비인격체(사물)와 다르다. 이 능력이야말로 인격이 의미하는 바의 핵심이다. 그것을 무시할 경우 우리 모두는 서로를 존중해야 한다는 의무 — 칸트가 말한 윤리적 행동의 근본 원리인 상호 존중의 의무 — 의 중대한 위반을 범하게 된다.

　단지 인격이라는 이유만으로 우리 모두가 권리를 갖는다면 그 권리를 **상실하는 것**은 불가능한가? 바꿔 말하면, 설사 권리란 획득되는 것이 아니며 어느 누구도 우리에게서 — 토머스 제퍼슨(Thomas Jefferson)이 말했듯이, 양도할 수 없는 — 권리들을 **빼앗아 갈 수 없**다고 하더라도, 도덕적 행위 능력을 발휘하지 않음으로써 **우리 스스로가** 그 권리를 상실할 수 있지 않은가? 말하자면 우리가 중죄를 저지를 경우, 다른 사람들로부터 존중받을 권리를 상실할 수 있지 않은가? 칸트는 분명 가능하다고 생각했다.

권리는 상실될 수 있는가? 『윤리학 강의(*Lectures on Ethics*)』에서 칸트는 다음과 같이 강조한다.

> 우리는 다른 모든 것을 잃고서도 우리의 본래적 가치는 여전히 유지할 수 있다. 인간으로서의 우리의 가치가 그대로 보존되어 있을 경우에만 우리는 우리의 다른 의무들을 수행할 수 있다. 왜냐하면 그 가치는 다른 모든 의무들의 초석이기 때문이다. 자신의 인격성(personality)을 파괴하여 내던진 사람은 본질적 가치를 갖지 않으며, 더 이상 어떤 형태의 의무도 수행할 수 없다.[1]

'상실(forfeiture)'이란 단어가 언급되고 있지는 않으나 "자신의 인격성을 내던지다"라는 구절이 그것을 의미하고 있음은 분명하다. 하지만 이는 칸트의 독창적인 생각은 아니며, 약 6백 년 앞선 토마스 아퀴나스(Thomas Aquinas)의 저술에서도 발견할 수 있다. 아퀴나스는 다음과 같이 말하고 있다.

> 인간은 죄를 저지름으로써 이성의 수준에서 후퇴하게 되며, 또 그만큼 자신의 권리 안에서 자유로우며 또 현존하고 있는 인격적 존재로서의 존엄성을 상실하게 된다. 그는 야수와 같은 노예 상태로 전락하게 되며, 그 결과 그는 유용성에 맡겨지고 그러한 존재로 취급된다. … 따라서 인간으로서의 가치를 지녔던 그런 사람을 죽이는 것이 본질적으로 사악하긴 하지만, 그럼에도 불구하고 범죄자를 처단하는 것은 동물을 죽이는 것과 마찬가지로 정당하다. 정말로, 아리스토텔레스가 말했듯이, 사악한 인간은 사실상 야수보다 더 나쁘며 더 해롭다.[2]

칸트의 글이 전통적 입장을 벗어나지 않음은 쉽게 알 수 있다. 이전의 것을 답습하고 있는 그의 말은 매우 차분하면서도 확신에 차

---

1) Immanuel Kant, *Lectures on Ethics*, New York: Harper and Row, p.121.
2) Thomas Aquinas, *Summa Theologica*, 2a-2ac, lxiv 2 and 3.

있는 듯하며, 직설적이고 강경하다. 하지만 유감스럽게도 여기서 끝나는 것이 아니다. 여기에 인용된 표현들을 좀 더 쉽게 쓰고 나서 그는 곧이어 그 다음 생각들도 한 것으로 보인다. 그것은 좀 더 뒤쪽에 있는 글인 「타인에 대한 의무(Duties Toward Others)」인데, 여기서 칸트는 처음 입장과 반대되는 견해를 취하는 것으로 보인다. 그는 다음과 같이 말하고 있다.

어떤 인간이 악한이라면, 나는 그가 인간이라는 데에는 동의하지 않는다. 그러나 그가 아무리 사악하다고 해도 그에게는 여전히 선의지의 씨는 존재한다. 그리고 내가 그의 인간성과 인간 자체를 구분한다면 나는 그 악한에 대해서도 기꺼이 심사숙고할 수 있다.

그 어떤 악한이라도 선과 악의 차이를 구별할 줄 모를 만큼, 또 유덕한 사람이 되길 바라지 않을 만큼 파렴치하지는 않다.[3]

여기서 칸트가 일관성을 결여하고 있다는 사실은 권리의 상실 개념에는 문제들이 있음을 시사한다. 이런 문제들이 내가 상실 개념을 거부하도록 만들었다. 물론 나의 이런 결정이 나중에 다루게 될 몇 가지 복잡한 난점들을 낳기는 하지만 말이다.

권리는 상실될 수 없다. 권리의 상실 개념에 얽혀 있는 첫 번째 문제는 다음 질문에 있다. "언제 우리는 그 권리들을 상실하는가?" 타인에 대한 존중을 어느 정도 심각하게 침해해야 타인의 존중을 받을 권리인 자신의 '인격성(personhood)'의 손실을 정당한 것으로 감수할 수 있는가? 한 사내가 권총을 들고 문을 통해 뛰어들면서 내가 가진 돈을 몽땅 내놓으라고 한다면, 벽난로 옆에 세워져 있던 쇠스랑을 들어 그의 머리를 어느 정도 내리쳐야 처벌을 면할 수 있는가? 아니

---

3) Kant, *Lectures on Ethics*, p.197.

면 그가 정말로 내 돈을 가져가게 해야 하는가? 또 아니면 그가 내게 총을 겨누고서 위협하도록 놔둬야 하는가? 그는 아직 총을 쏘지 않았고, 사실 그 총은 장전되어 있지 않았거나 장난감일 수도 있으며 내 친구 중 누군가가 부추긴 탓에 짓궂은 장난삼아 이러한 게임을 하는지도 모른다. (나에게는 괴짜 친구들이 좀 있다!) 아니면 그 사내가 총을 쏘아 누군가를 살해했을 때 인격으로서 대우받을 권리를 상실하는가? 그것도 아니면 나중에 배심원이 그가 유죄임을 알았을 때 권리를 상실하는가? 그런데 만일 배심원이 실수를 범한다면 어떻게 되는가? 화약 연기가 나는 총을 들고 범죄 현장을 떠나는 모습이 목격되지만, 다른 사람이 그로 오인된 것이고 결국 그 사람은 기소되어 살인 혐의를 받고 즉결 처분 된다. 이런 사정을 알게 될 경우 우리는 이렇게 말할지 모른다. "이를 어쩌죠, 죄송합니다! 우리가 실수한 것 같네요!" 잘못은 저질러지게 마련이지만 매일매일 무고한 사람들이 저지르지도 않은 죄를 뒤집어쓴다. 여기서 다시 생각해 보자. 상실은 정확히 언제 발생하는가?

두 번째 문제는 상실이 최종적인가이다. 앞서 인용한 두 번째 글에서 칸트가 고심했던 물음이 바로 이것으로 보인다. 이를테면 의심의 여지없는 명백한 죄를 지은 탓에 누군가 인격으로서 존중받을 권리를 상실했다면, 그를 죽이는 일은 옳은가? 혹은 미래의 어떤 행위를 통해 두 배로 속죄할 수 있는가? 러시아의 소설가 도스토예프스키의 『죄와 벌』에서 살인범이자 주인공인 라스콜리니코프가 불타는 건물에 뛰어들어 어린 소녀의 생명을 구했다고 가정하자. 그 행위로 속죄가 이루어지는가? 아니면 그 범죄자가 잃어버린 자기 존중과 한때 자신에게 부과되었던 타인에 대한 존중을 **회복**하기란 (어떤 특정 상황에서도) 불가능한가?

이것들은 엉뚱하고 별난 물음이 아니다. 그 물음들은 상실 이론의 핵심을 파고듦으로써, 그 이론이 의미가 있는가 하는 진지한 물음을 제기한다. 나는 그 물음들을 충분히 다룸으로써 한 인격은 **언제나** 존중받을 권리를 가진다는 것과 그 권리는 그 혹은 그녀가 어떤 일을 저지르더라도, 어떤 일을 저질렀던 것으로 보이더라도, 또는 어떤 혐의를 받고 있는지 간에 결코 상실될 수 없다는 주장을 펼 것이다. 내가 인격 존중의 원칙이 윤리학을 위한 필요조건임을 강조하는 이유가 바로 여기에 있다. 그 원칙은 윤리 이론의 초석들 중 하나다.

권리는 절대적인가? 숱한 비판을 견디면서도 권리는 상실될 수 없다는 입장을 고수하고 인격의 불가침성을 중요시하는 철학자들은 매우 적은데, 20세기 미국의 철학자인 엘리세오 비바스(Eliseo Vivas)가 그들 중 한 명이다. 그는 『도덕적 삶과 윤리적 삶(*The Moral Life and the Ethical Life*)』이라는 매우 흥미로운 책에서, 인간은 지구상의 모든 사물들 중에서 유일무이한 지위, 즉 인격으로서의 지위를 가지며, 인간의 도덕적 인격성은 상실되거나 포기될 수 없다고 주장한다. 하지만 이와 같은 사실은 수난을 통해 모든 인격의 특별한 지위를 깨달았던 '윤리적 인간'에 의해 인정된 바 있다. 비바스는 "인격에는 자신이 받아들이는 가치들의 총체와는 구별되는 본래적 가치가 존재한다."고 말한다. 이 점에 대해 그는 다음과 같이 설명한다.

　　윤리적 인간은 다른 인격을 존중하면서 인격의 존엄성을 훼손하지 않는 방식으로 그를 대우하는데, 이때 그가 도덕적으로 얼마나 무가치한 자인지는 중요하지 않다. 그에게는 도덕적 차이들을 넘어서 악덕이나 나약함, 그리고 어떤 우연에 의해서도 절멸되지 않는 인간의 본질적 가치가 존재한다.[4]

인격의 지위는 얼마간 절대적이라는 주장과 아돌프 히틀러, 사담

---

4) Eliseo Vivas, *The Moral Life and the Ethical Life*, Chicago: University of Chicago Press, 1950, pp.328-329.

후세인, 혹은 찰스 맨슨5)과 같은 사람들조차도 인격이 항상 지니고 있어야 하는 존엄성만큼은 상실하지 않는다는 주장에는 분명히 문제가 있다. 하지만 지금껏 보아 왔듯이, 상실할 수 있다는 생각도 문제를 안고 있기는 마찬가지다. 윤리적 관점에서 볼 때, 인격의 절대적인 지위를 둘러싼 문제들은 상실을 둘러싼 문제들보다 덜 심각하다. 하지만 이 쟁점에 대해 어떤 입장을 취할지는 독자들의 몫으로 남겨 둘 생각이다. 나는 앞서 결말 없이 남겨 두었던 인격성이라는 개념을 둘러싼 다른 쟁점들을 몇 가지 살펴볼 것이다.

자기 존중과 타인을 목적을 위한 수단으로 이용하기. 우선 나는 다른 인격을 이용한다는 것이 무슨 뜻인지를 살펴본 후에 첫 번째 원칙에 반영된 자기 존중의 개념의 의미에 관해 논의할 것이다.

여전히 우리는 목적 자체로서의 칸트적 인격 개념을 이해하려는 중임을 상기하기 바란다. 인격에 대한 존중이 상실될 수 있느냐 하는 문제와 관련해서, 비록 칸트의 의견에 동의하지는 않더라도, 나는 여전히 인격은 존중받을 가치가 있다는 그의 인격 개념을 조건 없이 받아들인다. 칸트의 "타인을 다른 목적을 위한 수단으로서 이용하기"라는 특이한 표현의 뜻과 관련해서 지금까지 많은 논의들이 있었는데, 그 중 하나가 바로 오노라 오닐(Onora O'Neill)의 논의다. 한 인격이 다른 인격을 이용하는 일반화된 방식으로서 그녀는 강제를 꼽았다. 오닐은 강제가 다른 인격을 이용하는 유일한 방식이라고는 주장하지 않지만, 그와 같은 현상이 우리가 기꺼이 인정하는 것 이상으로 더 일반적이라는 그녀의 주장은 옳을 수도 있다.

간단히 말하자면, 강제는 인격성의 핵심 특징인 타인의 자율성, 즉 선택 능력을 반드시 부정하게 된다. 예를 들어, 프레드가 자신의 아

---

5) [옮긴이 주] 미국에서 연쇄 살인죄로 사형선고를 받고 현재 복역 중이다.

내가 무엇을 원하는지는 생각하지 않은 채 그녀가 일을 그만두고 집에 있기를 바라는 경우, 특히 협박마저 일삼는 경우를 생각해 볼 수 있다. 그렇다면 결국 강제란 동의와 정면으로 충돌한다. 오닐은 그것을 이렇게 설명한다.

> 내 생각으로는 도덕적으로 중요한 동의는 타인의 제안에 담긴 더 심오한 혹은 더 기본적인 측면에 대한 동의일 것이다. … 타인을 인격으로서 대우하기 위해서는 제안된 것에 **동의하거나 동의하지 않을 가능성**을 그들에게 반드시 열어 주어야 한다. … **동의하거나 반대할 수 있도록** 해주어야 한다.

오닐에 따르면 인격에 대한 존중은 단지 강제를 피하는 것 이상이며, 적극적인 의무이기도 하다. 칸트는 "인간을 인격으로서 대우하기 위해서는 … 그들을 이용하지 않아야 할 뿐만 아니라, 그들이 지닌 특수한 능력인 자율성과 합리성을 고려해야만 한다."[6]는 오닐의 말에 틀림없이 동의할 것이다.

그렇다면 강제는, 예를 들어 타인으로 하여금 우리를 강제하고 목적을 위한 수단으로 이용하도록 **허용**할 때, 타인의 인격성(자율성과 합리성)뿐만 아니라 우리 **자신의** 인격성 또한 부정한다. 타인이 우리에게 거짓말을 하거나 우리를 속이고 있다는 사실, 즉 우리의 심리나 육체를 조작하고 있다는 사실을 알고 있을 경우, 거기에 저항하지 않는 것은 그릇된 일이다. 자기 존중은 타인으로부터 존중을 받으려는 요구를 포함하며, 이 책에서 옹호하는 견해에 따르면, 이 자기 존중은 적어도 타인에 대한 우리의 의무들만큼 중요하다. 칸트가

---

6) Onora O'Neill, "Between Consenting Adults", *Philosophy and Public Affairs*, Vol. 14. No. 3. 강조는 원저자의 것임. 다음 책에 재수록. Bayles and Henley, *Right Conduct: Theories and Application*, New York: Random House, 1989, pp.81-90.

말하려 했듯이, 우리가 먼저 인격으로서의 우리 자신에 대한 의무를 인정하지 않는다면 우리에게 지워진 다른 의무들을 인정할 수 없다.

그러나 인격에 대한 상호 존중의 원칙을 실제로 시험해 보지 않았다는 이유를 들어, 나는 그 원칙을 실행 가능한 윤리적 원칙으로 고려할 입장에 있지 않다는 반론이 있을지 모른다. 옳은 주장이다. 그렇다고는 해도 잠시 생각해 보자. 윤리적 행위의 필요조건인 원칙을 거부한다는 말은 무슨 **의미**인가? 그것은 윤리 자체를 거부한다는 뜻인데, 이는 불합리하다. 윤리적 원칙들의 중요성을 대수롭지 않게 생각하는 배려 윤리의 전문가들조차도 배려는 존중을 함축한다는 사실에는 동의할 것이다. 그러나 인격에 대한 존중이 윤리의 필요조건임을 부정할 뿐이라면 어떨까? 이는 매우 까다로운 물음이므로 차분히 살펴보아야 한다.

인격에 대한 존중이 윤리의 필요조건이 아니라는 주장은 상호 존중 없이도 다른 사람을 윤리적으로 대우할 수 있다는 주장이다. 하지만 이 말은 무슨 뜻인가? 만일 우리가 이 생각을 이해할 수 있다면, 그것은 우리가 그렇게 **해야만** 하기 때문이 아니라 그렇게 하기를 **원하기** 때문에 서로를 윤리적으로 대우하려는 것(즉, 서로에게 해를 입히지 않고 공정하고 명예롭게 대우하는 것 등등)을 의미하는 것 같다. 만일 우리가 그렇게 하기를 원하는 것이 일어나지 않는다면, 아마도 우리는 그렇게 하지 않을 것이다. 이는 배려 이론의 윤리학에서 말하고 있는 것에 거의 가깝다. 또는 우리는 윤리적 대우가 비윤리적 대우에 비해 최대 다수의 최대 이익을 낳는다는 주장을 할 수 있다. 이 주장은 내가 제시한 세 번째 원칙의 한 변형으로서 나중에 잠시 살펴볼 것이다. 그런데 우리는 왜 다른 사람들을 배려해야 하는가? 많은 사람들이 타인을 배려하지 않는다. 그러나 이 말을 하자마자 곧 우리는 어떤 의미에서 그들이 타인을 배려**해야 한다**는 것을 깨닫는다. 또 그들이 타인을 배려해야 하는 이유는 모든 인격은 그 자체 목적이므로 최소한 존중받을 가치가 있기 때문이다. 배려 윤리 이론이 안고 있는 여러 문제 중 하나는 배려가 의무임을 입증할 근거를 제공하지 않는다는 것이다. 그 이론은 타인을 배려하는 사람이 존재하고 선한 행위는 그 배려에서 비롯된다고 주장할 뿐이다. 이 주장은 참이지만 여기에서 문제는 이렇다. 그들이 배려를 하지 않는다면 어떻게 되는가? 이 경우 윤리학에는 어떤 일이 생길까? 우리에게는 분명 윤리적 사고의 초석을 형성하는 원칙이 필요하다. 그리고 그 초석이 곧 인격에 대한 존중이다. 요컨대, 인격에 대한 존중을 부정할 경우 윤리적 행동은 완전히 자의적이며 즉흥적인 것이 된다. 그렇게 되면 결국 인간들 사이의 상호작용은 십중팔구 권력 투쟁으로 바뀔 것이다. 다시 말해서, 그것은 한 번 더 윤리를 거부함을 의미한다.

[원칙 2] 타인에 대한 공정성

앞에서 나는, 인격 존중의 원칙은 윤리적 행동을 위한 필요조건인 반면에 그 원칙 자체는 주어진 행위가 윤리적 가치를 갖는지를 확신시켜 주는 데에는 적합하지 않다고 말했다. 우선, 구체적인 경우에 '인격에 대한 존중'이 무엇을 뜻하는지가 분명하지 않다. 분명히 우리는 사람을 속이거나 강제해서는 안 되며, 마찬가지로 사람들에게 해를 입혀서도 안 된다. 그러나 우리가, 오노라 오닐을 따라서, "자율성과 합리성에 대해서 각 개인이 갖고 있는 특수한 능력에 대한 고려"를 하더라도, 우리에게는 단순히 우리 자신과 타인에 대한 존중의 원칙만이 아닌 그 이상의 것이 필요하다. 우리는 서로에 대한 적극적인 의무들을 더 충분히 승인하도록 해주는 원칙, 즉 공정성의 원칙을 필요로 한다. 이제 이 원칙이 어떻게 해서 우리의 현재의 논의에 중요성을 더하는지를, 특히 한두 사람 이상이 연루된 윤리적 갈등을 통해 살펴보자.

이 책 앞부분에 나온 대화를 떠올려 보자. 거기서 니나는 릭에게 학생들의 성적이 교실 안에서 앉는 자리가 어딘지에 따라 결정된다는 제안을 한다. 당연히 화가 난 릭은 "그건 공정하지 않아!"라며 항의한다. 물론 그가 옳으며 그것이 니나의 논점이다. 하지만 어느 의미에서는 학생들이 인격으로서 존중받을 권리는 인정되었다고 할 수 있는데 왜냐하면 학생들은 관련된 사정에 대해 설명을 들었고 수업을 듣지 않을 선택권도 가지고 있기 때문이다. 즉 각 학생에게는 교실에 머무르거나 떠날 기회, 혹은 교실 맨 앞자리에 앉음으로써 'A' 학점을 딸 기회가 있다. 하지만 니나가 생각해 낸 상황이 만들어 낸 것은 각 학생들이 불공정하게 대우받을 '권리'다. 이는 받아들일 수 없다. 그 상황은 결국 앞줄을 차지하기 위한 전쟁터의 모습으로 바뀔 것이므로 우리는 대부분 그 학생들이 존중받지 못한다고 주장할 것이다. 이 주장이 참인지는 상관없이, 그 상황이 릭의 지적처럼 공정하지 못한 것은 매우 분명하다. 때문에 나는, 어떤 권리가 수반되는지가 분명하지 않은 경계선상의 사례들의 경우에 그것만으로는 부족한 인격 존중의 원칙을 보완하기 위해 공정성의 원칙을 도입하고자 한다.

누군가를 불공정하게 대우하면서 **그와 동시에** 그들을 존중할 수는 없기 때문에 우리는 인격 존중의 원칙에는 공정성의 원칙이 어떻든 포함되어 있다고 주장할 수 있다. 어느 정도 이 주장은 사실이다. 하지만 나는 두 번째 원리를 (모든 인격을 불공정하게 다루지 않는다는) 소극적 방식보다는 (모든 인격을 공정하게 대우한다는) 적극적 방식으로 제시했는데, 이는 윤리의 적극적인 차원, 즉 우리가 오로지 인격 존중의 개념에만 초점을 맞출 경우에 무시될 수 있는 차원에 주의를 기울이기 위해서다. 우리가 살펴보았듯이 인격 존중의 개념은 **처방** 목록보다는 **금지** 목록, 해야 할 일보다는 삼가야 할 일들을 규정하고 있다.

‘공정성’ 개념을 수용하는 데에는 특별한 어려움이 없는데, 그것이 이 개념을 도입하는 또 다른 까닭이다. 그 개념은 일군의 사람들을 대우할 때 큰 도움이 되며 (단지 빚을 갚는다는 뜻이 아니라면, 특별한 상황에서 특정 인격에게 공정하다는 것이 무슨 뜻인지는 매우 분명하지 않다) 또한 직관적 수준에서, 심지어 어린아이의 수준에서도 파악할 수 있다. 예컨대, 귀염둥이 딸아이에게 친구의 것보다 더 작게 케이크를 잘라 주는 실수를 하면 그 꼬마 아가씨는 "공정하지 않아요!"라며 토라질 것이다. 당연히 꼬마 아가씨가 옳다! 그 아이는 두 번째 원칙이 무시될 때 발생하는 차별 현상을 몸소 체험하는 중이다. 더구나 만일 그 친구가 꼬마 신사라면 딸아이는 아마도 성차별을 경험하는 셈이 된다!

공정성은 타인으로 하여금 우리를 대우할 때와 똑같이 타인을 대우할 것, 모든 인격에게 동일한 기준을 적용하고 동일한 조건을 내걸 것을 요구한다. 공정성은 서로를 존중해야 할 뿐만 아니라 혜량과 공감의 마음으로 대우할 것도 요구한다. 그것은 인생에서도 게임에서와 마찬가지로, 문서화되어 있든 문서화되어 있지 않든, '동일한 규칙'에 따라 행동할 것을 요구한다.

두 번째 원칙을 추가함으로써 이제 우리는 두 개의 필요조건을 확인했으며, 그 원칙들 덕분에 인간 행복의 총량을 극대화하라는 명령에 내용을 제공할 수 있게 되었는데, 그렇지 않을 경우 그 명령은 다소 추상적이고 만족스럽지 못할 수 있다. 이 명령이 바로 나의 세 번째 원칙이며, 아래에서 좀 더 상세히 살펴볼 것이다.

[원칙 3] 영향을 받는 다수의 행복을 증가시키는 규칙을 채택하라.
이 원칙은 흔히 말하는 '규칙 공리주의'를 각색한 것이다. 규칙 공리주의는 벤담(Jeremy Bentham)과 밀(John Stuart Mill)이 내세운 행위 공리주의의 문제점을 현대철학자들이 개선한 것이다. 19세기 초

벤담이 처음 주창했을 당시, 공리주의는 동기와 행위 자체를 벗어나 행위의 결과에 직접 초점을 맞추었다. 벤담은 행위의 옳음은 그 행위가 얼마나 많은 사람을 행복하게 하느냐에 달려 있다고 생각했다. 어떤 행위가 많은 사람을 행복하게 하면 할수록 그 행위는 더 옳은 것이다. 벤담이 말하는 '행복'이란 '쾌락'을 의미하며, 그는 우리가 행위들을 평가하고 측정할 수 있으므로 가장 큰 쾌락을 산출하는 행위, 즉 결과적으로 옳은 행위를 선택할 수 있다고 확신했다.

  벤담의 학생이었던 밀은 행복을 쾌락과 동등한 것으로 두는 이 단순한 등식이 좀 이상한 결론, 즉 술자리에서 잔뜩 취해 한 시간 노는 것은 아리스토텔레스의 『형이상학(Metaphysics)』을 한 시간 읽는 것에 비해 더 많은 쾌락을 주기 때문에 (도덕적 의미에서) 더 낫다는 결론에 이르게 됨을 발견했다(이 책을 읽고 계신 여러분은 제외하구요!). 이런 이유에서 밀은 결과를 중요시하는 벤담의 견해에는 동의하면서도 행복과 쾌락을 동일한 것으로 보는 데에는 찬성하지 않았다. 밀은 옳은 행위란 인간의 행복을 최대화한다는, 앞서 언급했던 아리스토텔레스적 의미의 '덕'을 더 많이 가져다준다는 생각을 수용했다. (아마도, 인간은 비록 술자리에 있을 때 더 큰 쾌락을 느낄지언정 그렇다고 해서 아리스토텔레스의 저서를 읽을 때처럼 행복해지지는 않을 것이다. 즉 한 시간 동안의 술자리가 인간의 탁월성을 증진시키는 데 기여하지는 않을 것이다. 아무튼 밀이 보기에 쾌락은 이제 더 이상 윤리적 행위의 옳음을 평가하는 척도일 수 없었다.)

  행위 공리주의에 대한 밀의 해석을 크게 진전시킨 규칙 공리주의자들은 특정 행위와 그 결과에서 벗어나 행위들을 지배하는 규칙으로 시선을 돌렸다. 인간의 권리는 물론이고 규칙이 왜 필요한지는 다음의 시사만화에 잘 나타나 있다. 행위 공리주의는 논란의 여지를 많이 남긴 '비용/이익' 분석이라는 모습으로 등장한다.

– 파나마 침공으로 인한 인명 손실이 남자와 여자 그리고 노약자를 포함하여 천 명 이상에 달하는 것으로 알려졌는데, 대통령께서는 그 희생은 '그만큼의 가치'가 있는 것이었다고 말씀하셨습니다.

– 대통령께서는 그 말씀을 하시면서 비용/이익 분석을 염두에 두고 있는 것으로 보입니다. 그렇다면 희생자가 전부 얼마나 되어야 '그만큼의 가치'가 있다는 것인지 말씀해 주시겠습니까?

– 어느 정도라고 꼬집어서 답할 수는 없습니다. 왜냐하면 미국인 희생자를 말하는 것인지, 또 파나마인 희생자를 말하는 것인지가…
– 각각 5천 명쯤?

– 미국인 5천 명이요? 마약상 한 명을 체포하는 데 말입니까? 그건 아닌데…
– 3천 명 어떻습니까? 각각 1,500명씩!

– 음, 글쎄요. 썩 내키지 않는데요…
– 파나마인 1,750명과 미국인 250명 어때요? 대략 2천 명 정도!

– 한 배, 두 배…
– 아 예, 좋습니다. 하지만 딱 잘라 말하긴 힘들군요…
– 각하? 2,001명은 어떻습니까?

대통령에게 지금 필요한 것은 원칙 내지는 규칙이다.

윤리적 규칙 채택하기. 행위 자체가 아닌 행위 규칙을 채택하는 것에 초점을 맞출 경우 어떤 점에서 유리한가? 규칙 공리주의는 전통적인 행위 공리주의에 비해 어느 정도 진전된 것인가? 어느 경우든 우리의 주요 관심사는 한 행위의 윤리를 결정하는 데에서 그 행위의 결과가 고려된다는 사실이다. 하지만 쾌락의 질에 문제가 있는 특정 행위에 주목한 밀의 공리주의에서도 특정한 사례를 고려하자마자 혼란스러운 결과가 발생한다.

예를 들어, 프레드가 앨리스에게 50달러를 빌려 주었다. 하지만 앨리스는 돈을 갚기로 한 날 그 돈을 갚는 대신에 암 연구를 위한 기금으로 기부하였다. 밀의 입장에서 이 자선 행위는 빚을 갚는 행위에 비해 더 많은 사람을 행복하게 만들어 주므로 윤리적으로 옳은 것이 된다. 하지만 규칙 공리주의자는 옳은 일을 한 것이 아니라고 주장할 것이다. 왜냐하면 만일 우리가 앨리스처럼 기부 행위는 당연히 행해져야 한다는 것을 하나의 규칙으로 채택할 경우, 그 규칙은 빚을 갚는 것보다 더 작은 행복을 산출할 것이기 때문이다. 그리고 여기서 나는 규칙 공리주의에 동의한다. 내 주장은 자선 행위에 연루된 다음 세 가지 문제점 때문에 빚을 갚는 행위가 옳은 행위라는 것이다 ― 앞서 말한 세 가지 원칙 전부를 활용하면 각 사례들에 어떤 규칙이 적절한지를 찾고 그것을 적용하는 데 도움이 될 것이다. 자선 행위는 (1) 앨리스가 프레드에게서 돈을 빌릴 때 갚기로 한 약속을 무시함으로써 결국 하나의 인격으로서의 그에 대한 존중의 원칙을 위반하며, (2) 빌려 주고 빌릴 때 성립하는 암묵적인 규칙들을 위반하기 때문에 공정하지 못하고, (3) 정직과 약속 이행을 수반하는 그러한 규칙을 채택할 경우, 그 행위는 그 규칙에 의해 영향 받게 될 다수의 행복을 최대화하지 않을 것이기 때문에 옳은 행위로 간주될 수 없다. 이 세 번째 문제점이 그럴듯하다는 것은 만일 모든 사람이 돈을 갚는 것을 거부하고 그 대신 기부금으로 사용할 경우 더 이상은 돈을 빌릴 수 없게 된다는 사실에서 알 수 있다. 결과적으로 돈을 빌리고 빌려 줄 때 필요한 신뢰의 근간이 흔들릴 것인데, 이는 빌리고 빌려 주는 것 이외의 상황에서도 심각한 결과들을 낳는다. 더구나 앨리스의 기부가 암 연구의 획기적인 진전에 기여하게 될 공산도 별로 없으며, 그리고 우리가 그 연구의 결말이 어떤 것인지 알 수 있을 것 같지도 않다.

게리 트루도(Gary Trudeau)의 만화는 레이건 대통령이 파나마를 침공한 일을 정당화할 규칙 내지는 원칙을 찾는 일이 쉽지 않음을 보여준다는 점에서 통찰력이 돋보인다. 이는 소박한 '비용/이익', 혹은 행위 공리주의 분석의 부적절성을 잘 보여준다. 인간의 권리를 소홀히 하는 윤리적 규칙을 채택하는 일은 어려우며, 아마도 불가능할 것이다. 이와 같은 어려움이 첫 번째 원칙이 필요한 이유를 잘 설명한다.[7] 더 나아가 밀 역시 당연히 이런 어려움을 예견했을 것이다.

---

7) 현대철학에서 가장 주목을 받았던 규칙 공리주의자들 가운데 한 사람이 영국의 철학자 리처드 M. 헤어(R. M. Hare, 1919-2002)다. 그의 공리주의는 칸트적 관점을 채용하면서 소위 '보편화'에 초점을 둔 데에 그 특징이 있다. 이는 칸트의 정언명법을 변용한 것인데 그 결과 칸트를 공리주의자로 볼 여지가 생긴다. 예컨대 헤어는 『도덕적 사고(Moral Thinking)』(Oxford: Clarendon Press, 1981, p.50)에서 이렇게 말했다. "명석한 두뇌의 공리주의자와 명석한 두뇌의 칸트주의자는 자신들이 한때 직관적인 사고와 비판적인 사고를 구분해 왔다는 것을 똑같이 알게 될 것이다." 보편화는 도덕적 원칙들에 대한 비판적인 시험, 즉 모든 사람이 주어진 상황에서 우리가 하기로 한 바대로 한다면 어떤 일이 발생하는가를 물어볼 것을 요구한다. 헤어는 자신의 이론이 윤리의 중추가 되는 상호 존중의 인간 권리를 '함부로 다루는' 많은 형태의 공리주의가 지닌 결함을 막을 수 있다고 확신한다. 내가 이 책에서 내세우는 관점은 권리의 중요성을 분명히 밝히면서 공정성과 결합된 권리를 윤리적 행동의 필요조건으로 확장시키는 것이다. 헤어는 이것이 불필요하다고 생각할 가능성이 매우 높은데, 왜냐하면 그는 "순전히 형식적인 고려들에 호소함으로써 확립될 수 있는 '동등한 관심과 존중에 대한 권리'라는 것은 도덕 원칙은 보편화 가능하다는 요청을 달리 표현한 것일 뿐이다."라고 주장하기 때문이다(p.154). 이 말은 인간의 권리(그리고 공정성)를 침해하는 원칙은 보편화될 수 없다는 뜻이다. 누군가 자기 자신에게 해를 끼치게 될 원칙에 따라 기꺼이 행동할 것이라는 것

밀이 그 공리주의를 같은 제목이 붙은 자신의 저서에서 처음 제시했을 때, 그는 "[다수에게] 이익이 되면서도 다른 누구의 권리 ― 즉, 합법적이면서도 공인된 기대 ― 도 침해하지 않음을 확신"할 수 있다면 인간의 행복을 최대화하는 결과들을 옹호하였다.8)

이 절을 마치면서 인생이 어떻게 예술을 모방하는지 확인해 보는 것도 흥미로울 듯하다. CNN 여론조사 팀은 이라크와의 전쟁 중이던 2003년에 인터넷에서 시청자들에게 다음과 같이 물었다. "사담 후세인을 축출하는 데 얼마나 많은 민간인 사상자들이 생겨나도 괜찮다고 생각하십니까?" 시청자들이 선택할 수 있는 범위는 '1천 명 이하'부터 '10만 명 이하'까지였고 '단 한 명도 안 됨'은 선택할 수 없었다. 가장 적은 수를 선택한 응답자들이 가장 높은 비율인 42%를 차지했다. 트루도는 분명 재밌어 했을 것이다!

세 가지 원칙의 적용

첫 번째 원칙은 인격의 지위에 주목하는데, 이때 인격은 어쩔 수 없이 윤리적 갈등 상황에 놓일 수밖에 없는 당사자들이다. 두 번째 원칙은 첫 번째 원칙을 보완하고 우리로 하여금 다수의 인격을 고려함으로써 그들이 서로에 대해 갖는 의무들 간에 일어나는 충돌 중 일부를 해결할 수 있도록 해준다. 각 원칙은 윤리적 행위를 위한 필

은 상상하기 어렵다.

아무튼 여기에서 옹호되고 있는 규칙 공리주의 형태는 행복을 (사회 구성원들의 이익에 대한 공평한 고려라는 헤어의 견해보다는) 윤리적 행동의 바람직한 목적으로 간주하는 아리스토텔레스의 견해와 관계있다. 이와 같은 형태가 더 간명하며, 그리고 권리와 공정성은 윤리적 행위의 필요조건을 구성한다는 생각이 비판적 목적, 특히 철학을 배우기 시작하는 학생들을 위해서는 더 유용한 것 같다. 하지만 헤어의 책 역시 아주 훌륭해서 읽어 두면 큰 도움이 된다.

8) J. S. Mill, Utilitarianism, *On Liberty, Essay on Bentham*, New York: Meridian Books, 1965, p.270.

요조건이므로, 이들 중 하나라도 위반하는 행위는 윤리적일 수 없다. 하지만 세 번째 원칙은 행위의 결과들에 주목해서 여러 행위들을 비교하고 우리의 선택 중 어느 것이 윤리적으로 올바른 것인지, 다시 말해서 어느 선택이 그 규칙에 관련된 당사자들의 행복을 더 증가시킬 것인지를 합리적으로 결정할 때 필요하다.

이들 원칙이 구체적인 사례들에서 어떻게 작용하는지는 이 책의 후반부에서 살펴보기로 한다. 물론 이쯤에서 이들 사례들 중 몇몇을 미리 살펴보는 것도 좋은 생각이다. 하지만 그에 앞서, 내가 여기서 제시하는 논제에 의문을 불러일으켰던 앞의 두 이론들을 좀 더 상세히 다루고자 한다.

덕 윤리와 배려 윤리에 관한 몇 가지 생각

이 절의 도입부에서 나는 덕 윤리와 배려 윤리에 대해 언급했다. 이 두 입장을 취하는 학자들은, 바뀌기 쉬운 인간 경험의 특성과 윤리적 원칙들을 '일률적으로' 적용하기 어려움을 강조하면서, 윤리적 원칙들을 옹호하기를 주저한다. 두 이론 중 '배려 윤리' 운동이 가장 크게 영향을 미쳤는데, 그 선봉장인 심리학자 캐롤 길리건(Carol Gilligan)은 원칙에 대해서 이야기하는 것은 윤리학 특유의 남성적인 접근법이라고 확신했다. 그녀가 전개한 생각에 따르면 여성은 윤리에 대해 다르게, 그리고 모든 면에서 더 감성적으로 접근한다. 『다른 목소리로(In a Different Voice)』라는 자신의 책에서 그녀는 여성이 타인의 요구에 더 예민하므로 타자를 더 잘 이해하며, 따라서 윤리적 문제를 다룰 때 '타자들의 목소리'를 더 잘 고려할 수 있다고 강조했다. 그 후 논문에서도 그녀는 "여성의 도덕적 힘은 … 관계와 책임에 더 우선적인 관심을 갖는다."9)라는 말로 자기 생각을 분명히

---

9) Carol Gilligan, "Why Should an Woman Be More Like a Man?", in *The Pleasures of Psychology*, eds. D. Golemen and D. Heller, New York: New

했다. 여성들이 남성들과 다르게 생각한다는 것에 우리가 동의하든 동의하지 않든 간에, 그리고 어느 접근 방식이 더 우월한가 하는 물음은 접어 두고, 나는 '배려'와 '동정심'과 같은 개념들이 윤리적 사고의 중심에 놓여야 한다는 데에는 기꺼이 동의할 것이다. 이 점은 윤리에 관한 사고에서는 자기 자신을 그릇된 행위의 희생자로 상상할 필요가 있음을 언급하는 다음 절에서 분명히 할 것이다. 분명히 상상력과 직관 모두 윤리적 사고에 개입하는데, 윤리적 사고는 엄밀하지 않으며 수학적 확실성도 가져다주지 않는다. 배려가 없는 개인도 윤리적으로 행동할 수는 있으나, 그 사람을 윤리적 인격체로 간주할 수 있는지는 분명하지 않다. 나는 여전히 윤리적 원칙들을 모두 포기하는 것은 실수라고 생각하는데, 그 이유는 앞서 주장했듯이 그것들은 윤리적 사고에서 중심적인 역할을 하기 때문이다. 어떤 사람이 정말로 다른 사람들을 배려하지 않는 일은 얼마든지 생각해 볼 수 있으며, 이 경우에 윤리는 무용지물이다. 혹은 더 그럴듯한 장면으로는 어떤 유덕한 사람이 도덕적 딜레마에 빠져서 어찌할 바를 모르는 상황을 그려 볼 수도 있다. 단순히 덕을 갖춘 인격 혹은 타인을 배려하는 사람이 된다는 것만으로는 충분하지 않다. 우리는 자주 도덕적 곤경에 처한 우리 자신을 발견하는데, 거기에서 벗어나는 유일한 방법은 윤리적 원칙들에 호소하는 것이다. 그것이 바로 이 절 끝

American Library, 1986, p.41. '인격에 대한 존중'을 강조함으로써 내가 주장하려는 바는 인간의 권리는 파생적이라는 사실임에 유의하기 바란다. 바꿔 말하면 나의 권리에 준하는 나의 주장은 인격으로서의 당신에 대한 나의 존중과 상관관계에 있다. 내 생각에 이와 같은 정식화는 도덕성에 대해 길리건이 취한 남성적/여성적 접근에서 포착되는 이분법을 피하게 된다. 그의 접근법에 의하면 여성은 책임과 관계를 선호하는 반면 남성은 권리와 규칙을 선호한다. 나의 정식화에서 규칙들은 부차적인 것이며 그것들은 반드시 도덕성을 위한 필요조건인 인격에 대한 존중과 공정성에 따라야 한다(다음 책을 참조할 것. Carol Gilligan, *In a Different Voice*, Cambridge, Mass.: Harvard University Press, 1982, p.19).

에 등장하는 만화 '캘빈과 홉스'의 요점이다. 하지만 두 가지 예를 더 살펴보자.

[사례 1] 프레드는 독성 폐기물 처리 회사를 소유하고 있다. 그 회사는 동부 해안의 여러 화학 플랜트에서 나오는 폐기물을 안전하게 매립할 책임이 있다. 그는 책임감이 매우 강하며 가족과도 친밀해서 가족들과 남부럽지 않게 살기 위해 노력하고 있다. 프레드의 처남인 아비드가 아내의 부탁으로 프레드의 회사에서 일을 하게 되었다. 안타깝게도 아비드는 그다지 꼼꼼하지 못했으며, 프레드는 그가 운송장 기입을 실수 없이 잘 해내지 못하는데다가 또 공장에서 나간 폐기물의 행로도 꼼꼼히 추적하지 못한다는 사실을 알게 되었다. 사실 프레드는 아비드가 독성 폐기물을 불법적으로 매립한다고 믿고 있으며 그 증거도 가지고 있다. 프레드는 아비드를 만나 문제점을 지적하는데, 아비드는 모든 일을 가볍게 처리한다. 결국, 아내의 반대에도 불구하고, 프레드는 점차 아비드를 해고해야 하겠다는 마음을 먹게 된다. 이제 배려 윤리는 직업이 있어야만 가족을 부양할 수 있는 처남을 배려하는 것이 매우 중요하다고 강조할 것이며, 또한 프레드와 아내 그리고 처남 사이의 친밀한 관계도 강조할 것이다. 그러나 이 절에서 탐구한 윤리적 원칙은 그 자신과 프레드, 그리고 직장 동료들을 존중하지 않은 것, 독성 물질을 불법적으로 매립함으로써 이로부터 영향 받을 사람들에게 공정하지 못한 것을 이유로, 그리고 그 행위 자체로 인해 영향 받을 사람들의 행복을 최대화하기 위해 프레드에게 처남을 해고해야만 한다고 요구할 것이다. 배려 윤리는 서로를 배려하지만 그 자신이 도덕적 딜레마의 두 뿔에 걸려 있는 점잖은 사람들을 대할 때는 난관에 봉착하게 되는데, 그 이유는 그들이 자신들이 특별히 배려하지 않는 사람들도 권리를 가지고 있음을 깨닫고 있기 때문이다. 원칙이 항상 답을 제공하는 것은 아니다.

106

하지만 원칙들은 윤리적 사고의 틀을 제공한다.

[사례 2] 이번에 살펴볼 예는 배려 윤리가 더 강한 지반 위에 서 있음을 보여준다. 역차별 문제가 그것이다. 프레드의 회사가 소수 민족을 고용하는 것으로 유명하다고 하자. 처남을 해고한 후 몇몇 사람이 그 자리에 지원했다. 검토 결과 두 후보로 압축되었는데 그 중 한 명은 흑인이다. 그 흑인은 운송 업종에서 일한 경험이 거의 없고 연방회사와 거래한 적도 없다. 그러나 신뢰할 만하고 총명하며 또한 두 아이를 둔 책임 있는 가장이다. 물론 그 일을 잘할 것으로 보인다. 다른 한 사람은 미혼인 백인 남성이며 두 살 더 많다. 그는 프레드가 필요로 하는 운전 능력을 발휘하는 운송회사에서 일해 왔다. 그는 일순위로 추천되었고 그 일에 적임자로 보인다. 차별은 우리가 목적 자체인 모든 인격에 대해 지녀야 할 존중을 정면으로 부정하는 것이기 때문에, 윤리적 원칙은 어떤 종류의 차별도 금지한다고 보아야 할 것이다. 하지만 배려 윤리를 옹호하는 사람들은 제도에 의한 차별 탓에 직업이 더 필요해진 흑인을 선택하라고 요구할 것이다.

프레드는 어떻게 해야 한다고 생각하는가? 분명히 우리는 윤리적 문제들이 어떻게 해서 복잡하고 혼란스럽게 될 수 있는지 알 수 있다. 윤리적 원칙들이 길을 알려줄 것처럼 보이지만, 때때로 우리의 직관과 강한 느낌들은 옳고 그름에 관한 우리의 사고와 정면으로 충돌한다. "배려, 타인에 대한 감정, 서로의 감정에 대한 민감함 등은 실제 상황에서 이성의 추상적인 규칙이나 합리적 계산법보다 도덕성이 요구하는 것을 더 잘 안내할 수 있으며, 아니면 적어도 적절한 도덕성을 형성하는 데 필요한 요소들일 수 있다."[10]는 버지니아 헬드

---

10) Virginia Held, "Feminist Transformations of Moral Theory", *Philosophy and Phenomenological Research*, Vol. 50, 1990, p.332. 윤리학의 역사에 관심 있는 학생은 배려 윤리가 특히 18세기 스코틀랜드의 철학자들이 내세운 '도덕

❶ 오늘 학교에서 시험을 보면서 부정행위를 할지 말지 결정해야 했어.

❷ 옳은 일을 하고 낙제하는 것이 좋은지, 아니면 그른 일을 하고 좋은 점수를 얻을 것인지를 말이야.

❸ 한편으로 보면 부당한 성공은 만족을 주지 않을 것이고, … 하지만 다른 한편으로 정당한 실패 역시 만족을 주지 않기는 마찬가지야.

❹ 물론 거의 모든 사람들이 가끔 부정행위를 하긴 해. 사람들은 벌탈이 없다는 생각이 들면 규칙을 악용하지. … 그렇다고 해도 그것이 나의 부정행위를 정당화하는 것은 아니야.

❺ 그래서 생각해 보았어. 작은 시험에서 부정행위를 하는 것은 그리 큰 일이 아니야. 누구에게도 피해를 주지 않으니까. … 하지만 나는 곧 혹시 내가 공부하지 않고도 얻게 된 반갑지 않은 결과를 합리화하는 것은 아닌지 궁금해졌어.

❻ - 실제세계에서 사람들은 성공에 관심이 있을 뿐 원칙 따위에는 관심이 없어. … 그리곤 다시 나는 세상이 온통 엉망인 이유도 그 때문이라고 생각했어. 진퇴양난이지!
- 그래서 어떤 결정을 내렸니?
- 아무것도. 시간을 다 써버려서 빈 답안지를 제출할 수밖에 없었지.

❼ - 그래도 문제를 솔직히 인정한 것은 도덕적 승리야.
- 그래, 윤리시험에서 부정행위를 하는 것은 그른 일인 것 같아.

그것이 쉬울 것이라고 말한 사람은 아무도 없다! 하지만 캘빈이 모종의 윤리적 원칙의 도움을 받을 수 있다면 이 도덕적 딜레마에서 벗어날 수 있다. 도와줄 수 있나요?

감' 이론과 매우 유사하다는 점에 주목할지도 모른다. 이 점에서 도덕감에 관한 이론가인 테리 이글턴은 "우리 안에는 추론에 앞서, 고통으로 인한 타인의 아픔을 느끼도록 하는, 어떤 사욕도 없이 타인의 기쁨을 함께하도록 하는 그리고 격렬한 통증과 같은 잔혹과 억압을 혐오하도록 자극하는 능력이 이미 존재한다."고 하였다(Terry Eagleton, *The Ideology of the Aesthetic*, Malden, Mass.: Blackwell Publisher, Inc., 1998, p.39). 이글턴의 지적처럼 이와 같은 관점은 배려 윤리와 마찬가지로 주관성을 띤다는 점에서 체계적인 윤리 이론으로 다루기가 어렵다.

(Virginia Held)의 지적이 옳았을지도 모른다. 윤리적 문제들에 대해 명료하게 사고하기를 바란다면 우리는 분명 이 중요한 사항들을 도외시해서는 안 된다. 한 가지 도움이 될 만한 것은 문제를 바라보는 거리감을 키울 수 있고 개개의 경우에 무엇을 해야 할지를 더 분명하게 알 수 있도록 해주는 '윤리적 관점'을 계발하는 것이다.

더 생각해 보기

여기에 제안된 원칙들을 받아들일 것인지는 여러분에게 달려 있다. 이곳에서 제시된, 윤리란 더 넓은 의미의 인간 공동체의 구성원과 관계가 있다는 견해가 이 장에서 내놓은 앞의 원칙들에 기초를 제공할지라도, 그 원칙들을 옹호하기란 쉽지 않다. 우리는 인간 공동체의 구성원이 서로 어떤 영향 관계에 있는지 고려할 필요가 있다. 말하자면, 우리는 어떻게 다른 사람과 잘 어울려 지내면서 동시에 더 인간적일 수 있는가? 내가 제시한 세 가지 원칙은 이 물음에 답하기 위한 것이지만, 여러분은 이 답을 비판적으로 검토해야 한다. 만일 여러분이 그 중 하나 내지는 그 이상을 거부한다면, 다른 대안을 제시할 것인가? 아니면 윤리적 원칙은 부적절하다고 주장할 것인가? 예를 들어 '배려' 개념이면 충분하다고 생각하는가? 조심스럽게 말하자면, 첫 번째 원칙과 관련해서 주장된 내용들 중에는 다루기 힘든 것들이 있다. 아마도 배려 윤리가 옳으며, 원칙들은 윤리에 부적절한 것인지도 모른다.

우리는 '인격에 대한 존중'이 윤리를 위한 필요조건이라고 주장할 수 있는가? 이 주장은 의미가 있는가? 그것은 옹호할 수 있는 입장인가? 예를 들어 거짓말은 서로에 대해 마땅히 취해야 할 존중을 위반한다고 하자. 그러면 한 인격의 생명을 구하기 위한 거짓말은 어떤가? 이를테면, 착한 친구가 범죄 조직의 추격을 피해 당신이 살고 있는 집의 지하에 숨어 있고 그 우두머리가 당신에게 친구의 행방을 묻는다고 하자. 진실을 말해야 하는가? 결코 그렇지 않다! 어떤 이들은 그러한 경우에는 거짓말을 할 의무가 있다고 주장할 것이다.

그러나 이곳에서 제시한 견해에 따르면 그렇지 않다. 비록 그가 지하실에 숨어 있는 당신의 친구를 해치거나 심지어 살해할 계획이 있다고 할지라도, 그 우두머리에게는 진실을 알 권리가 있다. 고통스러운 갈등이 존재하는 곳이 바로 이 지점이며, 나는 잠시 후에 그와 같은 '비극적 갈등' 상황에서는 윤리적으로 옳은 행위란 **없다**고 주장할 것이다. 우리는 단지 두 가지 악 중에서 더 작은 악을 선택할 수 있을 뿐이다. 이 말은 그와 같은 경우에 여러분이 사실상 거짓말을 하지 않는다는 뜻은 아니다. 단지 그것은 여러분이 철학적 근거를 들면서 **당신이 거짓말을 한 것은 옳았다**고 주장할 수 없음을 뜻한다. 비록 덜한 악이라고 할지라도 거짓말은 그릇된 것이기 때문에, 그와 같은 경우에도 거짓말은 정당화될 수 없다.

물론 모든 사람이 이 견해를 받아들이지는 않는다. 사실 그것은 완전히 잘못된 생각일 수도 있다. 영국의 철학자 리처드 M. 헤어(R. M. Hare)는 내가 말한 '비극적 상황'이라는 개념을 그다지 중요하게 여기지 않는데, 그 이유는 그러한 상황이 직관들 사이의 불일치에서 생겨나므로 자신의 '보편화' 방법을 올바르게 적용함으로써(각주 7을 참조) 비판적으로 추론하기만 하면 이내 해소될 것이라고 생각했기 때문이다. 하지만 그것이 실제로 그 주요 쟁점을 해결하도록 해 주는가? 즉, 우리가 보편화될 수 있는 어떤 행위를 '옳다'고 부르면, 이것은 그 행위가 단지 두 악들 중 덜한 악일 수 있다는 사실을 바꾸어 놓는가? 즉, 그것은 동일한 행위가 다른 관점에서는 '그른 것'으로 보일 수도 있다는 것인가?

또 권리란 상실될 수 없다는 주장에 대해서는 어떤가? 여러분이 보기에 그 주장은 그럴듯한가? 예를 들어, 17명의 소년에게 가혹 행위와 고문을 가하고 나서 살해한 사실을 자백한 한 남자를 경찰이 체포했다고 하자. 그 남자에게 생명을 포기하라고 요구하는 것은 윤리적으로 옳아 보이지 않는가? 이 경우 사형은 정당화되는 것이 아닌가?

이 책에서 제시한 요점에 대해 생각해 보자. 그 남자는 자신의 목숨을 구하기 위해 **아무것도** 할 수 없는가? 잘못을 바로 잡기 위해 할 수 있는 일은 (전혀) 없는가? 분명한 사실은 그가 어떤 행위를 해도 희생된 아이들을 되살릴 수는 없다는 것이다. 하지만 그를 처형한다고 해도 상황은 바뀌지 않는다. 이 경우나 다른 경우에 우리는 사형을 정당화할 수 있을까? 사형은 정말 옳은가? 옳다면, 왜 옳은가? 이곳에서 논의된 입장에 따르면 사형은 결코 옳지 않다. 여러분은 어떻게 생각하는가?

2.2 윤리적 관점

바로 앞 절에서 나는 윤리적 논증의 궁극적인 토대를 이룰 수 있는 세 가지 원칙을 제안했다. 만일 우리가 이 원칙들을 윤리적 갈등과 윤리적 선택에 관한 사고에 포함시키고자 한다면, 일상적인 사고에서와는 다소 다른 관점을 채택할 필요가 있다. 나는 그것을 '윤리적 관점'이라고 부를 것인데 그 관점에서는 (벤담의 표현대로) "모든 사람은 한 사람으로 간주되고 우리들 중 누구도 한 사람 이상으로 간주되지 않는다."

윤리적 사고에서 가장 중요한 것은 자신이 특별한 권한이 있는 사람이라는 생각을 버리는 것이다. 윤리적 사고는 '규정적(prescriptive)'이다. 바꿔 말하면, 윤리에 관한 선택은 **나에게** 옳은 것을 기준으로 삼은 것이 아니라, **모두에게** 옳은 것에 토대를 둔 선택이다. 앞서 든 예의 경우, 속도측정 탐지기의 사용을 삼가는 것은 나에게만 옳아서

가 아니다. 우리의 논증이 건전하다면, 탐지기를 사용하지 않는 행위는 모든 사람에게 옳은 것이다. 유아 살해의 경우도 사정은 마찬가지다. 우리의 논증이 올바르다면 유아 살해 풍습은 스파르타인들 혹은 아체베 소설의 마을 주민들에게도, **그들이 인정하지 않는다** 하더**라도**, 그릇된 것이다.

윤리적 논증의 규정적 혹은 규범적('표준(norms)'에서 유래) 요소로 인해 많은 사람들이 어려움을 겪는다. 각자 '자신의 일을 하도록' 허락하는 아량과 넓은 마음이 자랑인 시대에 그러한 요소는 불관용(intolerance)으로 보일 수 있다. 하지만 잠시 생각해 보자. 만일 내가 "샐리는 우유 배달원을 살해하지 말았어야 했다."는 윤리적 판단을 한다면, 그리고 이를 지지하는 추론이 건전하다면, 샐리의 행위는 그릇된 것이라는 판단은 나에게, 당신에게, 샐리에게, 그리고 다른 모두에게 참이다. 여기에서 핵심 요소는 짧은 단어 '~라면(if)'에 포함되어 있다. 그 요소로 인해 우리는 윤리적 불관용을 피할 수 있다. 그 추론이 건전**하다면** (그리고 오직 그 경우에만) 우리 모두는 그 결론을 받아들이지 않을 수 없다.

우리는 윤리는 물론 그 외의 다른 영역에서도 편견을 피하는 일이 얼마나 어려운지를 살펴본 바 있다. 이제 곧 우리는 우리의 윤리적 판단을 정당화하는 일, 즉 사실들과 건전한 논증을 통해 우리의 판단을 지지하는 일이 얼마나 어려운지를 살펴볼 것이다. 윤리에 관한 논증의 과정은 근본적으로 그 끝이 없다. 우리의 판단이 편견에 물들지 않았다거나 혹은 그 판단을 지지하는 추론이 전적으로 건전하다는 점을 확신하기란 사실상 불가능하다. 우리가 관용적이어야만 하는 이유가 **바로 거기**에 있는데, 이는 우리가 추론 과정에서 실수를 범할 수 있기 때문이다. 즉 윤리에는 '올바른' 답이 존재하지 않아서가 아니라(존재할지도 모른다), 우리가 올바른 답을 얻었는지를 확신할 수 없기 때문이다! 아주 명백한 실수, 편협한 사고, 그리고 오류와 같은 것들을 피할 수 있다면, 최소한 옳은 길로 가고 있다는 것만큼은 합당하게 확신할 수 있다. 그것이 우리가 할 수 있는 최선의 것이다. 하지만 나는 상대주의는 물론 그에 결부된 생각, 즉 윤리적 판단은 당신에게는 참이지만 나에게는 반드시 참은 아니라는 생각을 거부하기 때문에, '옳은 길'은 존재한다는 것, 그리고 우리 모두는 우리를 그 길로 안내하는 판단들을 지지하는 논증의 힘에 구속된다는 견해를 취한다. 이 입장에 따를 경우 윤리적 논증을 펼치는 과정에는 상당한 부담이 뒤따르며 윤리적 논증을 건전하게 만드는 것이 무엇인지를 제대로 이해해야만 한다. 다음 장은 그것을 위해 마련되었다. 아직은 윤리학에 고유한 것이면서 우리로 하여금 윤리적 문제들을 좀 더 명료하게 사고할 수 있도록 해주는 관점, 즉 윤리적 관점에 집중할 필요가 있다.

윤리적 관점의 특징들

윤리적 관점은 세 가지 측면을 포함한다: (1) 행위의 결과에 대한 관심, (2) (가능한 한) 중립성, (3) 상상력. 이를 통해 우리는 우리 자신을 윤리적으로 그릇된 행동의 희생자가 된 타인의 처지에 서도록 해준다.

모욕, 동정, 연민과 같은 감정들이 연루된 세 번째 측면을 제외하면, 윤리적 관점은 우리에게 편견 내지 선입견을 최대한 제거하기 위해서 윤리적 갈등으로부터 거리를 유지할 것을 요구한다. 헤어의 표현대로, 우리는 윤리적 갈등의 해결을 위해서 '직관적 수준'에서 도덕적 추론이라는 '비판적 수준'으로 이행해야 한다. 헤어는 "직관적 수준에서 사용되는 상대적으로 단순한 원칙들이 도덕적 사고를 위해서 필요는 할지언정, 충분한 것은 아니다."[11]라고 강조한다. 윤리적 사고를 할 때 비판적 수준으로 이행할 수 있는 것은 윤리적 관점 덕분이다.

그렇다고 해서 '본능적 감정'과 도덕적 직관은 윤리에 적절하지 않다는, 즉 비판 과정에서 편견, 미신, 그리고 두려움과 함께 제거되어야 한다는 주장은 아니다. 단지 그것은 그들 감정과 직관을 비판적으로 다루어야 한다는 뜻인데, 왜냐하면 가장 강력한 감정들조차도 항상 신뢰할 수 있는 것은 아니며, 그러한 감정을 갖지 않는 사람도 존재하기 때문이다. 분명히 우리의 동료 인간들에서 표출되는 잔인함과 무감각 등에 대한 우리의 본능적 감정은 모종의 윤리적 문제가 존재한다는 징후일 수가 있다. 그리고 이러한 반응은 윤리적 성찰이 시작되는 훌륭한 출발점이다. 하지만 우리는 그 감정들과 직관들을 비판적인 검토에 부치지 않은 채 이에 의존하려는 유혹을 뿌리쳐야 한다. 예를 들어 아우슈비츠의 고문 기술자가 희생자들을 걱정해서 그들의 비명 소리에 잠을 이루지 못했다거나 혹은 종교재판소의 가장 열렬한 성원들의 본능적 감정이 돼지고기에 대한 반감 때문에 '죄인들'을 산 채로 화형에 처할 때 신의 성사를 행하는 중이라며 그들을 안심시켜 주었던 것 말고는 아무 짓도 하지 않았다는 것은 의심스럽다.[12]

---

11) Hare, *Moral Thinking*, p.39.

12) 감정을 우상화하는 경향이 있는 시대에 감정을 비판적인 검토에 부칠 필요가 있다고 생각하는 한 심리학자를 볼 수 있어서 그나마 위안이 된다. 이와 관련해서 제임스 힐맨은 이렇게 말했다. "테러리스트들, 그리고 자신이 숭배하는 영웅(찰스 맨슨)을 위해 살인을 하는 소녀들 역시 자신들의 감정을 신뢰한다. 감정은 인간의 다른 기능들과 마찬가지로 맹종적이고도 맹목적일 수 있다. … 감정이란 결함 없는 나침반이 아니다. 그렇게 믿게 되면 그것으로 신들을 만들게 되고, 그 다음에는 그 신들 중에서 그것을 유일한 선한 신으로 만들게 되는데, 이는 감정이란 다른 심리학적 기능들과 마찬가지로 파괴적인 행동과 잘못된 이데올로기의 도구일 수 있다는 사실을 망각하기 때문이다."(James Hillman, *Re-Visioning Psychology*, New York: Harper and Row, 1975, p. 182)

앞 절 끝에서 언급한 것처럼, 우리 모두는 먼 과거에 살았던 사람들과 생면부지의 사람들에 대해서 쉬이 단정을 지어 버리는 것이 무척 쉽다는 것을 인정한다. 시간과 장소는 있는 그대로의 거리를 가감없이 제공할 때도 있다. 하지만 만일 윤리적 관점을 채택하면 직접적인 개인적 충돌을 접할 때조차도 거리를 유지할 수 있다. 이제 아래에서는 윤리적 관점이 어떻게 작용하는지를 좀 더 자세히 살펴보자.

[특징 1] 결과에 대한 관심

일반적으로 우리들 대부분은 자기 이익에 따라 행동한다. 안타깝게도, 윤리적 관점에서 볼 때 우리는 대개 **단기적인** 자기 이익, 지금 당장 **원하는** 것에 이끌려 행동한다. 옳은 일을 하려는 사람들은 그 행위의 결과에 관심을 둔다는 것, 그리고 이들 결과는 옳은 것과 현 상황에서 우리가 하기를 원하는 것이 동일하지 않다는 것 — 우리가 성인군자라면 이런 일은 일어나지 않을 테지만! — 을 아주 분명하게 보여줄지 모른다는 점은 윤리학에서는 본질적인 문제다. 이는 만일 윤리적으로 행동하고자 한다면 우리는 긴 안목을 갖고서 단기적인 자기 이익보다는 장기적인, 또는 '계몽된' 자기 이익을 고려해야 한다는 것을 의미한다.

이 세상에서 어느 누구도 자신이 무엇을 원하는지를 자신보다 더 잘 알지 못한다. 그러므로 자신의 단기적 자기 이익에 대한 최종적인 권위자는 바로 자기 자신이다. 반면, 세상에는 우리 모두에게 **필요하되**, 반드시 원하지는 않는 것들도 존재한다. 원하는 것과 필요한 것을 구분할 때, 우리는 단기적 자기 이익에서 장기적 자기 이익으로 관심을 돌리되 그 어느 누구도 장기적 자기 이익에 대한 최종적인 권위자일 수 없음을 인정해야만 한다. 결과를 고려할 때는 사유, 상상력, 그리고 가끔은 다른 사람의 조언이 필요하다. 간단한 예를 들어 보면, 의사가 내 치아에 구멍을 내는 것을 원하는 사람은 거의 없지만, 모든 이들은 그것이 종종 필요한 일임을 인정한다.

단기적 자기 이익은 협소하게 지금 당장에만 초점을 맞춘다는 점에서 옹색하다. 장기적 자기 이익은 필요에 대한 관심을 반영하며, 초점이 더 광범하다. 앞서 말했듯이 장기적 자기 이익은 때로는 '계몽된' 자기 이익으로 불리며, 앞 절에서 보았듯이 윤리학에서 불가결한 관심 대상이라 할 수 있는 인간 공동체의 구성원들을 중심에 둔다. 실제로 누군가 '계몽된' 자기 이익을 진지하게 염두에 둔다면, 그는 곧 그 자기 이익이 우리가 앞 절에서 논의했던, 인격에 대한 존중, 공정성, 자신의 행위에 영향을 받는 사람들의 행복이라는 세 가

- 우리는 지금 썬더버드 존 씨와 얘기하고 있는데요, 그는 쓰레기통 뒤지기 동아리 회원들을 위해 드럼 연주를 하고 있으며, 현재 국무부 주변의 증기가 나오는 맨홀 위에서 살고 계십니다.

- 썬더버드씨, 많은 노숙자들은 비참한 거리에서 지내는 인생이 더 비참해지는 것뿐이라고 생각하더군요. 당신께 다가 올 미래는 어떤 모습이라고 생각하시는지요?

- 저요? 거야 당연히 칠면조 고기를 세 번째로 먹는 겁니다. 그게 분명 저의 미래죠.

- 음… 좋습니다. 장기적으로는 어떨까요?
- 장기적으로요? 그거야 뭐, 크림을 듬뿍 바른 호박 파이가 아닐까 하는데요.

배경 : "노숙자들의 사교 모임이 절정을 이루는 때 … 갓 구운 칠면조 고기, 크랜베리 소스, 기타 일체!"로 표현되는 추수감사절 시기에 마크 슬랙마이어는 라파예트 공원의 '노숙자 공동체' 일원들과 인터뷰 중이다. '쓰레기통 뒤지기 동아리(Dumpster divers)'가 그 단체를 대접할 예정이며 마크는 그 단체에 소속된 한 사람과 인터뷰 중이다. 트루도가 지적하듯이 '장기적 자기 이익'을 고려하는 것은 언제나 쉽지 않다.

지 원칙에 연루된다는 사실을 깨달을지도 모른다. 이와 달리 단기적 자기 이익은, 다른 사람들과는 고립해 있는 개인에 초점을 맞추기 때문에, 윤리와 관련이 (있다고 해도) 거의 없다.

다른 무엇보다도 윤리적 관점의 중심에는 우리는 무엇을 **원해야만 하는가**, 그리고 인간 존재로서 혹은 인간 공동체의 일원으로서 우리는 무엇을 필요로 하는가에 관한 생각이 놓여 있다. 자신의 행위 결과에 대해 반성을 시작하는 순간, 우리는 타인을 고려해 보기 시작한다. 행위의 결과들을 고려하면 할수록 결국에는 우리 자신의 (진정한) 자기 이익은 다른 사람들의 이익에 의존한다는 것을 더욱더 깨닫는다. 우리가 필요로 하는 것들 대부분은 앞 절에서 보았듯이 언제나 **인간**이 필요로 하는 것들이다. 이제 이 절의 서두에서 언급했던 윤리적 관점의 다른 두 가지 특징을 자세히 살펴보자.

[특징 2] 중립성

윤리적 관점은 공평성, 즉 중립성도 포함하는데, 이는 어떤 행위가 다른 사람들에게 미치는 영향을 고려할 때 그들 모두를 동등하게 간주하는 것이다. 즉, 우리는 모든 사람의 주장이 동등한 구속력을 갖는 것으로 간주해야 하며, 어떤 사람의 주장도 다른 누구의 주장보다 더 근본적이지 않다 — 이는 우리 자신의 주장에도 해당된다. 윤리적 관점에서 보면, 어느 누구도 — 당신도, 나도, 그리고 세상을 떠나면서 분명 당신에게 한 재산 남겨 주실 집안 어른도! — 이들보다 더 참작되지 않는다![13]

---

13) 자신의 주저인 『정의론』에서 존 롤즈는 이 공평성 개념을 자신의 논증에서 구체화하는 데 몰두했다. 그는 '평등에 관한 원초적 입장'이라는 개념을 제안했는데, 그것은 우리 각자가 공정성과 정의에 관한 물음들을 '무지의 베일'을 통해 숙고할 것을 요구한다. 이 베일의 뒤에 있는 각자는 문제가 되는 윤리적 갈등의 당사자들 개개인에 관해 그 어떤 특별한 지식도 갖고 있지 않다. 또 각자는 단기적인 이기심이 무엇인지를 모르기 때문에 그것을 채우려 할 수 없다!

가능한 행위들의 옳고 그름을 가릴 때, 우리는 모든 사람을 동등하게 고려해야 하며, 윤리적 행위의 주체인 만큼, 자신에게 유리한 쪽으로 치우쳐서는 안 된다. 이는 윤리적 관점의 특징들 중 하나로서 인간의 권리에 대한 관심을 불러일으키고, 윤리적 관심은 전 지구적인 것이며 모든 인간 존재를 포함하는 것임을 우리에게 일깨워 준다.

하지만 배려 윤리의 옹호자들은 윤리적 중립성은 무관심일 수 있다는 점에서 다시 반대할 것이다. 사람들은 서로를 돌보며 또한 그렇게 해야 한다. 나의 아이가 다른 아이와 함께 익사 직전에 있다면, 나는 내 아이를 구하려고 뛰어들 것이며, 이것이 '옳은' 처사로 보인다. 이와 같은 상황에서 원칙들은 역시 도움이 되지 않는다. 내가 말한 '비극적' 상황에 직면한 것이다. 하지만 그것이 "배려를 하지 않으면 어떻게 되겠는가?"라는 물음을 무시하기 때문에 윤리적 원칙들을 전부 포기하면서 배려 윤리를 선택할 이유가 되지는 않는다. 윤리적으로 모든 인격은 '목적 자체'이며, 존중받을 가치가 있음을 항상 인식해야만 한다. 우리는 다른 인격을 돌보라거나 혹은 사랑하라고 명령할 수 없다(할 수는 있다. 그러나 효과는 없을 것이다). 하지만 모든 인격은 그들이 얼마나 타락했는지 혹은 악한지와는 상관없이 존중받아 마땅하다. 우리는 범죄 행위가 문제가 되는 경우 어떻게 이 주장이 난점들을 야기하는지 살펴본 바 있지만, 모든 인격에 대한 존중에 토대를 둔 보편적 인간 권리의 대안으로 제시된 배려

무지의 베일 안에서는 자신이 부자인지 아니면 가난한지, 흑인인지 백인인지, 여자인지 남자인지, 희생자인지 승자인지를 알지 못한다. 무지의 베일이라는 개념은 원초적 입장에 있는 모든 인간의 근본적인 윤리적 평등을 역설한다. 롤즈가 말한 것처럼 "이와 같은 장치로 인해 각자는 자신의 목적을 특별히 향상시키도록 고안된 원칙을 정식화할 수 없다. 현실에서의 자신의 입장이 무엇이건 각자는 모두를 위해 선택하지 않을 수 없게 된다."(John Rawls, *A Theory of Justice*, Cambridge, Mass.: Harvard University Press, 1971, p.140)

윤리는 기발한 생각이다. 윤리적 사고에는 기발함이 들어설 자리가 없다. 캐롤 길리건이 강조했듯이, 우리는 타인을 배려해야 하지만, 누구도 우리에게 배려를 강요할 수 없다. 더구나 누군가에게 타인을 돌보라고 훈계하는 것은 어불성설이다. 배려란 일종의 성향 혹은 성격에 관한 문제다. 어떤 사람은 누군가를 배려하고, 그녀는 그러지 않는다. 그것은 단지 사실 문제다. 그러므로 우리는 모든 인격을, 나의 호불호와는 상관없이 **존중**해야만 한다는 생각에 의존할 수밖에 없다. 그것이 칸트의 논점이며 실행 가능한 모든 윤리적 체계의 초석이다. 하지만 그것은 보기와는 달리 쉽지가 않다. 그러나 우리를 도와줄 수 있는 한 가지 방법은, 당면한 문제로부터 일정한 거리를 확보하려는 우리의 노력이다. 이를 통해 우리는 모든 사람의 인간성을 인정하는 수준의 중립성을 성취하게 되리라는 희망을 가질 수 있다.

그러나 분명 중립성 개념은 결코 단순하지 않다. 거기에 담긴 생각은 윤리적으로 치우침이 있어서는 안 된다는 것이다. 모든 사람은 각각 다른 사람과 같은 정도로 고려되어야 한다. 그런데 **여러분**은 윤리적 곤경에 처해서 중립을 유지하는 일이 가능하다거나 혹은 바람직하다고 생각하는가?

이 점을 고려하면서 이번에는 윤리적 관점의 세 번째 특징을 살펴볼 것인데, 만일 우리가 그 특징을 채택할 수 있다면 윤리적 사고에 큰 도움이 될 것이다.

[특징 3] 자신을 희생자로 상상하기

헤어와 같은 사상가를 제외하면 철학자들은 윤리학에서 상상력을 좀처럼 중요하게 여기지 않는다. 그러나 헤어가 강조하듯이 상상력은 중요하다. 직관적으로 어떤 행위가 특정한 사례에서 그르다는 것을 포착하는 가장 쉬운 길은, 그 행위가 자기 자신에게 가해진다고 상상하는 것이다. 짐작하듯이, 이것이 바로 남이 당신에게 행하기를

- 진지한 생각을 할 필요가 있을
때마다 나는 숲속을 산책하지.

- 현실로 돌아가면 늘 오만가지
혼란이 생겨.

- 난 이제 더는 윤리를 믿지 않아.

- 내가 보기에는 목적이
수단을 정당화해.

- 이익이 된다면 가능한 한
그것을 취하라, 그것이 내 주
장이지! 힘이 옳은 것을 결정
해! 승리한 자가 역사를 쓰지.

- 먹고 먹히는 세상이야. 그래서 해야
하는 것이라면 무엇이든 할 거야. 그리
고 그것이 '옳은'지 아닌지는 다른 사람
들에게 맡겨둘 거야.

- (밀면서) 어이!

- 무슨 짓이야?!?
- 내가 가는 길을 막았잖아. 지금은 아
니지만. 목적이 수단을 정당화하지.

- 모든 사람들에 해당되는 건 아니야, 이 바보야! 나만 그렇다고!
- 아하~

홉스는 캘빈 자신이 비윤리적인 행동의 희생자가 되는 상상을 하도록 캘빈을 돕는 중이다!

바라는 것과 똑같이 남에게 행하라고 하는 황금률의 핵심이다. 예를 들어, 내가 도둑을 맞은 당사자라는 상상을 한다면 나는 도둑질을 하지 않으려 할 것이며, 나 자신이 사기를 당해서 속은 사람이라고 상상을 한다면 내가 사기를 치거나 속이려 하지 않을 것이며, 내가 차별대우의 희생자라고 상상한다면 나는 타인을 차별하려 들지 않을 것이다. 헤어의 말을 다시 인용하면 이렇다. "내가 제안하고 있는 것은 도덕적 판단을 내릴 때 합리성이 요구하는 충분한 정보를 갖기 위해서 우리와 관련이 있고, 또 필요하다고 생각해야 할 것이 바로 이것[부당한 취급을 받은 사람이 된다는 것이 어떤 것인지에 대한 지식]이라는 것이다."[14]

윤리적 관점의 세 가지 측면(행위의 결과에 대한 관심, 공평성, 자신을 윤리적으로 그릇된 행위의 희생자로 상상하는 능력)은 주어진 행위의 옳고 그름을 결정하는 데 도움이 된다. 하지만 윤리적 관점이란 직관을 보조할 뿐 그 이상이 아니라는 사실에 주목해야 한다. 이와 같은 장치는 제안된 행위가 옳은지 그른지를 증명해 보이지는 않으나, 주어진 행위를 그 맥락에 비추어 평가하도록 함으로써 우리는 그 행위의 함축적 의미를 좀 더 명료히 파악할 수 있다. 더구나 이 윤리적 관점을 다음 장에서 전개할 비판적 합리주의에 접목해서 사용할 경우, 그것은 윤리적 논쟁을 합리적으로 해결하는 데 매우 유용한 수단이 된다.

지금까지의 주장은 아직 예비적인 것이므로 다른 장들에서 더 부연할 필요가 있음을 염두에 두고, 아래에서는 일단 몇 가지 예를 통해 윤리적 관점이 어떻게 작동하는지를 알아보기로 한다.

두 가지 사례. 내가 당신에게 50달러를 빌렸다고 하자. 그런데 오

---

14) Hare, *Moral Thinking*, p.92.

늘 막 일당을 받은 나는 당신이 공과금의 일부를 낼 돈이 필요하다는 것을 알았으므로, 나는 마땅히 빌린 돈을 갚아야 할 것으로 보인다. 하지만 공교롭게도 아내가 외식을 하고 영화도 보고 싶다고 한다. 한동안 아내와 외출을 한 적이 없기 때문에 나는 그녀의 제안을 받아들이기로 결심한다. 일부는 카드대금을 지불했으므로 저녁 식사와 영화 감상 비용을 치르고 나면 당신에게 빚진 50달러는 사라진다. 나는 오늘 저녁 아내를 데리고 외출을 해야 하는가? 윤리적 관점에서 물음을 검토해 보면 답은 분명하다. 외출을 하는 것은 그른 행위다. 오늘 저녁 아내와 외출하는 것을 지지해 줄 논증은 전혀 없다. 단지 외출하기를 **원할** 뿐이다. 이는 단기적 자기 이익에 지나지 않으며 윤리적 관점에서 보면 중요하지 않다. 윤리적 관점에서는 빚을 갚을 의무가 더 강력한데, 이는 잠시만 숙고해 보면 곧장 입증된다.

1. 내가 당신에게 진 빚을 갚지 않았을 때의 장기적 결과가 당신에게 폐를 끼치고 또 해를 입힐 가능성도 있는데, 왜냐하면 당신이 다른 사람에게 빚을 지고 있을 수도 있기 때문이다. 게다가 좁은, 이기적 시각에서 보아도, 빚을 갚지 않을 경우, 나는 당신이나 다른 누구에게서도 돈을 빌릴 수 없을지 모른다.
2. 단순히 생각하면 내가 (당신에게 갚을 돈을 사용해서) 아내와 외출하기를 **원하지** 않았다면 문제는 결코 발생하지 않았으리라는 점을 인정해야 한다. 따라서 내가 이 일로 이익을 보았음은 분명하다.
3. 끝으로, 당신이 내게 빚진 돈으로 저녁 외식을 하는 것을 나 또한 틀림없이 좋아하지 않을 것이다.

윤리적 관점의 세 차원 모두 빚을 갚을 의무를 강조하는 쪽으로 초점을 모으고 있다. 따라서 내가 **해야만 하는** 일이란 빚을 갚는 것이다. 하지만 이것이 내가 **하고자 하는** 일인가?

윤리적 관점이 무엇인지를 분명히 하기 위해 한 가지 예를 더 들어 보자. 다음에 드는 예는 수년 전 **BBC**에서 인기리에 방영된 『포일의 전쟁(*Foyle's War*)』이라는 신비한 추리물에서 따온 것이다. 이야기는 1940년 영국이 독일과 전쟁 중이던 때를 배경으로 한다. 전세가 영국에게 불리하게 진행되자 중년의 경찰인 포일은 다른 건장한 남녀들과 함께 군사 업무에 종사하기를 원했다. 그의 상관은 여러 번에 걸친 그의 전근 요청을 받아들이지 않았는데, 그 이유는 포일이 현 부서에 남아서 범죄를 해결해야 했기 때문이다. 실제로 이야기가 시작될 때, 포일이 맡은 사건은 살인이다. 어느 모범적인 시민의 아내가 마을에서 승마를 즐기던 중 살해되었는데 공교롭게도 그녀는 독일인이었다. 그녀가 살해된 직후, 읍내의 작은 여관을 운영하는 주인이 차에 치여 사망하는 사건이 발생한다. 포일이 마침내 사건을 해결하면서 밝혀진 범인은 살해된 여인의 사위가 될 사람이었는데, 그는 공교롭게도 해군에 근무하면서 마침 영국인의 희생을 불러올 나치의 암호를 해독하는 중이었다. 범인은 두 살인 사건을 자백하면서 포일을 다음과 같은 딜레마 상황에 빠지게 했다: "당신은 나를 체포할 수 있고, 난 재판을 받게 될 것이고, 교수형에 처해질 것이 거의 확실합니다. 비록 내가 죽인 여자가 십중팔구 나치의 첩자로서 귀국 후에 독일군인 그녀의 오빠에게 기밀을 넘겨준다 하더라도, 또 내가 자동차로 살해한 여관 주인은 공갈협박으로 야비하게 금품을 갈취하는 몹쓸 인간이라 하더라도 말입니다. 하지만 해군에서 내가 하는 일은 군사 업무상 매우 중요합니다. 내가 체포되어 그 일을 하지 못한다면 나치의 암호 해독에서 그동안 이룬 진척은 수개월 뒤로 후퇴할 것이며 결국 우리의 무고한 국민들이 수없이 생명을 잃게 될 것입니다." 이 말이 사실이고 그 남자의 역할이 군사상 매우 중요하다고 하자. 포일은 어떻게 해야 하는가? 다시 강조하건대, 포일이 하고자 하는 것이 무엇인가 하는 물음과 별도로, 그가 무엇을 해야 하는지를 생각해 보라.

윤리적임은 흔히 실천적임과 상반된다. 안타깝게도, '현실'세계(학문의 전당 밖에 있는 세계?)에서는 해야만 하는 일을 좀처럼 하기 힘든 것이 사실이다. 그러나 우리가 **마땅히 해야 할** 일을 결정하는 것과 어쩌면 **하려는** 일을 결정하는 것 사이에는 근본적인 차이가 있다. 이 논점은 단기적 자기 이익을 하나의 윤리적 이유로 삼는 것을 반대하는 것과 관련 있다. 앞서 언급했듯이, 우리가 하는 일들 중 상당수는 우리가 (실제로) 하길 원하는 것에 의해 동기가 부여된다. 하지만 윤리는 우리가 해야만 하는 일들을 — 우리가 그것을 하길 원하는지 여부와는 상관없이 — 신중히 고려하라고 요구한다. 윤리적 고려와 단기적 자기 이익의 고려의 차이점을 좀 더 살펴보자.

나는 애초에 실천적 문제와 자기 이익의 문제로부터 윤리적 문제를 분리하는 것이 윤리적 선택에 관한 심사숙고에 큰 도움이 된다고 강조했다. 그것은 매우 복잡한 문제들을 단순화하는 데 도움이 된다. 우리는 윤리적 선택을 어떻게 수행할 것인가에 관한 물음으로 언제든 되돌아갈 수 있고 또 그래야 하지만, 관심의 초점을 좁혀 무엇이 옳은 행위인가라는 선행 물음을 먼저 다룰 수 있다면 도움이 될 것이다. 주어진 상황에서 무엇이 옳은 행위인지 **아는 것**이 그 옳은 일을 할 것이라는 것까지 보장하지는 않는다. 하지만 사람들이 원하는 것들 내지는 자기 이익에 비추어 중시하는 것들에 대한 관심에, 적어도 처음에는, 좌우되지 않는다면 그들은 무엇이 옳은 행위인지를 훨씬 더 분명하게 알 수 있다. 우리가 만일 특수한 경우에는 진실을 말하는 것이 옳은 것이라고 결정하게 되면, 윤리적 관점에 따르게 될 경우, 우리는 여하튼 거짓말을 하는 것이 옳은 것이라고 결정할 수도 있다. 내가 여기에서 말하려는 바는 후자의 결정은 전자와 분리되어야만 한다는 것이다.

종종 어떤 상황은 우리가 '비밀을 지킬 것' 또는 '규칙에 따를 것'을 요구하는데, 비록 우리가 무엇을 해야 하는지를 어느 정도는 분명하게 안다고 하더라도, 윤리적으로 행동하는 것은 어려울 수 있다. 이는 **심리학적** 문제이지 철학적 문제는 아니다. 옳다고 결정한 일을 행동으로 옮기는 데 어려움을 겪는다는 사실은 옳은 일이 무엇인지를 어떻게 결정할 것인가 하는 물음과 아무런 관계가 없다. 그것은 우리가 그릇된 것으로 결정했던 일도 때로는 하지 않으면 안 된다는 사실을 수긍할 필요가 있다는 것과 관계가 있다.

따라서 비록 우리가 '현실적'이고 '실천적'이며, 사람들이 그들이 (윤리적으로 옳다고 생각하는 것을) 해야 하는 것을 종종 (혹은 거의?) 하지 않는다는 것을 알고 있다 하더라도, 우리는 실제로 옳은 일을 할 때 부딪치는 실천적 문제들이 아닌 윤리적 추론 과정 자체에 계속 초점을 맞추어야 한다. 어떤 행위가 실천적이지 않다는 말이 그 행위가 옳지 않음을 뜻하지는 않는다. 철학은 윤리적 갈등과 관련해서 어떤 윤리적 선택지가 있을 수 있는지를 결정해 준다는 점에서 유용할 수 있다. 그러나 철학은 우리가 그 결정에 따라 행동하도록 도와줄 수는 없다.

나는 우리 사회, 그리고 특히 직장에서 윤리적 행동을 한다고 해도 프리미엄이 붙지 않기 때문에 윤리적 추론은 비효율적일 수도 있음을 인정한다. 하지만 이것은 주어진 상황에서 어떤 행동 방향이 옳은지를 결정하는 데 도움이 되는 **추론 과정**에 대한 비판은 아니다. 우리들 대부분은 단기적 자기 이익을 가져다주는 행동 방침을 따른다. 윤리란 빈번히, 꼭 그런 것은 아니지만, 단기적 자기 이익과는 충돌한다. 옳은 행위를 하기가 매우 어려운 것도 그 때문이다.

단기적 자기 이익과 자신에 대한 의무. 그럼에도 단기적 자기 이익을 윤리적 이유로 보지 않는다고 말하는 것은 논증을 필요로 한다. 이는 자명하지 않을 뿐더러, 많은 윤리학자들도 이러한 주장에 동의하려 하지 않는다. 그 주장을 뒷받침하기 위해서 우리가 찾아낼 수 있는 증거들이 무엇이든 그것은 앞서 설명했던 윤리적 관점의 특징들 중 일부를 구체적으로 적시하게 될 공산이 크다. 즉, 윤리적 추론은 중립성을 요구하며, 타인들에 대한 관심, 모든 생명체들은 아니더라도 인간 공동체에 대한 관심 등에 두루 주목하게 될 것이다. 은둔자는 윤리적 갈등을 거의 겪지 않는다. 사회와 인간 공동체는 앞 절에서 보았듯이 그 일원이 될 모든 사람들에게 특정한 윤리적 의무를 부과한다. 현재 우리에게 필요한 일은 단기적 자기 이익이 안고 있는 난점이 다른 사람들을 무시하고 고립된 자신에게만 주목하는 데에 있음을 강조하는 것이다. "당신은 사실 중요하지 않습니다. 제가 가치 있는 유일한 사람이죠!" 이런 식으로 생각하는 사람은 윤리적 관점을 채택하지 않았으며, 옳은 일은 기껏해야 어쩌다 행하게 될 것이다.

단기적 자기 이익이 적법한 윤리적 이유라는 생각을 고수하려는 사람들은 '윤리적 이기주의', 즉 무엇이든 우리 자신에게 최선인 것 — 반드시 우리가 우리 자신을 위해서 원하는 것이 아니라 우리 자신에게 최선인 것 — 을 할 윤리적 의무가 있다는 견해를 논의하는 일은 매우 유의미하다고 주장할 것이다. 여기서 중요한 것은, 우리 모두는 우리 자신(은둔자도 포함)에 대한 의무가 있다는 주장에 함축되어 있는 생각인데, 이는 단기적 자기 이익을 적법한 윤리적 이유에서 배제함으로써 내가 그 의무들을 무시하는 듯 보일 수 있다. 우리는 (적어도 우리들 대부분은) 인간 공동체의 일원이며 다른 이들에 대해 갖는 의무와 동일한 의무를 우리 자신에 대해 갖는다. 따라서 타인에 대한 의무를 적법한 윤리적 이유로 승인한다면 단기적 자기 이익의 적법성 또한 마찬가지로 인정해야만 한다.

나의 입장은 이와 다르다. 즉 우리는 단기적 자기 이익이라는 개념을 요청하지 않고도 우리 자신에 대한 의무를 인정할 수 있다. 윤리적 관점에서 모든 인격은 동일한 자격을 가진 존재로 보아야만 한

126

다는 것을 인정한다. 따라서 우리는 분명 우리 자신에 대해 의무가 있다. 하지만 단기적 자기 이익은 '의무'가 아니다. 그것은 우리가 **원하는** 무엇이다. 그러므로 우리는 단기적 자기 이익을 무시하는 한편 그와 동시에 우리 자신에 대해 갖는 의무들을 적법한 윤리적 관심사로 간주할 수 있다. 게다가 우리에게는 원하는 것을 하고자 하는 강력한 자연적 경향이 있기 때문에, 우리가 원하는 것에 대해서 어쨌든 윤리적 지위를 부여할 필요는 없다!

더 생각해 보기

더 나아가기 전에 여러분은 지금까지 내가 펼친 주장을 수용할 것인지를 주의 깊게 숙고해야 한다. 예를 들면 여러분은 단기적 자기 이익은 윤리적 이유로 간주되지 않는다는 주장을 기꺼이 수용하겠는가? 나는 간주되지 않는다고 보는데, 왜냐하면 윤리는 우리에게 중립적인 입장을 요구하기 때문이다. 그뿐만 아니라 중립적인 입장으로부터 우리는 그와 같은 행위가 옳다는 것을 **다른** 누군가에게 설득할 수 있는 이유들만이 어떤 방향의 행동을 하게 만들 수 있다는 것을 알게 된다. 내가 말하고 있는 것은 개인적 타산과 실천적 고려는 그저 단기적 자기 이익에 관한 문제이므로 윤리적 물음과는 **무관하다**는 것이다. 여러분은 이에 동의하는가?

숙고할 가치가 있는 또 다른 물음은 이렇다. 비록 우리가 단기적 자기 이익을 윤리적 이유로 간주하지 않는다고 해도, 윤리적으로 옳은 일을 하고 싶어 하는 사람이 그렇게 하는 것은 가능한가? 또는 모든 동기는 정말로 위장된 단기적 자기 이익의 동기들인가? 만일 사람들이 모든 것을 자기 이익 때문에 한다면 — 이러한 견해를 '심리적 이기주의'라고 한다 — 그 누구도 '윤리적 이유들', 즉 다른 인격들에 대한 관심을 반영하거나 때로는 자기 이익과 직접 충돌하기도 하는 이유들을 가질 수 없다.

　심리적 이기주의는 논박하기가 매우 까다로운 견해로서, 그 이유는 우리가 특정한 상황에서 작동하는 다른 동기들을 찾는다고 해도 **실제 동기들**은 흔히 그 자신에게마저도 감춰져 있는 무의식적인 것이라고 주장하기 때문이다. 그러므로 한 여성이 나름의 설득력 있는 근거를 찾았기 때문에 진실을 말하고자 한다면, 심리적 이기주의자들은 그 전체 과정을 하나의 위선으로 치부할 것이다. 그들에 따르면 우리 모두는 그저 우리가 원하는 것을 할 뿐이며 그 이상도 그 이하도 아니다. 다른 근거 ― 타인 내지는 우리 자신에 대한 의무와 같은 근거 ― 들을 찾으려는 시도는 무엇이든, 원하는 것을 할 뿐인 우리를 속여서 마치 우리가 선한 사람인양 생각하도록 만드는 다양한 형태의 자기기만과 속임수일 뿐이다. 심리적 이기주의자들은 전반적으로 윤리적 논증을 일종의 자기기만으로 간주한다.

　여러분의 생각은 어떠한가? 심리적 이기주의에 정면으로 도전할 만한 개인적 경험을 생각할 수 있는가? 다른 사람의 경험은 어떤가? 이기적이지 않은 동기는 존재하는가? 예를 들어 나이지리아에서 굶주림에 시달리는 한 엄마가 손에 움켜쥐고 있는 빵 한 덩어리를 자기가 먹지 않고 자신의 아이에게 준다고 가정하자. 그녀가 자기 이익에서 그렇게 행동했다고 말하는 것이 정확한가? 아니면 그녀는 무엇보다도 자신의 아이를 배려했다고 말하는 것이 더 정확한가? 우리는 그녀가 그 행동을 통해 만족을 얻었다는 데에는 동의할 수 있다. 하지만 그녀의 만족은 그 행동에 뒤따른 것이며 그 만족이 행동의 동기였던 것으로 보이지는 않는다. 아니면 만족을 위해 행동한 것인가? 이 예는 심리적 이기주의를 논박하는 증거가 되는가? 아니라면, 윤리를 불가능하게 하는 이론을 무엇으로 논박할 것인가? 동료 병사를 구하기 위해 수류탄 위로 자신을 내던지는 어린 병사는 어떤가? 그러한 예가 심리적 이기주의자들에게 문제가 되는가? 아니면 윤리란 불가능하며, 일종의 자기기만인가?

이 절을 마치기 전에 마지막 한 가지 논점을 생각해 보자. 여기에서 제시된 것처럼 '윤리적 관점'은 동기에 관한 물음을 완전히 무시하는가? 여러분은 동기가 윤리적 문제들에 하나의 관점을 제공한다고 주장하는 입장들의 일부로 간주되어야 한다고 생각하는가? 예를 들면 칸트는 동기가 윤리의 핵심이라고 주장했다. 칸트에 대한 고전적인 도전은 금세기 초에 이미 무어(G. E. Moore)에 의해 이루어졌는데, 그에 의하면 선한 동기는 행위를 '칭찬할 만한' 것으로 만들어 주기는 하지만 결과만이 행위들을 '옳은' 것으로 만든다. 예를 들어 한 의사가 약물을 투여해서 환자의 생명을 구하려 노력했으나 결국 약물 투여로 환자를 사망하게 했다면 의사의 동기는 칭찬할 만하지만 옳은 일을 한 것은 아니라는 것이 무어의 주장이다. 여러분은 어떻게 생각하는가? 심리적 이기주의자가 옳다면 당연히 우리는 윤리적 동기를 가질 수 없다. 우리 모두는 단지 자기 이익에 따라 행동하기 때문이다. 그러나 심리적 이기주의자가 그르고 윤리적 동기들 — 옳은 일을 할 의무들 — 이 존재한다면, 우리는 동기를 고려하지 않고서도 '윤리적 관점'에 대해 이야기할 수 있는가?

바로 앞 장에서 세 가지 윤리적 원칙을 제시했을 때, 나는 인격에 대한 존중을 주장하는 원칙을 칸트에게서 빌렸다. 하지만 동기가 윤리의 핵심이라는 그의 생각에는 동의하지 않았다. 하지만 여기에서 중요한 물음은 이것이다: **여러분**의 생각은 어떠한가?

릭과 니나, 다시 등장하다

릭 : 지난번에 나눈 대화를 생각해 보고 있는데, 날 계속 괴롭히는 게 좀 있어.

니나 : 그래? 뭔데, 예를 들면?

릭 : 뭐 말하자면, 절대적인 옳고 그름이란 것이 존재한다고 생각하는 사람들은 독단적이고 편협한 성향이 있다는 사실 따위 말이야. 네가 그렇다고 말하는 것은 아니야. 하지만 너와 같은 입장을 취하는 사람들은 대부분 그래. 우리가 역사를 통해서 배운 게 하나 있다면 그건 바로 다른 사람들이 어떻게 살아가야 하는지에 대해서 '진리'를 알아냈다고 생각하는 사람은 옳고 그름에 대한 자신의 생각을 다른 사람들에게 억지로 주입시키려 드는 경향이 있다는 거야!

니나 : 네 말에 문제가 있지는 않아. 그런 일들로 골치 아프긴 나도 마찬가지니까. 하지만 그들이 (네 말처럼) "진리를 알아냈다."고 생각했을 때 하는 행동은 너와 내가 알지 못할 수도 있는 무언가를 그들이 알고 있는지 아닌지 하는 물음에는 아무런 영향도 주지 않아. 결국 우리가 모든 것을 아는 건 아니지!

릭 : 그들도 모르기는 마찬가지지. 그 때문에 괴로워.

니나 : 그들이 모든 것을 다 알지는 않지만, 너와 내가 모르는 것을

알았을 수도 있어. 그래도 우리는 두 개의 다른 논점을 혼동하지 않도록 조심해야 해.

릭 : 두 가지 논점이라니?

니나 : 첫째, 인간의 행위에 옳고 그름이 존재하는지를 알 수 있다는 주장이 타당한지 여부와, 그리고 둘째, 자신들이 알고 있다고 생각할 때 그들이 흔히 그렇게 행동하는 이유야.

릭 : 좋아. 이 둘이 서로 다른 별개의 논점이라고 치자. 그런데 그것들을 어떻게 다루지?

니나 : 음, 두 번째 논점은 다루지 않을 거야. 특히 옳고 그름의 문제에서 다른 사람들이 모르는 것을 자신은 안다고 생각할 때, 나로서는 왜 그가 편협한 경향을 보이게 되는지 말할 자격은 없어. 하지만 사람은 옳고 그름에 관해 추론을 할 수 있다고, 그리고 합당한 결론에 도달할 수 있다고 말하는 것은 큰 의미가 있어. 그건 '지식'이 아닐 수 있으며, 또 분명 '절대적'이지도 않아. 그러나 그렇다고 무지한 것도 아니지.

릭 : 이런, 그럼 넌 우리가 이것들에 대해 알 수 없다는 것을 인정하는 거니?

니나 : (앞서 든 예였던) 유아 살해는 옳거나 그르거나 둘 중 하나라는 것이 내 생각이야. 언제 어느 곳에서 행해지든지 간에 옳기도 하고 그르기도 할 수는 없다는 말이지. 만일 더 강력한 논증이 유아 살해가 (내가 보기에는 그렇듯) 그름을 입증한다면, 어떻게 해서든지 새로운 논증을 접하지 않는 한, 혹은 접할 때까지는 유아 살해는 **그르다**는 결론은 합당하다고 생각해. 절대적인 옳고 그름이 있을 수 있지만, 우리는 그것을 결코 다 알 수는 없어!

릭 : 그게 무엇인지를 확실하게 말할 수 없다면, 왜 그것 때문에 머리가 복잡해져야 하는 것일까? 사람들이 옳거나 그르다고 **생각하는** 것에 대해 토론하면 되잖아?

니나 : 동감해. 어느 누구도 자신이 옳은 것 혹은 그른 것을 확실히 안다고 말할 수 없어. 그렇긴 해도 일부 사람들이 생각하는 것이 때로는 다른 이들이 생각하는 것보다 더 합당하다는 것에는 너도 동의해야만 해. 또 꽤 많은 사람들은 윤리적 문제들에 대한 생각으로 괴로워하지 않아. 그들은 그런 문제들은 그저 감정의 문제라고 주장할 뿐이지. 그러나 내 생각에는 더 합리적인 입장일수록 어떤 의미에서는 더 '올바른' 입장일 가능성이 크다고 봐. 아무튼, 사람들은 분명 지금 너와 나처럼 주어진 입장에 대해 생각하고 토론할 수 있어. 그렇다고 해서 독단주의나 편협함에 빠지는 일은 없어. 왜냐하면 생각하고 토론하는 과정에는 새로운 논증과 새로운 증거가 언제든 등장할 수 있기 때문이지.

릭 : 나를 괴롭히는 다른 하나가 바로 그거야.

니나 : 무슨 소리야?

릭 : 네가 애착을 보이는 '합당하다'는 것 말이야. 왜 그걸 그렇게 과장하는 거야? 부당한 것보다는 합당한 것을 더 선호해야만 하는 이유가 뭐야? 아무렇게나 행동하고 '부당하다'고 부르는 행동들을 하는 것이 때로는 더 좋아. 감정은 어때? 너는 감정들을 몽땅 내던지고 있는 것 같아! 어떻게 감정을 윤리에서 배제할 수 있지?

니나 : 내가 감정을 배제하는 건 아니야. 나는 사람들이 어떻게 유아 살해 같은 것에 대해서 생각하면서 그에 대한 강한 감정들을 갖지 **않을** 수 있는지 모르겠어! 그 감정들에 대해서 어떻게 말해야 할지 확신이 안 설 뿐이야. 감정들이 훌륭한 출발점이긴 하지만 그렇다고 전부 감정들에만 의존할 수 있다고 보긴 어려워. 그러니까 내가 유아 살해에 대해 강한 혐오감을 가지고 있다는 이유만으로 유아 살해는 그르다고 말할 수 있는 건 아니지.

릭 : 왜?

니나 : 그런 강한 감정들을 갖는 것이 그렇게 쉽지 **않았을** 수도 있

고, 혹은 한술 더 떠서 유아 살해를 **좋아하는** 감정을 가질 수도 있지! 하지만 내가 보기에 천진난만한 아이를 죽이는 일은 우리의 감정을 떠나서 윤리적으로 그르다는 주장은 여전히 합당해.

릭 : 또 그 소리를 하고 있군! 누가 그게 합당하다고 말하는 거야? 내가 보기에는 유아 살해에 익숙해서 혐오감을 갖지 않는 이들에게는 옳고 그렇지 않은 이들에게는 그르다고 말하는 것이 진짜 합당한 거야.

니나 : 정말 사실적인 불일치가 없다는 말이니? 그저 감정만 다르다는 거야?

릭 : 바로 그 말이야!

니나 : 좋아 그럼, 아무것도 느끼지 못하는 사람이 있다고 하자. 그러면 유아 살해는 옳지도 그르지도 않은 거지?

릭 : 그렇지. 그런데?

니나 : 우리의 주장을 위한 토대로 감정들 말고 다른 종류의 증거와 논증을 제공하려고 노력하는 사람들은 어쩌지?

릭 : 그래서 뭘? 너와 같은 사람들은 논증이란 것이 필요하다고 **느끼**니까, 그래서 논증에 공을 들이지.

니나 : 그러면 약하거나 강한 논증 따위는 없고 단지 논증들과 이에 대해서 느끼는 방식만이 존재한다?

릭 : 글쎄, 전반적으로 어떤지는 잘은 모르겠어. 하지만 윤리에서는 그런 것 같아.

니나 : (최소한) 가끔은 어떤 논증이나 증거가, 특히 윤리에서 우리가 무언가에 대해 생각하고 느끼는 방식을 바꿀 수 있다는 사실에 대해서는 뭐라고 말할 거니? 너는 무언가 그릇되었다는 강한 감정을 가질 수 있지만 어떤 논증은 네 감정과는 상관없이 그것이 옳다며 너를 설득할 수 있다는 사실에 대해서는 어떻게 말할 거야?

릭 : 생각해 둔 것이 있니?

니나 : 물론이지, 동성애를 예로 들지. 나는 네가 실제로는 동성애 혐오증이 있다는 걸 알아. 너는 동성애에 대해 강한 반감을 가지고 있지만 그런 견해를 지지해 줄 만한 논증을 제시할 수 없어. 그런데 나는 네게 동성애란 부도덕하다거나 비윤리적이지 않다는 확신을 줄 강력한 논증을 제시할 수도 있으므로 너는 네가 어떻게 느끼느냐와 상관없이 내 생각에 동의해야 할지도 몰라.

릭 : 그래서?

니나 : 그래서 … 논증이란 우리가 막무가내로 감정들에다 갖다 붙일 수 있는 그런 것이 아니야. 논증과 감정은 서로 독립적으로 기능할 수 있어. 하지만 어떤 사안을 사고하는 방식은 그것에 대해 느끼는 방식을 바꿀 수 있어. 우리가 아주 그르다고 느끼는 입장을 지지해 주는 강력한 논증들이 있을 수 있는데, 그 논증이 강력하다면, 다시 말해서 그 논증을 약화시킬 방법을 전혀 찾을 수 없다면 우리가 어떻게 느끼는지와 상관없이 그 결론을 받아들여야만 해. 우리는 심지어 동성애에 관해 우리가 갖고 있는 감정들이 변하기 시작했다는 것을 알게 될지도 몰라! 하지만 그러한 일들을 제어하기란 거의 불가능해. 우리는 윤리적 주장을 지지하거나 하지 않는 논증들의 강점이나 약점에 주의를 기울여야만 해. 동성애와 같은 행위를 지지하는 강력한 논증이 있다면, 그리고 누군가가 여전히 동성애가 그릇된 것이라고 느끼면서도 그 이유를 제시하지 못한다면, 그 사람이 분명 잘못 생각하고 있을 거야. 동성애 문제를 논증과 증거의 수준에서 다루고 개인적인 감정들의 수준에서는 벗어남으로써 우리는 윤리적 갈등을 진정한 의견 일치와 불일치가 경쟁하는 장으로 생각할 수 있으며 합당한 입장을 모색하는 한편 부당한 입장은 어떻게 느끼느냐와 상관없이 포기하는 노력을 계속하게 되지. 덕분에 우리는 윤리적 갈등을 합당하게 해결할 수 있어. 내 생각에 이는 매우 중요한 것 같아.

릭 : 물론 그럴지도 모르지. 모든 것이 쉽지 않아 보여. 그런데 여전히 나는 '합당하다'는 것이 무엇인지에 대한 네 생각이 걱정돼. 우리는 무작위로 여섯 명을 선택해서 그 말이 무얼 의미하는지에 대해서 서로 다른 정의 여섯 개를 확보할 수 있어. 게다가 그들이 너의 정의를 보고서는 그들 중 어느 한 사람이라도 그걸 인정할지가 의심스러워!

니나 : 적어도 '합당성'에 관한 한, 네 생각이 옳을 거야. 하지만 그들도 무엇이 '부당한' 것인지 인정하는 데에는 그다지 어려워하지 않을 거야. 우리가 부당한 윤리적 입장들을 찾아서 이를 거부하려는 이유가 바로 그거야. 비정합성, 비일관성, 모순, 그리고 아주 자명한 사실 왜곡 등은 가려내기가 아주 쉽지. 부당한 편견도 가려낼 수 있고. 어떤 주장을 '부당한 것'으로 거부한 후 우리는 남아 있는 주장들, 거부할 근거가 없는 주장들을 합당한 것이라고 상정할 수 있어. 더 나아가, 어떤 윤리적 주장을 강한 논증에 의해 지지할 수 있다면, 그 주장이 참일 것이라는 말은 합당한 것 같아. 그러나 그것이 독단적이거나 편협할 가능성은 거의 없어. 모든 과정에서는 언제든 정정과 수정이 이루어질 수 있으며 우리는 결코 '유일한 진리'에 도달했다고 확신하지 않아. '진리'는 **존재**하며, 우리는 비판적 사고 과정을 통해 그것을 **점진적으로** 파악하고자 노력한다는 사실만이 우리가 주장할 수 있는 전부지.

제 3 장

절차 만들기

3.1 비판적 사고 기술

나는 상대주의적 주장들과 비상대주의적 주장들은 그들의 지지 근거(혹은 지지 근거의 결여)의 유형에 따라 서로 다르다고 주장했다. 이는 윤리적 갈등이 발생하면, 그 관심이 주장들 자체("브루투스는 카이사르를 죽이지 말았어야 했다.")에서 그 주장들을 지지하는 근거로 바뀌어야 한다는 것을 의미한다. 그 지지 근거는 다른 주장(브루투스는 카이사르의 야망을 오판했고, 더구나 공화국은 카이사르의 죽음에도 불구하고 그의 조카인 옥타비아누스가 통치하는 제국이 되었다.)의 형식을 띄거나, 그 주장들이 결합하여 하나의 논증을 이루는 방식일 수 있다.

논증에 관한 논의를 시작하면서 먼저 밝혀 두어야 할 것은 '입증의 책임'이라고 하는 것이 존재하며, 그것은 생소하거나 혹은 어떤 면에서 예외적인 견해를 주장하려는 사람이 지게 된다는 것이다. 모든 사람이 '입증의 책임'을 질 필요는 없고, 단지 **일반적으로 인정되지 않는** 주장을 하려는 사람에게만 그 책임이 있다. 예컨대 내가 지구는 평평하다는 주장을 하고 싶어 한다고 하자. 그 주장은 (지금까지는) 일반적으로 참이 아니라는 동의를 얻고 있기 때문에 그것에 대한 입증의 책임은 나에게 있다. 윤리학에서 입증의 책임은 예를 들어, 우유 배달원이 탈지우유 대신 지방을 빼지 않은 전유(全乳)를 두고 갔기 때문에 샐리의 살인 행위는 전적으로 정당화된다고 주장하는 사람이 지는 그런 것이다. 그 주장은 일반적으로 받아들여지지 않으며, 따라서 '입증의 책임'이란 그와 같이 '터무니없는' 주장을 하는 사람에게 주어진다. 이는 곧 당신이 일반적으로 인정되는 입장을 취한다면, 당신에게는 '입증의 책임'이 없음을 뜻한다. 자신의 입장을 옹호하기 위해 당신은 매우 설득력 있고 강한 논증을 구성할 수도 있다. 하지만 당신이 그렇게 할 필요는 없다. 만일 누군가 반론을 도모한다면, 그가 입증의 책임을 질 의무가 있다. 입증의 책임이 이런 식으로 놓이게 되는 이유는, 일반적으로 인정되는 것은, 상식을 근거로, 대체적으로 참이기 때문이다. 물론 참이 **아닐** 수도 있다. 그러나 이 경우 '입증의 책임'은 참이 아니라고 생각하는 사람에게 있다. 물론 법정에서는 피고의 유죄가 입증될 때까지는 배심원은 피고의 무죄를 추정해야 한다. 우리의 법률제도에서는 입증의 책임은 언제나 검찰 측에 있다.

입증의 책임과 관련해서 발생할 수 있는 상황으로는 세 가지가 있다. 먼저, 자신의 입장이 일반적으로 받아들여지지 않지만, 사람들의 마음을 바꾸도록 설득하기 위해 입증의 책임을 받아들여 가능한 한 최선의 옹호를 시도할 수 있다. 태양중심설을 옹호하기 위해 코페르니쿠스가 한 일이 바로 여기에 해당된다. 둘째, 우리는 입증의 책임이 자신에게 있다는 사실을 무시한 채 아무도 동의하지 않을지언정 그래도 그 무언가는 참이라고 주장할 수 있다. 이와 같은 상황에서는 흔히 '무지에의 호소'라고 하는 비형식적 오류가 저질러진다. 다음 절에서 여러 가지 비형식적 오류를 다룰 것이지만, 여기서 잠깐 살펴볼 필요는 있어 보인다.

내가 유령이 존재한다는 주장을 한다고 해보자. 이는 일반적으로 인정되는 주장이 아니므로 입증의 책임은 나에게 있다. 그러나 나는 이를 무시하면서 "유령이 존재하지 않음을 아무도 증명하고 있지 못하기" 때문에 유령은 존재한다고 주장할 수 있다. 이는 입증의 책임을 피하려는, 그 어떤 실질적인 논증도 구성하지 않으려는 유치한 시도이며, 또 고수하기에는 취약한 입장이다. 어떤 주장이 거짓임이 증명되지 않았다고 해서 그것이 참인 것은 아니다. 또한 참임이 증명되지 않았다고 해서 거짓인 것도 아니다. 이런 식으로 논증하는 것은 '무지에의 호소'라는 오류를 저지르는 것이다.

끝으로 우리는 널리 옳다고 간주되는 입장을 밝히고 있는 상대에게 입증의 책임을 '전가'하려고 시도할 수 있다. 일반적으로 말해서 자신의 입장에 반대하는 상대의 입장이 상식적으로 받아들여지는 것임에도 불구하고 입증의 책임을 자신에게서 상대에게 '전가'하려는 시도는 다소 비겁하고도 공정하지 못한 처사인데, 그 이유는 일반적으로 인정되는 입장이란 거짓임이 증명될 수 있을 때까지 혹은 거짓임이 증명되지 않는 한 참인 것으로 가정되며, 따라서 논증을 필요로 하지 않기 때문이다.

입증 책임의 전가가 무엇인지를 알 수 있는 유명한 예로는 앞 장에서 논의했던 코페르니쿠스 이론을 둘러싼 갈릴레이와 로마 가톨릭 교회와의 대결을 꼽을 수 있다. 교회 측에서 볼 때 코페르니쿠스의 이론은, 널리 인정되는 교리와도 잘 맞아 떨어지는 프톨레마이오스 이론과 경쟁하여 성공할 것 같지 않은 (심지어 어리석기까지 한) 그러나 해롭지는 않은 하나의 가설로 통할 수 있었다. 바꿔 말하면 입증의 책임은 프톨레마이오스의 이론을 새로운 이론인 코페르니쿠스의 이론으로 대체하려는 사람들에게 있었다. 역사적으로 가장 황당한 조치가 되고 말았던 상황에서, 갈릴레이는 예수회 벨라르민 추기경에게 다음과 같은 편지를 썼다. "만일 교회의 입장이 '증명된 진리'인 코페르니쿠스의 이론과 충돌한다면, 교회는 코페르니쿠스의 이론이 틀렸다는 것을 증명하시오!" 입증의 책임을 전가하려는 이 시도가 주원인이 되어 결국 교회는 갈릴레이를 종교재판소로 불러 주장을 철회하도록 했다.

다시 말하자면, 상식적이지 않거나 어떤 식으로든 예외적인 입장을 채택하려는 사람은 왜 그것이 올바른 입장이고 널리 인정되는 견해가 어째서 틀린 것인지를 보이는 입증의 책임을 져야만 한다. 물론 그렇게 하기는 쉽지 않다. 하지만 불가능하지도 않다. 다음으로, 우리는 입증의 책임을 무시한 채 자신이 옹호하는 견해가 틀렸다는 것이 한 번도 입증된 적이 없다는 이유로 자신이 옳다고 주장할 수 있다. 이런 전략은 '무지에의 호소'라는 비형식적 오류를 저지르는 것이다. 끝으로, 우리는 생소하거나 비상식적인 주장에 반대하는 사람에게 입증의 책임을 전가하려 할 수 있으며 실제로는 논증이 필요하지 않은 논점임에도 불구하고 애써 증명을 요구할 수 있다. 생각해 보면 무지에의 호소의 오류를 저지르는 것은 어느 정도 입증의 책임을 다른 사람에게 전가하는 방법이다. ("나는 지금 약한 근거를 가지고 있다. 하지만 지금까지 어느 누구도 나의 주장이 거짓이라는 것을 증명하지 못했다. 따라서 누가 나의 주장이 거짓임을 보여야만 하며, 아니면 나는 계속해서 내 주장은 참이라고 믿을 것이다.") 하지만 이는 다음 절에서 보겠지만 분명히 오류다.

이 장을 읽어 가면서 다음을 기억해 두기 바란다. 이 책의 서두에서 말했던 것처럼 '논증'이라는 용어는 당신의 사촌인 더들리와 그의 친구인 앨이 레이커스 팀이 올해 다시 NBA 농구 챔피언십을 차지할 것인지를 두고 왈가왈부하는 것을 의미하지 않는다. 즉, 비록 그들이 흥분을 가라앉힐 경우 왜 레이커스 팀이 올해 다시 챔피언 자리에 오를 것인지(혹은 오르지 못할 것인지)에 대한 근거를 제시할지는 모르나, 고함을 지르고 마시다 만 맥주 캔을 서로에게 집어던지는 행위는 논증에 포함되지 않는다. '논증'이란 비판을 견딜 수 있는 근거들로 결론을 지지하는 것에서 성립한다. 사실, 그와 같은 지지 근거가 '좋은' 논증을 구성하지는 못한다고 할지라도, 그것이 여전히 하나의 논증인 것은, 논증이라는 말이 (참인 것으로 추정되는) 전제들과 (전제들이 참이기 때문에 참일 것으로 추정되는) 하나의 결론을 포함하는 어떤 표현 **형식**을 지칭하는 것이기 때문이다. 어떤 논증이 설령 '좋은' 논증은 아닐지라도, 즉 그것이 어떤 종류의 오류를 저지르거나 비판을 견디지 못할 경우에도 여전히 그것은 하나의 논증일 수 있다. 말하자면 어떤 논증이 강력하지 않거나 '좋은' 것은 아니더라도, 그것(결론)은 다른 주장들(전제들)이 참으로 간주되기 때문에 참인 것으로 주장된다는 의미에서 여전히 논증일 수 있다. 하지만 이 책에서 내가 제안하고 싶은 것은 '좋은' 윤리적 논증이다. 즉 비판을 견디고 강력해 보이는 논증이다. 그것이 바로 나의 목표다.

논증의 구조

논증을 어떻게 구성하고 분해하는지, 그리고 논증을 좋은 것(강한 것) 또는 나쁜 것(약한 것)으로 만드는 요소가 무엇인지를 배우는 일은 중요하다. 한 논증에는 언제나 입증하려는 논점, 즉 '결론'이 들어 있다. 논증에 대해 사고할 경우 우리는 반드시 (1) 그것이 하나의 논증인지 여부, 그리고 그것이 논증일 경우 (2) 무엇이 결론인지를 결정해야만 한다. 그 논증 내의 단계들은 모두 연결되어 결론을 지지하는 하나의 사슬 혹은 망을 형성한다. 이들 단계를 '전제들' 혹은 단순히 '이유들'이라고 부른다. 논증에는 두 가지 유형, 즉 귀납과 연역이 있다. 우리가 일상적으로 매일 다루는 논증의 대부분은 귀납, 즉 전제들이 모두 참이라고 해도 결론이 반드시 참인 것은 아닌 논증이다. (매우 드문) 연역 논증에서는 전제들이 모두 참이고 그 논증이 어떤 형식적 규칙— 이 규칙들은 논리학 수업에서 배운다— 을 따르고 있을 경우 결론은 **반드시** 참이다. 이를 일컬어 '엄밀 함축 (strict implication)', 즉 '함의(entailment)'라고 부르며, 연역의 경우 모든 형식적 규칙들에 따른 타당한 논증은, 전제들에 의해 **필연적으로** 함축되는 결론을 진술한다. 우리는 대개 귀납 논증을 다루므로 전제들과 결론 사이의 관계는 훨씬 더 느슨하며, 설령 전제들이 모두 참이라고 해도 결론은 기껏해야 그저 '개연적'일 뿐이다. 두 경우 모두, 결론은 대개 '그러므로', '따라서'와 같은 **지시어**로 확인된다. 결론보다는 이유들을 나타내는 지시어로는 종종 '왜냐하면'이나 '때문에'와 같은 것들이 사용된다. 가장 일반적인 지시어들은 다음과 같다.[1]

결론	이유
그러므로, 고로, 따라서(therefore)	왜냐하면, 그 이유는, 때문에(because)
따라서, 그래서(thus)	왜냐하면, 그 이유는, 때문에(since)
~이 따라 나온다(it follows that)	~이므로(as)
그 결과(consequently)	~을 이유로(for)
결론적으로(hence)	~임에 비추어(in view of the fact that)
~을 의미한다(which means that)	~(이)다면(given that)
그래서, 그 때문에(so)	~인 까닭에(inasmuch as)

유감스럽게도 논증은 제시되었지만 지시어가 전혀 없어 그것을 이해하는 데 어려움을 겪을 때도 있다. 게다가 'since'는 **시간**을 지칭할 수도 있기 때문에 논리적 연결어가 아닐 수도 있다. 예를 들면 "나는 어제 오후 3시부터 지금까지 이곳에 있다(I've been here since 3

---

1) [옮긴이 주] 아래의 지시어들을 각각에 고유한 문자적 의미까지 정확히 살려서 우리말로 옮기는 것은 거의 불가능하다. 또 이 저서의 성격을 고려할 때 꼭 필요한 일이 아니라고 판단되어 옮긴이 해설을 붙이지 않기로 했다.

P.M. yesterday afternoon).”가 그 경우다. 그 지시어를 보았을 때 논리적인 연결이 이루어지고 있는지를 (‘때문에’라는 단어를 사용한 앞의 문장에서와 같이) 결정해야만 하며 **설사 어떤 지시어도 발견하지 못한 경우라 해도** 우리는 여전히 그곳에 논리적인 연결이 있는지를 결정해야만 한다. 달리 말하자면 논증이 제시된 것인지가 의심스럽다면 진술들 사이에서 논리적인 연결을 찾아야만 한다. 만일 지시어를 찾아낸다면 다행이지만, 그렇지 않을 경우 숨겨져 있거나 단지 진술되지 않은 채로 연결이 이루어지고 있는지를 어떻게든 결정해야만 한다. 이를 위한 가장 손쉬운 방법은 (‘그러므로’ 내지 ‘때문에’와 같이) 적절한 자리로 생각되는 곳에 신뢰할 만한 접속어를 넣은 후에 그 글의 의미가 변하는가를 확인하는 것이다. 두어 개의 쉬운 예를 들어 이 중요한 사항을 분명히 이해하도록 하자. 등장하는 이름들은 허구이므로 오해는 하지 말도록!

[예 1]

슈퍼소닉스는 올해에도 전력이 탄탄해 보이는데, 왜냐하면 존슨이 피터슨과 함께 복귀하고 지난해 드래프트에서 세 명의 최고 선수와 계약을 했으며, 또 자유계약 선수인 메이베리와도 계약을 했기 때문이다. 그들은 압박 수비에 어떻게 대처하는지 경험을 통해 잘 알고 있다. 다른 팀들 중 전력이 크게 향상된 곳은 하나도 없다. 레이커스는 평균 연령이 높아지고 있고 얀손스는 결국 워싱턴에서 은퇴를 했는데 그를 대신할 만한 선수를 확보하지 못했다. 나는 NBA 챔피언십을 차지할 다른 어느 팀이 불쑥 나타날 거라고 생각하지 않는다.

[분석]

이 글은 믿을 만한 지시어인 ‘왜냐하면’을 포함하고 있는 논증이다. 그 지시어는 뒤에 나오는 나머지 진술들이 (함축된) 결론의 이유

혹은 지지 근거임을 나타낸다. 이때 결론은 "슈퍼소닉스는 올해에도 우승을 할 것이다."이다("올해도 전력이 탄탄해 보인다."는 구절이 이를 함축한다). 이 논증이 강한지 혹은 '좋은'지는 아직 따지지 않는다. 무엇보다 그것이 정말 논증인지를 결정해야 한다. 이 논증은 전제와 결론 사이에 어떤 필연성도 없고, 다만 개연성만 있기 때문에 귀납이라고 할 수 있다. '왜냐하면'이라는 낱말이 생략될 수도 있었지만 그렇다고 해도 여전히 논증이라는 사실에 주목할 필요가 있다. 즉 "슈퍼소닉스는 올해에도 강한 팀으로 보인다. 존슨이 복귀하고 …"라고 한다면 우리는 지시어 '왜냐하면'을 집어넣어 첫 번째 진술(결론)과 나머지 진술들(이유) 사이에 존재하는 논리적 연결을 볼 수 있다. 중요하게 주목할 점은 귀납적이든 연역적이든, 이유와 결론 사이에는 논리적 연결이 **존재한다**는 사실이다. 그러한 연결이 없는 다른 글을 보자.

[예 2]

셀틱스는 올해 다시 NBA 챔피언십을 차지할 것이다. 당신의 사촌인 더들리는 셀틱스의 골수팬이고, 팀버울브스는 영화계 스타 강아지인 린틴틴(Rin Tin Tin)을 닮은 새로운 마스코트를 올 시즌에 마련했으며 레이커스의 치어리더들은 새로운 유니폼으로 갈아입는 중이다.

[분석]

지시어가 없다. 더구나 두 문장 사이에 어떤 지시어를 집어넣을 경우, 글에 다른 의미를 주게 되어 상황은 완전히 바뀌게 된다. 진술들 사이에는 **어떤 논리적 연결도 존재하지 않는다.** 이 글은 소위 '설명'의 한 예이며, 진술들이 서로 분리되어 있고 글의 요점 혹은 결론이 없다는 점에서 논증과 다르다.

'왜?' 질문

주어진 글에 논증이 있는지를 확신하지 못할 경우에 도움이 될 만한 방법은 '왜?' 질문을 던져 보는 것이다. 진술들이 서로 논리적으로 연결되어 있다면, 결론인 듯 보이는 문장 뒤에서 '왜?'라고 물으면 실제로 그것이 논증인지 아닌지를 결정하는 데 도움이 된다. 논증에는 **방향성이 있다**. 논증은 전제들로부터 결론으로 나아간다. 결론으로 보이는 진술을 찾아서 '왜?'라고 물으면, 이유들이 있을 경우 논증은 우리를 그리로 안내할 것이다. 다시 한 번 다른 귀납 논증의 예를 들어 보자.

[예 3]

바이킹 팀은 의견 충돌로 엉망이어서 단결력이 없다. 베어스 팀은 아직까지는 적어도 1년은 전력이 처지고, 같은 조에서 위협이 될 유일한 다른 팀은 라이언스다. 하지만 패커스 팀의 적수는 아니다. 패커스가 올해 다시 조별 리그 우승을 차지할 것이다.

[분석]

이 글을 읽으면서 마지막 진술이 과연 결론인지 의심할지 모른다. 모든 진술은 연결되어 있는 것처럼 보이며, 그 마지막 진술로 향하고 있는 듯하다. 먼저 그 진술에 주목하고, 다음으로 '왜?'라는 질문을 던진 후에 어떤 일이 생기는지를 보자.

"패커스가 올해 다시 조별 리그 우승을 차지할 것이다." 왜? "왜냐하면 바이킹 팀은 …(등등)." 이는 논증이며, 거기에는 결론과 함께 그 결론을 지지하는 이유들이 존재한다. 이유들, 즉 전제들은 결론을 **필연적으로** 함축하지 않는다(바꿔 말하면 전제들이 모두 참이라 해도 결론은 거짓일 수 있다)는 사실에서 우리는 지금 귀납 논증을 다루고 있음을 알 수 있다. (기억하자. 연역은 필연성을 산출할 수 있고, 귀납은 단지 개연성을 산출할 뿐이다.) '왜냐하면'이라는 지시어 삽입이 이 글의 의미를 변화시키지는 않는다. 단지 논증이 제시되었음을 분명히 해줄 뿐이다. 이 예를 [예 2]와 비교해 보고 거기에서 '왜?'라고 묻는 것이 어떻게 해서 당신의 사고를 첫 번째 혹은 두 번째 진술들로 이끌지 않는지 주목하라. 그 이유는 진술들이 서로 논리적 연결을 이루지 않기 때문이다. 진술들 사이에 '방향'이 존재하지 않는다.

숨은 전제

마치 쉽게 알아낼 수 있다는 듯이 전제를 숨기거나 생략한 논증을 우리는 꽤 자주 접한다. 우리는 비판적인 사고를 하는 사람으로서 생략된 전제들이 무엇인지 찾아내어 그것들을 제자리에 두어야 한다. 논증을 최대한 강하게 할 일차적인 책임은 비록 논증을 제시하는 당사자에게 있긴 하지만, 논증에 관한 모든 의심을 (소위 '자비의 원칙'에 따라) 선의로 해석하는 것 역시 우리의 책임이다. 우리는 때때로 이를 통해 불완전한 논증을 완전하게 만들 수 있다.

연역 논증은 마치 사슬과 같아서, 약한 연결 고리는 종종 논증을 서로 연결시켜 주고 있는 생략된 전제, 즉 진술되지 않은 가정에서 발견된다. 그러므로 논증을 검토하고 논증이 제시하는 입장을 받아들일지를 결정할 수 있도록 이들 가정을 찾아서 명시하는 방법을 아는 것이 중요하다.

한 논증이 어떤 단계 내지는 이유를 포함하고 있지 않을 때, 즉 하나의 가정이 진행 중에 있을 경우에, 우리가 특정 결론을 승인하도록 만들기 위해서, 제시된 것 이외에 우리가 알아야만 하는 것으로 **다른** 무엇이 더 있는지를 우리 자신에게 묻는 것이 필요하다. 바로 그 '다른 무엇'이 숨어 있는 가정일 경우가 많다. 예를 하나 더 보기로 하자.

[예 4]
루디는 스트레스에도 냉정함을 유지하는 사람일 리 없다. 그의 머리카락은 빨간색이다.

[분석]
믿든 안 믿든 여기에는 논증이 있다! '왜?'라는 질문을 던질 경우 첫 번째 진술은 결론으로, 그리고 두 번째 진술은 이유로 보인다. 그러면 지시어를 집어넣을 수 있고, 그 결과 다음을 얻는다.

> "루디의 머리카락은 빨간색이기 때문에 그는 스트레스에도 냉정함을 유지하는 사람일 리 없다."

하지만 여기에는 무언가가 분명히 생략되어 있다. 자신에게 물어보자. 그 결론을 승인하기 위해 우리가 알아야만 하는 다른 것은 무엇인가? 결론에서는 나타나지만 논증의 다른 곳에서는 나타나지 않는 낱말을 찾아봄으로써 그 답을 구할 수 있다. 가정은 바로 그 낱말과 밀접한 관련이 있을 것이다. 일반적으로 어느 논증에서건 한 낱말이 결론에서는 등장하지만 논증의 다른 곳에서는 나타나지 않는다면, 가정이 이루어진 것이다. 이 경우에는, 스트레스에도 냉정함을 유지함이라는 낱말이 결론에서는 불쑥 나타나면서도 전제에는 없기 때문에 생략된 전제는 그 낱말과 밀접한 관련이 있을 것이다. 우리는 이 특성과 관련해서 일반적으로 참이라고 가정되는 것을 찾아낼 필요가 있다.

답은 "머리카락이 빨간 사람은 스트레스에도 냉정함을 유지하는 사람이 아니다."라는 주장이다. 우연찮게도 이는 매우 약한 주장이며, 이 논증 안에서도 역시 매우 약한 연결 고리다. 우리는 이 논증을 아래처럼 재구성할 수 있다.

"루디의 머리카락은 빨간색이며, 머리카락이 빨간 사람은 스트레스에도 냉정함을 유지하는 사람이 아니기 때문에, 그는 스트레스에도 냉정함을 유지하는 사람일 리 없다."

다음 절에서는 이 논증이 왜 약한 것인지를 알아볼 것이다.

기억해 두기 : 지시어를 찾아라. 결론이 있다면 찾는 데 도움이 될 것이다. 결론이 있는지 의심이 간다면 '왜?' 질문을 던지고, 적절한 곳이라고 생각되는 자리에 지시어를 넣어 본다. 결론의 위치를 파악했다고 생각되면, 믿을 만한 지시어(결론 뒤에는 '왜냐하면'과 같은 지시어, 또는 결론의 앞에는 '그러므로'와 같은 지시어)를 넣고 주어진 글의 의미가 그대로인지 아니면 어떻게든 변하는지를 확인하라. 진술들 사이에서 어떤 연결도 보이지 않고 그 글의 결론이라고 할 수 있는 진술도 없다면, 당신이 다루고 있는 것은 논증이 아닐 공산이 크다. 당신이 가지고 있는 상식은 매우 신뢰할 만한 안내자이지만, 신중한 독해와 분석은 없어서는 안 될 요소다.

논증 평가하기

논증을 다루면서 결론을 찾았다면(그리고 생략된 전제도 모두 찾았다면) 여러분은 이미 일을 절반이나 마친 셈이다! 다음 단계는 주어진 논증이 강한 것인지 여부를 가리는 일이다.

논증의 강도는 다음 두 가지 기본적 물음에 의해 결정된다.

1. 지지 근거(이유들, 혹은 전제들)는 실제로 올바르거나 혹은 적어도 설득력이 있는가?

2. 이유들 혹은 전제들과 결론 사이의 연결은 얼마나 밀접한가?

첫 번째 물음을 보자. 이유의 설득력을 시험하기 위해서 가장 신뢰할 만한 방법은 '반례'의 방법이다. 예를 들어, 내가 소수집단 우대 정책(affirmative action) 프로그램은 항상 고용 할당제로 귀착되었으며 따라서 차별적인 프로그램이라고 주장한다면, 여러분은 과거에 그 프로그램이 차별을 낳지 않았음을 보여주는 예들을 들어 그 주장에 대응할 수 있다. 그와 같은 반례는 결론을 지지하기 위해 제시한 나의 주장을 약화시킬 것이며 따라서 전체적으로 논증을 약화시킬 것이다. 여러분이 반례를 제시하면 할수록 내 주장은 설득력을 더 잃어 가게 되고 따라서 나의 논증은 더 약화될 것이다.

우리는 또한 사실임을 내세우는 주장들을 간단히 반박함으로써 그 주장들에 대응할 수도 있다. 누군가가 흑인은 두개골이 더 작아서 지능이 떨어지기 때문에 백인에 비해 열등하다고 주장한다면 — 19세기에는 많은 사람들이 그렇게 주장했다 — '열등함'이란 지능의 기능이 아니라는 것, 두개골의 용량과 지능 사이에는 어떤 논리적 연관성도 없다는 것, 그리고/또는 흑인의 두개골은 (실제로) 백인에 비해 더 작지 않다는 것 등을 보임으로써 그 주장에 대응할 수 있다.

우리는 하나의 논증을 지지하는 이유로 제시된 주장이 참이라는 것을 검증할 수 없을 때조차도, 엄밀히 말해서, 그것이 '좋은' 이유인지 아닌지, 다시 말해 그 논증의 맥락에 비추어 그 이유가 **설득력이** **있는** 것인지 아닌지를 말할 수 있어야 한다. 이 과정을 일컬어 이유들이 결론을 지지하는지 아닌지를 결정하기 위한 '이유 가늠하기

(weighing reasons)'(때로는 '이유 식별하기(winnowing reasons)')라고 한다. 이와 같은 과정은 두서너 개의 선택지 중 옳은 행위를 가려내려는 윤리적 의사결정에서도 적용된다. 이를 위한 방법은 지지 근거가 더 필요한 이유들, 즉 우리가 일반적으로 참인 것으로 수용하는 것들과 정합적이지 않거나 비일관적인 이유들(그 이유들은 그것만으로도 '적합하지 않다')에 질문을 던지고, 비판 과정을 마친 다음 살아남은 이유들을 찾아내는 것이다. 이 방법이 바로 소크라테스의 **산파술**이다. 이 과정에서는 두 가지 사항이 중요하다. (1) (열린 마음을 가지고) 비판적 태도를 유지하고, (2) 적절한 질문을 던진다!

전제를 결론과 연결하기

전제와 결론 사이의 연결을 면밀히 검사하는 기법은 비판적 태도를 취하고 적절한 질문을 던지는 것보다 더 복잡하다. 그 방법은 앞 절에서 설명했던 연역 논증과 귀납 논증의 차이에서 시작된다. 우리가 해야 할 일은 주어진 이유들과 그 이유들에 의존하게 되는 결론 사이에 '틈'이 있는지를 판단하는 것이다. 강한 논증에서의 전제들은 참이며 (혹은 설득력이 있으며) 전제들과 결론 사이에는 틈이 없거나, 있다고 해도 아주 사소한 것에 지나지 않는다. 그 둘 사이에 틈이 없다는 것은 연역 논증이라는 표시다. 앞서 보았듯이 연역 논증의 결론은 전제들이 모두 참이고 형식 논리의 규칙에 따를 경우 필연적이다. 만일 틈이 존재한다면, 결론은 단지 개연적이어서 우리가 다루고 있는 것이 귀납 논증임을 알 수 있다. 틈이 넓을수록 결론의 개연성은 더 낮아지는데, 틈이 너무 넓어지게 되면 결국에 가서는 전제와 결론 사이에 어떤 연결도 존재하지 않게 된다!

'틈'이라는 단어는 문제의 결론이 낮은 개연성을 갖는 경우에 전제는 수용할지언정 그 결론은 거부하는 일이 가능함을 암시하는 하나의 은유다. 심지어 우리는 **그것과는 다른** 결론을 이끌어 낼 수도 있다. 이미 앞에서 언급한 것처럼 논증에는 방향성이 있다. 논증은 우리를 전제에서 결론으로 이끌어 간다. 이유와 결론 사이에 틈이 존재한다면, 우리는 방향을 바꿀 수 있고 다른 결론에 도달할 수 있다. 어떤 틈도 없는 곳에서는 엄밀한 논리적 필연성이 성립한다. 만일 우리가 전제들을 모두 참인 것으로 받아들이면, 그리고 형식 논리의 규칙들을 모두 따른다면, 즉 그 논증의 형식이 타당하다면, 우리는 원하든 원하지 않든 결론을 진술된 그대로 받아들여**야만** 한다.

논증 사슬: 엄밀 함의

앞서 보았던 것처럼 엄밀한 필연성, 즉 논리학자들이 '함의'라고 부르는 것을 보여주는 연역 논증에서는, 전제들이 모여서 결론은 또 다른 고리가 되어 그것들과 함께 지적 사슬을 이루는 방식으로 연결된다. 이때 사슬의 강도는 가장 약한 고리에 의해 결정된다. 이는 전제들 가운데 어느 하나가 거짓임이 입증될 수 있다면, 전체 사슬은 약화되고 형식 논리의 규칙에 따를지라도 결론은 따라 나오지 않음을 뜻한다. 그와 같은 경우에 우리는 논증이 **건전하지 않**다고 말한다. 만일 약한 고리 혹은 전제가 또 다른 논거 내지는 새로운 사실적 증거에 의해 강화될 수 없다면, 논증은 전체적으로 실패한다. 간단한 예를 통해 이 사실을 확인해 보자.

[예 5]
1. 소크라테스는 사람이다.
2. 모든 사람은 죽는다.
3. 그러므로 소크라테스는 죽는다.

이는 연역 논증에서 엄밀 함의가 무엇인지를 보여주는 고전적인 예다. 전제들(문장 1과 2)은 (공통 낱말인 '사람'에 의해) 서로 연결되어 결론(3)을 지지한다. 만일 우리가 전제가 참임을 승인하면, 결론은 필연적으로 따라 나오며, 우리는 그것을 선택하지 않을 도리가 없다. **만일 우리가 전제들을 참으로 받아들인다면,** (원하든 원하지 않든) 결론 또한 참으로 받아들여**야만 한다**는 것을 이해할 수 있기 때문에, 형식 논리의 규칙을 모른다고 해도 우리는 이 논증이 타당한 연역 논증이라고 말할 수 있다. 귀납 논증은 이런 종류의 확실성을 낳지는 못한다. 하지만 이 경우에도 만일 전제들 가운데 하나가 거짓이라면— 역사학자가 소크라테스가 생존 인물이 아니었음을 증명했다고 해보자— 논증 전체는 와해될 것이다. 사슬에서 하나의 고리를 끊을 수 있다면, 사슬 전체(논증)는 파괴된다.

논증 망: 개연성

공교롭게도 우리가 도달하려 하는 대부분의 결론은 참이라고 말할 수 있는 전제들로부터 **엄밀하게** 함축되지 않는다. 결론은 전제들이 참인 정도에 비례해서 설득력을 갖는다. 바꿔 말하면 **귀납** 논증을 다룰 때 전제와 결론 사이에는 거의 언제나 틈이 존재한다. 하지만 그와 같은 논증도 (결코 '타당하지는' 않더라도) 여전히 강력할 수 있다. 이유와 결론 사이가 개연적인 논증들은 전제가 참이고(혹은 설득력이 있고) 전제들과 그 전제들이 지지하는 결론 사이의 틈이 좁다면 강력한 논증이다. 그와 같은 경우 결론은 비록 논리적으로 필연적이지는 않지만 참일 가능성이 높다. 그와 같은 것을 우리는 "매우 설득력이 있다."고 말한다. 일반적으로 전제와 결론 사이의 틈이 넓을수록 논증은 더 약화된다. 틈이 좁을수록 개연성은 더 증가하고 논증은 더 강력해진다.

데이비드 켈리(David Kelly)는 그의 탁월한 논리학 책 『추론의 기술(*The Art of Reasoning*)』에서 이 점을 아주 잘 제시하고 있다.

> 우리는 전제와 결론 사이에 어느 정도로 자유로운 활동이 존재하는지를 봄으로써 강도를 평가한다. 그 기법은 전제들이 참이라고 가정한 후, 결론이 참인지를 두고 합당한 의심이 여전히 남아 있는지를 묻는 것이다. 전제들이 참이라고 가정할 경우, 진술된 결론은 **전제들이 제공하는 증거와 일치하는 유일한** 것인가? 그렇다면 문제의 논증은 강력하다. 아니면 그 증거와 동등하게 일치하는 다른 결론이 존재하는가? 이 경우라면 논증은 더 약하다.[2]

앞서 사용한 유비를 다시 말하면, 엄밀한 논리적 필연성을 지니고 있는 논증의 전제들은 하나의 사슬을 형성한다. 우리는 개연성을 포함하는 논증의 전제들은 (켈리의 말처럼) 거미집의 각각의 줄들을 이룬다고 말할 수 있다. 비록 엄격한 필연성은 발견되지 않지만 거미집의 거미줄들이 많으면 많을수록 논증은 더 강력해진다. 한 가닥의 줄 혹은 전제를 공격해서 이 줄을 끊어 냄으로써 논증을 약화시킬 수 있다. 하지만 그렇게 하더라도 논증 전체를 파괴할 수는 없다. 다른 예를 보자.

[예 6]

> (1) 해리는 귀가 거의 들리지 않으며, (2) 시력도 나쁘다. 그는 (3) 지난 두 달 동안 세 번이나 속도위반으로 벌금을 물었고, (4) 같은 기간에 몇 번의 가벼운 사고와 (5) 한 번의 대형 사고를 냈다. 그래서 나는 (6) 해리는 운전이 매우 서툰 사람이라고 주장한다.

---

2) David Kelly, *The Art of Reasoning*, New York: W.W. Norton, Inc., 1988, pp. 96-97. 강조는 필자의 것임.

전제들에는 공통 낱말이 없으므로, 각 전제들은 논리적 연결을 형성하고 있지 않다는 데에 주목하라. 오히려 그들 전제는 그것이 지지하는, 그러나 엄밀하게 함축하지는 않는 결론으로 수렴하는 별도의 독립적인 일련의 고려사항들이다. 용어 '그래서'가 나타내는 결론은 전제가 참이라면 참일 가능성이 있다. 하지만 전제들을 모두 받아들일 수 있는 경우라도, 결론은 **여전히** 거짓일 수 있다(이 일련의 사고들로 인해 해리는 운전학원에 다녔을 수도 있으며, 혹은 술을 끊었을지도 모른다!). 더구나 우리는 어떤 전제건 거짓(예를 들어 해리의 시력은 좌우 2.0이다)이지만, 논증은 여전히 매우 강력해 보일 수도 있다. 이 논증은 [예 4]의 논증처럼 그렇게 붕괴되지 않는다. 왜 해리의 면허가 취소되어야만 하는지를 입증할 **다른** 근거들은 얼마든지 있다!

앞 절에서 든 참을성 없는 빨간 머리에 관한 예로 돌아가 생각해본다면, 왜 그것이 약한 논증인지를 알 수 있다. 가정("빨간 머리카락을 가진 사람들은 모두 참을성이 없다.")이 명백한 거짓이기 때문이다. 그래서 그 논증이 논리 규칙에 따른다(그 논증이 타당하다)고 하더라도 건전하지는 않다. 연역 논증이 '건전한' 것이기 위해서는 타당해야 하는 것은 **물론이고** 전제들 **또한** 모두 참이어야만 한다. 여러 유형의 논증들이 있을 수 있으나 그 중 건전한 논증이 가장 강력하다. 하지만 그런 논증은 드물다.

함의와 설득력 모두 고려하기

사슬의 고리들처럼 혹은 거미집의 각 거미줄들같이 연결되어 있는 전제들을 취급하고 있다는 것을 우리가 알고 있든 아니든, 논증의 강도는 그들 전제의 참 내지는 설득력, 그리고 전제들이 결론과 연결되는 방식에 의존한다. 매우 드문 경우지만 결론이 전제들에 의해 엄밀하게 함축될 때는, 참을성 없는 빨간 머리의 경우에서처럼 한 전제가 거짓임이 밝혀지면 그 논증은 무너진다. 좀 더 흔한 논증인 귀납 논증에서는 결론이 전제들과 훨씬 느슨하게 연결되어 있으므로, 한 전제가 거짓임이 입증되면 논증은 약화되지만 파괴되지는 않는다.

주목해야 할 점은 함축이란 전제(이유)와 결론 사이에서 성립하는 순전히 **형식적인** 관계라는 사실이다. 그 자체만으로는 논증이 강력하다고 말할 수 없는데, 이는 결론이 전제에 의해 엄밀히 함축된다고 할지라도, 여전히 약한 논증일 수 있기 때문이며 앞서 제시한 빨간 머리의 예가 거기에 해당된다. 이미 말했듯이 한 논증의 강도는 필연성(혹은 귀납 논증일 경우 개연성)과 전제들의 참 둘 **모두**와 관계가 있다. 만일 전제들이 참이 아니라면, 혹은 하나의 전제만이 참이 아닌 경우에도 논증은 약화된다. 반면, 전제들이 모두 참이라 해도 전제와 결론 사이에 틈이 존재한다면 (그 어떤 필연성도 낮은 개연성도 없다면) 논증은 마찬가지로 약하다. 이와 관련해서 [예 7]과 [예 8]을 보자.

[예 7]

> 키가 작은 사람들은 모두 소심한데 프레드는 키가 작으므로, 그는 틀림없이 소심하다.

(빨간 머리에 관한) [예 4]의 경우처럼 이 논증의 결론은 단어 '이므로' 이전의 전제들이 함축하는 진술이다. 우리가 그 전제들을 받아들인다면, 그 결론도 **반드시** 수용해야 하는데 이때 전제가 참이라면 그 결론 역시 필연적으로 참이다. 하지만 전제들을 참으로 받아들일 필요는 없다. 첫 번째 전제인 "키가 작은 사람들은 모두 소심하다."

는 [예 4]에서의 가정과 마찬가지로 분명히 거짓이다. 그 가정이 사슬의 약한 고리를 형성하며 그래서 논증을 무너뜨린다. 결론은 전제들에 의해 반드시 지지되어야 할 뿐만 아니라 진술된 전제들 또한 참이거나 최소한 그럴듯한 것이어야 한다.

다른 예 하나는 정반대의 조건을 설명할 것이다. 전제들은 참이지만 필연적인 함축이 없는 논증인 경우 역시 마찬가지로 실패한 논증이다.

[예 8]

> 해리는 난청이고 시력이 약하다. 더구나 지난 두 달 동안 여러 개의 속도위반 딱지를 떼었으며 그 기간 동안 여러 번의 교통사고도 냈다. 그러므로 해리는 타락한 남편이다.

전제들은 참일 수 있다. 하지만 결론은 전제들로부터 따라 나오지 않는다. 거기에는 어떤 연결도 존재하지 않고('방향'이 없음에 주목하라) 단지 전제들과 결론 사이에 커다란 틈만이 존재한다. 실제로 우리는 완전히 다른 결론을 이끌어 내어야 하는데, 이는 문제의 논증이 매우 약하다는 징표다. 이 전제들로부터 합리적으로 이끌어 낼 결론이란 해리는 서툰 운전자라는 것이지, 그가 타락한 남편이라는 것은 아니다!

> 그렇다면, 강한 논증의 전형은 그 결론이 주어진 전제들로부터 엄밀하게 함축되고 동시에 그 전제들이 참이거나 참일 가능성이 매우 큰 연역 논증이다. 강한 논증이 만일 귀납 논증이라면 함축은 필연적이지 않으며 단지 개연적일 뿐이다. 그러나 윤리적 논증 중에는 매우 강한 귀납 논증들도 있다!

예시들

다른 예들을 더 살펴보되 약한 논증들에서 시작해서 점차 강한 논증들로 나아갈 것인데, 이는 각각의 논증의 강도를 어떻게 결정하는지 알기 위해서다.

[예 9]

　기자 : 의원님, 특히 과도한 지출과 그 계획에 대한 광범위한 비판에 비추어 볼 때, 실험용 폭격기 법안에 왜 찬성하셨는지를 좀 설명해 주시겠습니까?

　의원 : 네, 그러죠. 안전하고 확고한 방위 체계를 구축하고, 조국을 강하게 유지하면서 적대국은 약하게 만드는 일은 꼭 필요합니다. 우리의 귀중한 유산을 탕진하는 가장 확실한 길은 국외의 적들에게 굴복하는 것이므로 강력한 방위만이 평화를 보장할 수 있습니다.

[분석]

자국의 방어력은 반드시 강해야 한다는 것이 (의심스럽기는 하지만) 의원의 결론이며, 우리도 그를 따라 실험용 폭격기는 그 힘을 유지하기 위해 필요하다고 가정하자. 그러면 그가 제시하는 근거들과 그가 이끌어 내고자 하는 결론 사이의 연관성은 사실상 거의 없다고 할 수 있다. 바꿔 말하면 의원이 제시한 결론을 수용한다 해도 우리는 여전히 결론을 참인 것으로 받아들이지 않을 수 있다. 이유들과 결론 사이에는 틈이 존재하기 때문이다! 실제로 전혀 다른 결론이 동일한 전제들로부터 따라 나올 수도 있다. 예컨대 방위비용을 삭감함으로써 '적대국'에 '굴복'하게 될 것인지 여부를 생각해 보자. 우리는 왜 이것을 참인 것으로 받아들여야 하는가? 그것은 자명하지 않을 뿐더러 의원은 그에 대한 어떤 증거도 제시하고 있지 않다. 여기에는 한 가지 중요한 논점, 즉 현재의 방어력이 '적'을 적절히 무력화시켜서 평화를 보장할 수 있는지 여부가 무시되고 있다. 평화를 지키기 위해 지속적인 군비 지출이 꼭 필요한 것은 아니다. 그러나 그것이 필요하다고 할지라도, 실험용 폭격기 계획이 왜 국방비 지출의 일부여야 하는지는 분명하지 않다. 여기에는 여러 가지 문제점들이 있고, 논증을 꼼꼼히 검토한 결과 그 취약성이 드러나는데, 이는 그 논증이 약한 것임을 암시한다. 강한 논증은 그 전제들과 관련해서 많은 질문과 의심을 야기하지 않으며 전제들과 결론은 탄탄하게 연결되어 있다. 곧 보겠지만 사실 이 논증은 비형식적 오류를 범하고 있다! 다른 예를 보자.

[예 10]
대다수의 주가 적어도 한 세기 동안 낙태를 제한해 왔다는 사실은, 그것이 결국 각 주마다 다수의 의견이 반영된 결과이기 때문에, 낙태에 대한 권리가 "기본적 권리로 분류될 만큼 전통과 우리의 양심에 그 뿌리를 두고 있는 것"은 아님을 강하게 암시한다. (로 대 웨이드 사건, J. 렌퀴스트, 반대 의견)

[분석]
이것은 귀납 논증으로서 매우 강력하며, 방금 전의 논증보다 더 강하다. 전제들을 받아들일 경우 그것이 지지하는 결론 또한 받아들일 가능성이 크다. 사실 그 결론은 위에서는 언급되지 않았으나 이 쟁점에 대한 렌퀴스트의 입장을 고려할 때 분명히 알 수 있다. 우리가 그 결론을 주장한다면 다음과 같을 것이다. "그러므로 나는 낙태가 인간의 기본권이라고 생각하지 않는다." 하지만 첫 번째 진술에 의심이 간다. 왜 다음과 같은 주장을 수용하는가? 각 주들은 "한 세

기 동안 낙태를 제한해 왔기" 때문에 따라서 그들 주의 의견은 낙태 반대다. 각 주들은 어떤 종류의 제한을 하는가? 그들 각 주의 법률이 다수 의견을 반영하고 있다는 사실을 어떻게 확신할 수 있는가? 그들 주에서 낙태를 금지하는 법률은 얼마나 오래되있는가? 그들 주가 한때 다수 의견을 반영했다고 해서 아직도 그럴 것이라고 말할 수 있는가? 우리는 전제들의 참을 인정할 수 있지만 그에 앞서 답해져야 할 중요한 질문들이 많으며 그런 이유에서 적절한 질문을 던지는 것이 논증을 꼼꼼히 검토하는 첩경이라는 사실을 알 수 있다. 따라서 제시된 근거와 그로부터 따라 나올 것으로 짐작되는 결론 사이에 틈이 거의 없을지라도, 그 외의 다른 증거나 논증으로 근거들을 통해서 더 강한 설득력을 갖출 수 있을 때까지 결론은 마땅히 의심의 대상이다. 다음 예는 좀 더 강한 논증이다.

[예 11]

특정 화학물질은 실험용 동물들에게 암을 유발한다고 알려져 있는데, 사실이 그렇다면 동일한 화학물질이 인간에게도 암을 유발할 가능성이 있다. 그러므로 가능하다면 이들 화학물질을 피하는 것이 신중한 처사로 보인다.

[분석]

이는 강력한 귀납 논증이다. 결론은 주어진 전제들로부터 함축되며 전제들은 참일 수 있는데, 암 유발 물질을 피하는 것은 신중한 처사라는 취지의 전제는 생략되어 있다. 아마도 이 논증을 제시한 사람은 그것이 자명하다고 생각했을 것이다. 전제들의 설득력은 "가능성이 있다."와 "신중한 처사로 보인다."와 같은 어구로 인해 증가된다는 사실에 주목하자. 그와 같은 수식어들에 의해 뜻이 한정된 주장은 '언제나' 내지는 '한 번도 ~ 않다', '모두' 내지는 '그 어느 것도 ~ 않다'와 같은 낱말들에 의한 보편적으로 단언되는 주장들보다 더 강력하다. 우리는 이를 참을성 없는 빨간 머리 사람들에 관한 예에 적용할 수 있다. '몇몇의' 내지는 '다수의' 빨간 머리 사람들의 성격이 급하다는 주장은 그들 **모두**가 성격이 급하다는 주장보다 더 쉽게 지지된다! 논증을 검토할 때와 자신의 논증을 제시하고자 할 때 이 점을 기억하는 것은 현명한 일이다. 즉, 여러분은 자신의 주장을 좀 더 완곡하게 펼침으로써 주장을 강화시키며 지지하기 어려운 광범위하고 포괄적인 주장들을 펼침으로써 약화시킬 수 있다. 사실 빈약한 증거를 토대로 한 포괄적인 주장은 '성급한 일반화'라는 비형식적 오류를 범한다. 다음 절에서 그와 같은 오류에 대해 더 배울 것이나, 지금은 불충분한 증거에 토대를 둔 일반화는 오류임에 주의하기 바란다. 만일 여러분의 가족이 신문을 읽다가 멤피스 시내 중심가에서 소동을 일으키는 대학생들에 관한 기사를 접한다면, 그들은 "대학생들은 언제나 그 난리야."라고 말할지 모른다. 이는 오류다. 기사는 **일부** 대학생들에 관한 것이지 **모든** 대학생들에 관한 것은 아니다. 아마도 더 많은 학생들은 강의실에서 윤리학을 공부하고 있었을 것이다!

요약 : 우리는 지금까지 어떤 것이 강한 논증인지, 그리고 강한 논증은 약한 논증과 어떻게 다른지에 대해 알아보았다. 또한 우리는 주어진 이유들이 참인지 거짓인지를 확실히 결정할 수 없는 경우에 이유들을 '비교 검토'하는 법을 배웠다. 비판에 더 잘 저항하는 이유들이 '좋은 이유들'이고 비판적인 검토를 견딜 수 없는 이유들은 그렇지 못한 것이든지 아니면 아예 이유가 아니다. 따라서 윤리적 추론 과정에서 비판을 하는 목적은 긍정적이다. 우리의 윤리적 입장을 지지하는 가능한 최고의 논증을 구축하고 까다로운 선택에 직면했을 때 여러 대안들 가운데 더 합당한 것을 식별해 내기 위해서다.

3.2 덫과 함정: 비형식적 오류들

추론에서 형식 논리의 규칙들을 위반하는 형식적 오류와는 대조적으로 우리들이 일상적으로 저지르는 실수들을 '비형식적 오류'라고 한다. 비형식적 오류를 저지르는 논증들은 결과적으로 전제들과 결론 사이의 함축을 결여하게 되기 (틈을 만들기) 때문에 약한 논증이다. 비형식적 오류로 인한 논증의 약함은 논증 내적인 것이어서 결론이 참인지 거짓인지의 여부와는 무관하다. 결론은 **주어진 이유들** 때문에 참이 아니거나 거짓일 뿐이다.

우리는 이미 성급한 일반화와 무지에의 호소라는 두 개의 오류를 살펴보았다. 그 외에 중세시대의 스콜라 학자들이 조심스럽게 이름을 붙이고 논의를 거듭했던 비형식적 오류들만도 100개가 넘는다. 하지만 여기서는 윤리적 추론에서 발생하는 가장 일반적인 오류들, 즉 좋은 윤리적 논증을 방해하는 덫과 함정을 이루는 오류들만을 살펴볼 것이다.

대중에의 호소(Ad Populum)

윤리적 논증에서 일어나기 쉬운 가장 일반적인 오류는 '대중'을 향한 상투적인 호소다. 그릇된 행위가 발생할 때, 우리는 종종 이런 말을 듣는다: "그게 어떻다는 거죠? 모두가 그렇게 하는데!" 실제로 워터게이트 사건이 일어났을 때 사람들은 "모든 정치인들이 그와 같은 행동을 하기" 때문에 닉슨 대통령이 잘못을 저지르지 않았을 거라는 말을 자주 들었다. 이런 말들은 적어도 두 가지 문제점을 안고 있다. 먼저, 우리는 '모든 사람들'이 행하거나 행하지 않은 것을 어떻게 알 수 있는가? 알 수 없다. 더구나 그 말이 참일지라도 문제와는 무관하다. 예를 들어, 모든 사람들(혹은 모든 정치인들)이 체면을 지키기 위해 거짓말을 한다고 해서 거짓말이 옳은 일이 되는 것은 아니다. (아마도 여러분은 어렸을 적에 어머니의 말씀을 기억할 것이다. "좋아. 그럼, 세상 사람들이 모두 절벽에서 뛰어내리면 너도 뛰어내릴 거니?" 이는 전형적인 어머니 말씀인데, 여러분은 어머니 말씀을 들어야 한다. 이 문제에 있어서는 어머니가 옳다. 즉, 나 이외의 모든 사람이 어떤 일을 한다고 해서 여러분도 그 일을 해야 하는 것은 아니다.) 다음 장에서 알게 되겠지만, 정당화 문제는 이보다 훨씬 복잡하다.

앞 절에서 언급한 것처럼, 뛰어난 비판가라면 '모두' 또는 '모든 사람들', '전부'와 같은 단어를 포함하고 있는 주장과 포괄적인 일반화 내지는 과장을 포함하는 주장들을 전부 의심해 보아야 한다. "마이클 조던은 농구 경기에 참가한 최고의 선수였다."와 같은 주장은 참이거나 거짓으로 증명될 수 없다. 마찬가지로, "모든 사람이 그렇게 한다."는 주장도 참이거나 거짓임이 증명될 수 없다. 우리는 그 주장들을 다음과 같이 다소 완화시킴으로써 강화할 수 있다. "많은 사람들이 그렇게 한다."거나 "마이클 조던은 경기에 참가한 최고의 선수들 중 한 명이었다." 논증을 할 때는 광범위한 주장을 피하고 다른 사람의 논증에서 그와 같은 주장이 발견되면 조심하라!

흔히 그렇듯 이 경우에는 '모든 사람들'에 관한 주장을 더 설득력 있어 보이게끔 수정한다고 해도 여전히 이 오류를 포함할 수 있다. 좀 더 자세히 말해서 내가 표면상 더 안전해 보이게끔, "(거의) 모든 정치인들은 상대에게 추한 속임수를 쓴다. 그러므로 이 정치인의 행동은 정당화된다."고 주장하면 여전히 나는 이 오류를 저지르고 있는 셈인데, 그 이유는 모든 다른 사람들 혹은 많은 사람들의 행위에 호소하는 것은 그들이 그저 그를 수도 있다는 점에서 그 자체로 약한 호소이기 때문이다! 더 면밀할 필요가 있다.

골자를 간추려 보면 추론상의 틈은 이 논증이 약한 논증임을 나타

162

내는 징표라는 것을 분명히 알 수 있다. 모든 사람들(혹은 거의 모든 사람들)이 X를 한다. 그러므로 여러분은 X를 해야만 한다. '모든 사람들' 내지는 '거의 모든 사람들'이 행하는 것이 옳다는 주장은 여러분이 그것이 옳은 일이라는 결론을 내릴 수 있기 이전에 증명되어야 한다. 여기에는 다른 논증을 통해 메워져야 할 틈이 존재한다. 왜 거의 모든 정치인들이 이런 일들을 하는지를 보여줄 좋은 이유들이 있을 수도, 또 없을 수도 있다. 이는 아직 두고 볼 일이다. 이 논증이 약한 논증임은 진술된 결론이 주어진 이유들로부터 따라 나올 수 있는 여러 개의 결론들 중 하나일 뿐이라는 점에서도 분명히 알 수 있다. 그 이유들이 참임을 인정한다 하더라도 말이다.

허수아비의 오류

이 오류는 다른 논증을 상대할 때 발생한다. 다음을 기억하자. 이 오류는 항상 다른 사람의 논증 내지는 그들이 취하는 일반적인 입장에 반응할 때 발생한다. 이 점을 고려하면 허수아비 오류를 어떻게 식별할 수 있는지 알 수 있다. 허수아비 오류는 제시된 논증을 실제와는 달리 외견상 약화시킴으로써 무산시키려는, 즉 주어진 논증을 '허수아비'로 바꾸어 놓음으로써 쉽게 쓰러뜨리려는 시도다. 사실 그와 같은 시도에서는 상대 논증을 쉽게 무너뜨리기 위한 의도적인 왜곡이 자주 일어난다.

수년 전 한 텔레비전 프로그램에서 오갔던 대화를 생각해 보자. 시청자 전화 참여 프로그램에서 전화 연결된 한 시청자는 맥주와 포도주 광고 방송은 젊은이들의 음주를 유도하기 때문에 텔레비전과 라디오에서 금지되어야 한다는 반론을 제기했다. 이에 대해 이런 반응이 나온다. "당신은 사람들에게 금주를 강요할 수 없다. 사람들은 아주 옛날부터 음주를 해오고 있다." 이것이 바로 허수아비다. 왜냐하면 시청자의 입장은 사람들이 금주를 해야 한다는 것이 아니라,

젊은이들이 음주를 시작하지 않도록 그 광고 방송을 텔레비전과 라디오에서 금지해야 한다는 것이기 때문이다. 그 반응에서 우리는 시청자의 논증을 하찮은 것으로 만들기 위한 의도적인 왜곡을 목격할 수 있다. 또 우리는 잠시 후 살펴볼 소위 '훈제 청어(a red herring)'의 오류3)에 대한 단서도 얻을 수 있다. 훈제 청어란 실제 논점으로부터 우리의 관심을 다른 곳으로 돌리려는 시도다. 약한 논증은 때때로 한 번에 한 가지 이상의 오류를 안고 있다! 그 가능성을 경계하라.

앞의 '막을 올리는 대화'에서 니나는 다른 문화권 내의 특정 사건은 그곳 사람들이 어떤 기본적인 윤리적 원칙들을 위반하기 때문에 잘못된 것이라고 주장했는데, 이때 만일 릭이 "너는 우리 문화 내의 모든 일들이 다른 문화권 내의 일들에 비해 우월하다고 생각하는 거야. 그것은 자민족 중심주의로서 나는 그것에 연루되고 싶지 않아."라고 답한다면 그는 허수아비 오류를 저지르는 셈이다. 이 대답은 니나가 말했던 바가 아니라는 사실에 주목하라. 그것은 니나의 말을 노골적으로 왜곡하고 있다. 니나는 자민족 중심주의를 주장하지 않았다. 그녀는 자신의 문화를 포함해서 범문화적으로 특정한 풍습에 대한 비판적인 사고를 옹호하고 있다. 이는 결코 '자민족 중심주의'가 아니다. 때문에 '허수아비'에서 핵심은, 주어진 논증을 약한 것 내지는 어느 정도 잘못된 것으로 손쉽게 처리하고자 그것을 왜곡하는 데에 있다.

'허수아비'가 무엇인지를 보여주는 고전적인 예는 1928년의 『아이 중심 학교(The Child-Centered School)』라는 책에 등장한다. 그 책은 '전통적' 교육에 대한 공격을 조장했는데, 전통 교육을 '구식 학교'로 특징지었으며, 또 "상명하달 조직", "공포, 속박, 그리고 길고 지루한 억압의 시간들"로 비유했다.4) 전통적 교육의 이와 같은 문제점

---

3) [옮긴이 주] 사냥개를 훈련시키기 위해서 빨간색의 건조한 청어로 연기를 피워 개를 미혹시킨 데서 유래하였다.

을 입증할 증거는 거의 제시되지 않았지만, 어느 누구도 그렇게 묘사된 '전통적 교육'에 관여하기를 내심 바라지 않았기 때문에 비평가들이 '진보적' 교육을 주창하는 데 도움을 주었다! 재차 강조하자면, 허수아비란 자신이 더 나은 대안을 가지고 있다고 확신하는 비평가가 대립하는 입장을 일소할 수 있도록 가능한 한 가장 약한 형태로 그 입장을 묘사한다는 사실이다.

선결문제 요구의 오류

우리는 흔히 "이것은 복지 문제에 대해서 답변을 회피하고 있습니다."라거나 그와 같은 취지의 말들을 듣게 된다. 말하는 이의 뜻은 이는 "문제가 있습니다."이다. 이 표현은 올바로 사용된 것이 아니다. 선결문제 요구는 누군가 결론(문제)을 전제에서 미리 가정한다는 의미에서의 '선결문제 요구'가 발생하는 비형식적인 논리적 오류다.

만일 내가 "학교가 아니라면 시간을 더 잘 쓸 수 있기 때문에 학교생활은 시간 낭비다."라고 말한다면, "학교가 아니라면 시간을 더 잘 쓸 수 있다."는 전제는 "학교생활은 시간 낭비다."라는 결론과 동일한 것을 말하기 때문에 실제로 나는 문제에 답을 한 것이 아니다. 다른 말로 하자면, 나는 실제로 논증을 제시하지 않았다. 나는 단지 같은 것을 다른 단어로 진술한 것이다. 이 예는 선결문제 요구가 무엇인지를 아주 잘 보여준다. 전제는 결론을 위한 이유로 가정되는 것이지 같은 것을 말하는 다른 방식이 아니다! 다음 예는 존 매키(J. L. Mackie)가 1983년에 쓴 윤리학 책에 등장하는 것으로서 좀 더 정교하다. "사형은 도덕적 정서나 감정을 해치는데, 왜냐하면 정해진 시각에 누군가를 예정대로 죽이는 일은 도덕성을 이루는 본질적 요소인 인간의 감정에 반하는 특별한 행위이기 때문이다."[5] 그 핵심을

---

4) Harold Rugg and Ann Schumaker, *The Child Centered School*, Yonkers, N.Y.: World Book, Co., 1928.

정리하면 결국 이 말은, "사형은 도덕적 정서를 해치기 때문에 도덕적 정서를 해친다."는 것이 된다. 여기에서 이루어지고 있는 순환성에 주목하라. 그것은 선결문제가 답해지지 않고 있다는 표시다. 또 이 오류를 탐지하기 위해서는 얼마나 신중한 파악이 요청되는지도 주목하라! 예를 하나 더 보면 이 설명을 강화하는 데 도움이 될 것이다.

다음과 같은 논증을 생각해 보자. 더 많은 세금에 대한 호의적인 반응은 언제나 더 좋은 교육을 낳는다. 왜냐하면 더 많은 세금에 대해 호의적인 반응을 보이는 것은 언제나 더 좋은 교실을 짓도록 하고, 더 좋은 교실은 높은 질의 교육을 보장하기 때문이다.

여기서 선결문제가 요구되고 있다. 이 사람에게 필요한 일은 더 좋은 교실이 더 좋은 교육을 가능하게 한다는 것을 입증하는 것이다. 그렇지 않았다면 그 사람은 단지 더 많은 세금이 더 좋은 학교 건물을 짓게 해주기 때문에 더 많은 세금이 더 좋은 교육을 하도록 해준다는 말을 한 것뿐이었다. 3장 앞머리에서 나는 논증은 전제에서 결론으로 향한다고 말했다. 지시어가 있든 없든 우리는 이 방향을 감지한다. 이 오류에서는 그 방향이 원이다. 어디로도 나아가지 않는다. 이 오류가 '선결문제 요구' 혹은 '순환 추론'이라고 불리는 까닭이 거기에 있다.

이 오류의 또 다른 변형은 '선결문제 요구 형용구(question-begging epithets)'로 부르는 것이다. 선결문제 요구 형용구란 증명하려고 노력하는 것을 전제에서 이미 긍정하는 식으로 논증을 왜곡하는 단어들을 말한다. 한 검사가 피고인을 노려보면서 배심원에게, "이 범인이 이번 범죄에 관해 유죄라는 사실은 본 법정에서 그가 보인 행동을 통해 입증되었습니다."라고 주장한다면, 그는 (피고를 '범인'이라고 부름으로써) 선결문제 요구 형용구를 사용한 것인데, 피고가

5) J. L. Mackie, *Ethics: Inventing Right and Wrong*, reprint, New York: Viking Press, 1991.

범인인지는 검사가 입증해야 할 바로 그 사안이다! 가령, "올바른 신념을 가진 미국인이라면 그 어느 누구도 이 전쟁에 반대하지 않을 것이다."라는 말을 듣는다면 "올바른 신념을 가진 미국인"과 같은 어구에서 선결문제 요구 형용구가 탐지될 것인데, 그 이유는 이 경우 '올바른 신념을 가진 미국인'이 그 전쟁에 대해 가지고 있는 생각이 무엇인가가 바로 입증해야 할 문제이기 때문이다(사람들은 이 경우 '올바른 신념을 가진 미국인'들이 화자에게 동의하는 사람인지를 의심한다!). 낙태 문제를 둘러싼 열띤 토론에서 누군가 "아기는 필요한 임신 기간을 채워야 하며 첫 숨을 쉬기도 전에 살해되어서는 안 된다."고 주장할 수 있다. 이때 낙태 문제는 태아가 '아기'인지 아닌지에 관한 것이므로 '아기', '살해'를 사용하는 데에서 우리는 선결문제 요구 형용구를 포착할 수 있다. 만일 태아가 아기가 아니라면 그것은 '살해'될 수도 없다. (태아가 인간인가 하는) 문제는 그 '논증'의 언어에 감정을 실음으로써 회피되었다. 일반적으로 논증을 제시할 때는 감정 실린 술어들 — 즉, 강한 정서적 색채로 무장된 단어들 — 을 피하고 다른 사람들이 그러한 용어들을 사용할 때는 예리한 눈으로 탐지해 낼 필요가 있다. 앞 문장에서 단어 '논증'에 따옴표를 사용한 까닭은 이 오류로 인해 화자의 주장은 논증의 영역에서 제거된다는 사실을 지적하려는 때문이다. 그 주장은 제대로 된 것이 아니며, 어떤 결론도 좋은 이유들의 지지를 받아서 입증되지 못한다. 엄밀히 말해서 이는 모든 비형식 오류들에 해당된다.

부적절한 권위에 호소하는 오류

일반적으로 권위에 호소할 때 '부적절한' 것은 없다. 실제로 참인 주장들의 대부분을 확립시켜 주는 권위에 호소할 수 없다면, 우리는 극소수의 주장들만을 할 수 있다. 하지만 어떤 호소들은 적법한 반면 다른 것들은 그렇지 않다. 만일 내가 읽은 물리학 책에 화성의 밤

중 온도는 매우 낮다고 써 있다면, 나는 믿을 만한 권위에 의거해 그 사실을 '안다'고 주장할 수 있다. 반면, 버로스6)가 이와 동일한 주장을 한다면, 그리고 나는 그 주장이 버로스가 그렇게 말하기 때문에 참이라고 역설한다면, 나의 '지식'은 진품이 아니다. 나의 주장 자체가 의심스럽다. 여기에서 관건은 권위에 호소하는 것이 적법한지 여부다. 주장들이란 우리가 호소하는 권위가 쟁점이 되고 있는 문제와 관련해 적법한지 여부 내지는 쟁점 사항에 관해 전문가들 사이에서 의견의 일치가 있는지 여부에 어느 정도 의존하기 마련이다. 만일 전문가들 사이에서 논란이 있다면, 우리의 호소는 의심스럽다. '부적절한 호소'란 자기 분야를 벗어난 권위자에게 호소하거나 특정 사안

- …그리고 그날 밤 하나님께서 제게 오셨고, 우리는 기쁨을 나누었습니다. 그리고는 그분께서 제게, "패트릭아, 네 결심을 구체화할 때가 되었구나."라고 말씀하셨습니다.

- 하지만 그분께서는 모습을 보여 말씀하신 것이 아닙니다. 하나님께서는 보이지 않는 곳에서 말씀하셨습니다.

- 저… 그렇다면 그 말씀은 누가 하신 건가요?
- 천국에 사는 사람들이지요.

- (천국에 사는 사람들?)
- 하나님께서는 누군가를 편드는 듯 보이는 걸 원치 않으십니다.

지금 인터뷰 중인 대통령 후보는 절대적 권위에 호소하고 있다! 그 권위는 완벽하게 신뢰할 수 있다 하더라도, 주장 자체는 의심스럽다!

---

6) [옮긴이 주] 버로스(Edgar Rice Burroughs, 1875-1950)는 타잔 시리즈로 유명한 미국의 소설가로서 주요 작품으로는 공상과학 소설 『화성의 달 아래서』(1912)가 있다.

에 대해 소수인 전문가에게 호소하는 것을 의미한다. 예를 들어 어떤 문제가 공상과학 소설 작법에 관한 것이라면 버로스는 권위자로서 적법하다. 우리가 만일 버로스의 말을 빌려 공상과학 소설을 쓸 때는 일반 소설에 비해 작가에게 더 많은 노력이 요구된다는 결론을 확립하고 싶다면 버로스는 공상과학 소설과 일반 소설을 모두 저술했기 때문에 이 논증은 꽤 설득력이 있다.

그러나 엄밀히 말해서 권위에의 호소는 어떤 것이건 어느 정도 의심을 불러일으키기 마련이다. 단지 누군가 그렇게 말했기 때문에 참인 것은 존재하지 않는다. 하지만 분명히 어떤 호소는 다른 호소에 비해 더 적법하다. 부적절한 권위에 호소하는 오류를 피하기 위해서는 권위에 의거한 주장의 신뢰성 문제 말고도 결론을 지지하기 위해 호소한 권위자가 적임자인지 역시 심사숙고해야 한다.

(다루고 있는 문제가 너무 전문적이기 때문에 혹은 우리가 신뢰성을 입증하거나 거부할 만한 토대를 갖추고 있지 못하기 때문에) 자기가 판단할 수 있는 범위를 넘어선다고 느끼는 분야인 경우에 도움이 될 만한 실용적인 방법 하나는 호소를 하고 있는 권위자가 다른 속셈을 가지고 있는지를 물어보는 것이다. 다른 속셈이 있는 권위자는 그렇지 못한 사람에 비해 신뢰성이 떨어진다. 세계 최대 석유회사 중 하나인 엑손(Exxon)의 대변인이 기름 유출은 그 지역 생태계에 위협이 되지 않는다고 말한다면, 그 주장의 진위 여부가 직업상 이해관계와 전혀 무관한 알래스카 대학교의 생물학자에 비해 대변인이 더 신뢰할 만한 권위자일 것 같지는 않다!

감정에 호소하는 오류

내가 만일 스티브 존스의 인상은 매우 순진하기 때문에 살인자일 가능성이 없다고 주장한다면, 이는 동정심이라는 감정에의 호소라는 오류를 저지르는 것이다. 순진한 인상과 살인 성향 사이에는 어떤 논리적 연결도 존재하지 않는다. 이미 보았듯이 우리는 전제(존스는 순진한 인상이다)를 받아들일 수 있고 가능한 결론들을 얼마든지 이끌어 낼 수 있다. (1) 그의 부모는 틀림없이 인상이 좋을 것이다. (2) 그는 젊은이로서 많은 상처를 입었음에 틀림없다. (3) 그는 분명 유죄다 — 어떤 사람도 저렇게 순진할 수는 없다. 법정에서 피고 측의 총명한 변호사가 의뢰인의 결백한 표정을 가리킨다면, 우리는 배심원으로서 그 표정에 자극되어 유죄임을 보여주는 증거에도 불구하고 피고인이 무죄라는 결론을 내릴지도 모른다. 우리는 두려움, 애국심, 성적 매력, 혹은 사랑에 의해서도 판단이 흔들릴 수 있다.

어떤 결론이 그것과는 아무런 논리적 관계도 없는 감정들에 호소함으로써 주장된다면 우리는 그것이 무엇이든 조심해야 한다. 무엇인가에 강한 감정을 느끼는지 여부는 주장이 옳고 그름에 대한 충분한 근거가 아니다. 감정은 옳고 그름에 이르는 하나의 단서일 수 있고, 또 좇아야 할 가치를 지닐 수 있지만, 그것만으로는 많은 경우에

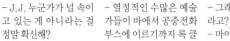

- J.J. 누군가가 널 속이고 있는 게 아니라는 걸 정말 확신해?
- 마이클, 화장실 예술은 지금 무지 대단해.

- 열정적인 수많은 예술가들이 바에서 공중전화 부스에 이르기까지 록 클럽을 장식하고 있어. 전통적인 화랑보다 더 많은 발표 기회를 줄 거야!

- 그래. 그런데 화장실이라고?
- 마이크, 뉴욕에서는 사람들이 댄스 플로어보다는 욕실에서 더 많은 시간을 보내!

- 정말? 왜지?
- 이런 순진한 사람 같으니.

유감스럽게도 J.J.는 이 대화에서 '감정에의 호소'라는 오류를 저지르고 있다.

우리를 현혹시켜 부당한 결론을 내리게 만들기도 한다. 살인 재판에서 누군가 순진한 인상을 가졌다는 사실은 (그게 무슨 뜻이든) 그 사람이 유죄인지 무죄인지와는 전혀 관계가 없다.

훈제 청어의 오류

앞서 허수아비의 오류를 소개할 때 보았던 '훈제 청어' 오류에서는 어떤 한 주장의 결론이 마치 이와는 무관할 수도 있는 또 다른 주장의 결론인 것처럼 제시된다. 그 예로 아래의 둔즈베리 만화의 경우를 살펴보자.

만화에서 미국 공영 라디오 방송인 내셔널 퍼블릭 라디오(NPR)의 디스크자키 마크 슬랙마이어는 레이건이 임명한 사람들 중에 "법적혹은 윤리적으로 부정 혐의를 받고 있는" 사람들의 이름을 하나하나 열거하고 있다. 이 만화는 트루도의 표현대로 '부패한 자들의 퍼레이드'라는 어떤 상황을 다룬 시리즈 만화들 중 6회분인데 백악관의 대

- 여러분 반가운 소식입니다! 지금 반대 의견을 가진 백악관의 대변인 래리 스피크스 씨와 연결되었습니다. 말씀하시죠, 스피크스 씨!

- "내셔널 퍼블릭 라디오(NPR)의 '부패한 자들의 퍼레이드' 라는 표현은 도가 지나칩니다. 임명받은 103명은 출판의 자유가 벌인 중상모략 캠페인의 희생자들입니다."

- "대통령께서는 명단에 올라 있는 그들이 모두 죄가 없고 청렴결백하다는 것을 전적으로 확신하고 계십니다."
- 양보 않으시겠다는 말씀인가요?

- "수감 중인 사람들을 제외하고는…"
- 그겁니다! 그게 그렇게 힘드십니까?

변인 래리 스피크스가 마크 슬랙마이어에게 전화를 걸어 반박을 하는 장면이다.

스피크스는 임명받은 사람 103명의 이름을 일일이 열거한 행위는 "출판의 자유를 빌미로 한 중상모략 캠페인"이라고 말한다. 이런 주장을 어떻게 판단해야 할지 알든 모르든, 우리는 스피크스의 논리에 결함이 있음을 금방 알아챌 수 있다. 그 결함이 어떤 식으로 어느 지점에서 발생하는지를 보기 위해 그의 논증을 정리해 보자. 이때는 얼마간 상상을 발휘한 재구성이 필요한데, 그 이유는 만화라는 것이 논증다운 논증을 담아서 표현하기 어렵기 때문이다. 독자들이 그와 같은 것을 요구할지라도!

스피크스의 논증은 다음과 같을 것이다.

(R) '부패한 자들의 퍼레이드'는 출판의 자유가 벌이는 중상모략 캠페인이다.

(C) 그러므로 우리는 '정직'을 갖춘 '무고한' 사람들로 추정되어야 할 임명받은 103명을 비판해서는 안 된다.

물론 여기에는 가정이 하나 들어 있다. 그것은 다음과 같을 것이다. (A) '출판의 자유'가 펼치는 중상모략 캠페인은 무고한 사람의 명예를 훼손한다. 여기서 중요한 것은 현재의 주요 쟁점은 라디오 방송에서 그 이름이 거론된 임명받은 103명의 유죄 여부라는 사실이다. 스피크스의 반대 논증이 안고 있는 논리적 결함은 바로 그 쟁점을 완전히 무시하면서 관계가 없는 다른 쟁점, 즉 '출판의 자유'의 신뢰성으로 우리의 관심을 이끌어 간다는 데에 있다. 임명된 사람들이 임기 중에 '법적, 윤리적 부정'을 저질렀는가 하는 것이 주된 관심사임에도 불구하고, 스피크스가 진술한 전제는 그와 무관한 쟁점을 끌어들이고 있으며 바로 거기에서 훈제 청어 오류가 발생한다.

더 중요한 것은 관련이 없는 그 쟁점이 본래의 주요 쟁점으로 향한 우리의 시선을 다른 곳으로 돌리게 한다는 사실로서 '훈제 청어'라는 용어가 등장하는 것도 그 때문이다. 출판은 '자유'이거나 아닐 수 있다. 그리고 그 때문에 무고한 사람들의 명예가 훼손될 수도 있고 아닐 수도 있다. 하지만 방송 중에 그 이름이 열거된 103명은 여전히 유죄일 수 있다. 이 쟁점이 다루어지 않았다.

이와 같은 종류의 오류는 앞 절에 등장한 만화에서 의원이 실험용 폭격기 개발에 반대하는 것은 '강력한 국방'에 반대하는 것과 마찬가지라는 이유를 들어 그 개발 사업을 계속할 것을 주장할 때에도 발생한다. '강력한 국방'이라는 말이 논쟁에 끼어들게 되면, 폭격기를 둘러싼 쟁점으로 향해야 할 시선을 그와는 무관한 강력한 국방의 문제로 돌리게 된다. 예컨대 실험용 폭격기 개발을 계속하는 것 외에는 강력한 국방력을 확보할 수 없다는 주장은 명확하지 않다. 우리는 실험용 폭격기 개발을 지속해야 한다는 결론을 수용하지 않고도 (강력한 국방 체제를 갖추어야 한다는) 그 이유를 받아들일 수 있다. 재차 강조하자면 전제와 결론 사이에 틈이 존재한다. 주어진 이유들이 모두 참이라고 해도, 그로부터 수많은 결론들을 이끌어 낼 수 있다. 이로부터 우리는 그것이 약한 논증임을 알 수 있다. 거기에는 어떤 연결도 존재하지 않는다. 사실 그곳에는 훈제 청어의 오류가 존재한다!

이분법의 오류(잘못된 이분법)

이 오류를 충분히 이해하기 위해서는, 모순 개념은 물론 그와 관련된 비일관성 개념에 대해 논의할 필요가 있다. 반대-한다(contradict)는 것은 양립 불가능한 두 가지 사태를 주장한다는 뜻이다. 내 친구는 친절하면서 성질이 나쁘다고 말할 때처럼 동시에 참일 수 없는 두 사태를 주장할 때가 그렇다. 모순은 우리가 말하는 사태, 혹은 내세우는 주장에 적용된다. 예를 들면, 우리는 어떤 것이 동시에 그리고 동일한 관점에서 같은 것이기도 하고 아니기도 하다고 주장할 수 없다. 내 친구는 어떤 면에서 친절할 수도 있고 또 다른 면에서는 성질이 고약할 수도 있다. 하지만 내 친구가 동시에 그리고 동일한 점에서 친절하면서 성질이 고약할 수는 없다. 이는 논리적으로 불가능하다. 모든 모순은 다 비일관적이다. 그러나 비일관성은 모순보다는 넓은 개념이어서 주장에는 물론 행위에도 적용된다. 내가 '생명권' 옹호론자이지만 사형에는 찬성한다고 주장한다면, 나는 비일관적이다. 태아에게는 생명권이 있으나 유죄가 확정된 범죄자는 생명권이 없다고 주장한다면, 그것은 비일관적일 뿐만 아니라 모순적이기도 할 것이다. 이 경우 내가 주장하려는 바를 분명히 해둘 필요가 있다. 두 경우가 어떻게 다른지를 보이는 입증의 책임은 내게 있다. 주장들만을 두고 보면 모순이 있는 듯하다. 윤리적 논증에서는 비일관성과 모순을 피해야 한다는 사실은 정말로 중요하다. 비일관성과 모순은 비판적 사고에서는 치명적인 죄다!

이분법의 오류는 'a'가 참이거나 'b'는 참이라는 진술에서 그 둘이 동시에 참일 수 없다고 가정하거나 'c'나 'd'가 참일 가능성을 전혀 고려하지 않을 때 발생한다. 이와 같은 경우에 우리는 두 선언지 'a'와 'b'는 배타적이다(그 진술은 모순을 포함하고 있기 때문에 두 선언지는 동시에 참일 수 없다)고 말하는 셈인데 사실 그 선언문은 포괄적일 수 있다(실제로 두 선언지 모두 동시에 참일 수 있거나 실은 제3의 주장이 참일 수 있다— 여기에는 어떤 모순도 존재하지 않는다). "점심을 먹으러 가야지. 아직 결정은 안했지만, 수프나 샌드위치를 먹을 것 같아."와 같은 진술에서처럼 포괄적 선언문은 동시에 참일 수 있다. 즉 둘 다 먹을 수 있고 식당에 들어서면서 마침 눈에 띈 다른 음식을 먹을 수도 있다. 대부분의 선언문은 양자택일의 형태를 띠며, 포괄적이다. 이분법의 전형적인 사례 중 하나가 베트남 전쟁

중에 등장했는데 최근에는 '테러와의 전쟁'에서 "미국을 사랑하라, 그렇지 않으면 떠나라."라는 형태로 다시 모습을 드러냈다. 우리는 조국을 사랑하고, 비판하며, 또 애국심 가득한 시민으로 살아갈 수 있다. 맹목적으로 사랑하거나 다른 곳으로 이주할 필요가 없다. 더구나 조국을 사랑하면서도 떠날 수 있다. 여기에는 어떤 모순도 없다. 잘못된 이분법에서는 늘 그렇듯이 이와 같은 추론 형식은 다른 선택지의 존재 가능성을 무시한 채 선언문을 단지 배타적 양자택일로 환원하려는 과도한 단순화의 한 유형이다. (다음 페이지 만화를 보라.)

좀 더 진지하게, 낙태에 관한 아래의 간략하고도 전형적인 논증을 살펴보자.

> 당신이 만일 낙태에 찬성한다면 당신은 유아 살해를 찬성하는 것이다. 즉, 당신은 '선택권 찬성'[낙태 합법화 찬성] 입장이거나 아니면 '생명권 찬성'[낙태 합법화 반대] 입장이다 — 이 문제에 대한 중립적인 입장은 없다. 나는 당신에게서 낙태를 지지한다는 말을 여러 번 들었다. 그러므로 당신은 유아 살해를 옹호한다. 무고한 아이를 죽이는 일에 찬성하고 있다는 말이다.

이는 이분법의 형식을 취하고 있는 과도한 단순화의 한 예인데, 여기에는 '생명권 찬성(pro-life)'이라는 함정이 있는 모호한 용어도 사용되고 있다. 낙태에 반대하는 사람들 전부가 '생명권 찬성'이라는 것은 결코 분명하지 않다. 또한 '선택권 찬성(pro-choice)'[낙태 합법화 찬성]하는 사람들 모두가 '생명권 찬성'[낙태 합법화 반대]하는 사람이 아닌지도 불분명하다. 예를 들면, 낙태에는 반대하지만 전쟁과 사형은 찬성할 수 있으며, 혹은 앞서 본 바와 같이 비일관성이 충분히 암시되고 있긴 하지만, 전쟁과 사형은 반대하지만 어떤 경우에는 낙태를 찬성할 수 있다. 또는 이와 같은 경우 '생명권 찬성'이라는 용어는 적절하지 않다. 게다가 요구에 따라 낙태를 승인하는 많은 이들은 태아가 유아라는 것을 부정하고 '유아 살해'라는 용어에 반대하면서 그 용어를 일종의 선결문제 요구의 오류로 생각할 것인데, 이 경우에 태아는 유아라는 것과 그러므로 낙태는 살인임이 주장되고 있다.

잘못된 이분법이 분명히 드러나는 대목은 "당신은 '선택권 찬성' 하는 사람이거나 '생명권 찬성'하는 사람이며 중립적인 입장은 없다."는 구절이다. 중립 내지는 세 번째나 네 번째 대안을 배제하는 것은, '양자택일' 선언문을 배타적 표현으로 환원함으로써 이도저도 아닐 가능성을 열어 두지 않는다. '실제 세계'는 회색빛으로 가득하다는 말도 있으므로 중립적 입장 ― 합당하다고 볼 수도 있는 입장 ― 을 배제하려는 분위기는 반드시 경계해야 한다. "a 이거나 b"라는 유형의 진술들을 경계하라. 거기에는 잘못된 이분법이 도사리고 있을 수 있다.

- 저 말이야 모음곡 작업이 끝나면 난 직업상 선택의 기로에 서게 돼.

- 하나는 말이지, 이곳에 그대로 남아 나만의 지방적 특색을 계속 지키는 거야.

- 또 하나는 말이야 여길 벗어나서 초고속으로 예술의 중심 도시 소호로 진출해서 화려한 갤러리에서 명성을 쌓고 나서 내음악을 한 곡에 4만 달러에 파는 거야.

- 참나! 도대체 뭔 소리야. 두 번째를 해야지
- 넌 내가 이곳 정치가 J.J. 씨의 지지자라는 건 개의치 않는구나.

유감스럽게도 J.J.는 이분법의 오류를 저지르고 있다.
출처: ⓒ G. B. Trudeau. Universal Press Syndicate의 허락으로 실음. 모든 권리는 저작권자에게 있음.

요컨대, 말하고 행동할 때는 비일관성과 모순을 경계하라. 그리고 우리가 누군가에 대해 그는 애국심 많은 시민이거나 아니면 권력층의 결정들에 비판적이라는 주장을 하는 때처럼 ─ 그는 어느 하나를 취할 수 있고 또 한 번에 둘 다를 취할 수도 있는 사람이라는 것을 망각한 채 ─ 사고를 단순화하지 않도록 하라. 대부분의 경우 모순을 말하는 것이 아니라면, 상황은 이것일 수 있고 동시에 저것일 수도 있다. 애국적일 수도 있고 비판적일 수도 있다. 파랗기도 하고 검기도 하며, 붉으면서 주황일 수도, 달콤하면서 시큼할 수도, 키가 크면서 작을 수 있다(어떤 면에서는 크지만, 다른 면에서는 작을 수 있다). 두 진술이 동시에 그리고 동일한 관점에서 모두 참이라고 주장한다면 모순을 말하는지 여부가 중요하다. 만일 어떤 모순도 없다면, 아마도 선언문은 포괄적일 것이며 따라서 두 선언지를 동시에 주장할 수 있다!

대인 공격(Ad Hominem; To the Person)

대인 공격의 오류는 제시된 논증으로부터 논증을 제시한 사람의 신상에 관해 찾아낸 반박 가능한 요소로 시선을 돌리려 할 때 저질러진다. 대인 공격의 오류에는 (정황, 피장파장(*tuquoque*) 등) 여러 가지 유형이 있으며, 그 전부를 알려면 논리학 강좌를 듣는 게 현명하다. 하지만 지금 당장은 감정에 호소하는 오류를 다루었을 때처럼 주요 문제에만 초점을 맞추기로 한다. 이 오류는 논증이 아니라 논증을 제시한 사람이 공격받기 때문에 저질러진다. 이 전략은 ─ 대부분의 오류들처럼 ─ 이성보다는 감정에 강하게 호소하기 때문에 매우 효과적일 수 있다. 조심하지 않을 경우에 우리는 존은 보수주의자이기 때문에 (혹은 자유주의자이기 때문에) 그의 주장은 말도 안 된다고 단정 지어 버리는 자신을 발견하게 될 것이다. 이는 물론 난센스다. 우리는 존의 정치적 성향이 어떠한가와 상관없이 그의 논증의 강도를 그 공과에 따라 평가해야만 한다. 이 점을 분명히 해둔다 해도, 신중하고 사려 깊게 생각하기보다는 그 논증을 펼치는 사람이 이러저러하다고 말하기가 더 쉬운 만큼 그 오류는 매우 일상적으로 저질러지는 잘못이다. 이 잘못은 심지어 **대인 공격**의 오류에 속하는 또 하나의 유형인 '우물에 독 풀기'로도 진행될 수 있다. 이 오류는 어떤 사람의 논증을 고찰하는 것을 아예 거부할 경우에 저질러지는 데, 그렇게 되는 이유는 우리가, 그 사람은 _____이(하)기 때문에 올바른 진술을 할 리가 없다고 앞서 단정하기 때문이다(빈 칸을 채워 보라).

우물에 독 풀기는 전략의 하나로서 법정에서 아주 효과적으로 사용될 수 있다. 예컨대, 어느 검사는 목격자가 매춘부이며 마약 중독자, 즉 중죄를 저지른 사람이기 때문에 그의 증언을 신뢰할 수 없다면서 배심원을 설득할 수 있다. 그의 주장은 많은 오류들이 그렇듯이 참인 요소들도 포함하는데, 바로 그 때문에 우리는 매우 신중해야 한다. 누군가가 전과자로 알려져 있다면 그의 증언은 신빙성을 얻지 못할 것이다. 하지만 다른 한편에서 보면, 목격자가 전과자로 알려져 있기 **때문에, 따라서** 그의 증언은 거짓이라고 추론할 수 없다. 이 결론은 결코 따라 나오지 않는다. 다른 보강 증거는 없고 목격자의 증언만 있는 경우에는 그 전과자의 증언을 거부할 수 있는 더 탄탄한 근거를 확보하는 일이 바람직하다. 하지만 그렇게 하지 않고서 무작정 증언을 거부한다면 우리는 견고한 논리적 토대 위에 서 있다고 볼 수 없다. 일단 가능하다면, 신뢰할 수 없는 인물로 알려진 목격자의 증언을 지지하거나 반박할 수 있는 다른 증거를 찾도록 노력해야 한다. 다시 강조하건대, 한 개인이 의심스러운 특성을 지녔다는 사실로부터는 그가 한 말에 관한 어떤 것도 추론해 낼 수 없다. 단지 프레드가 공산당원이기 때문에 그러므로 그가 하는 진술들은 믿을 수 없다고 추론하는 것은 허용되지 않는다. 좋든 싫든 프레드가 하는 말에 귀를 기울여야 하며 그의 논증을 공과에 따라 그대로 평가해야만 한다.

거짓 원인의 오류(선후관계와 인과관계를 혼동하는 오류)

지금까지 이 책에서 이해한 것들 외에 별도로 기억할 만한 것이 없다면, 'post hoc, ergo propter hoc(선후관계와 인과관계를 혼동하는 오류)' 혹은 줄여서 '포스트 혹(post hoc)'이라는 멋진 라틴어 표현을 기억해 보라. 부모님이나 친구 앞에서 이 표현을 불쑥 던지면, 친구들은 강한 인상을 받을 것이고 부모님은 여러분을 공들여 교육시킨 보람을 만끽할 것이다! 이 뜻은 '이후에, 그러므로 그 때문에'이며 꽤 흔한 오류로 알려져 있다. 이 오류는 예를 들어 어느 한 사건이 다른 사건에 뒤따라 일어나면 먼저 일어난 사건이 나중에 일어난 사건의 원인임에 틀림없다고 역설할 때 저질러진다.

과학자들의 말처럼 인과관계를 확립하는 일은 매우 까다롭다. 담배 제조 회사가 소송 사건에서 수년간 승소할 수 있었던 한 가지 이유는 흡연이 암 발병의 원인임을 누구도 증명할 수 없었기 때문이다. 사건 A가 사건 B를 일으킨다는 사실을 증명하기 위해서는 A가 발생할 때는 언제나 B가 발생하며 A가 발생하지 않고는 B도 발생하지 않는다는 사실을 입증해야만 한다. 바꿔 말해서 A가 B의 원인이라면 A는 B의 필요충분조건이다. 흡연자이면서 암에 걸리지 않은 사람들이 존재하며 폐암에 걸렸으면서도 흡연을 하지 않는 사람들이 존재하기 때문에, 흡연이 암을 유발하는지 여부는 수년 동안 미해결 문제였다. 흡연이 암을 유발한다고 고집하는 것은 거짓 원인(post hoc)의 오류를 저지를 수 있는데, 담배 회사는 바로 그 사실에 의존하고 있다. 결국 흡연과 폐암 사이에는 매우 강한 상관관계가 있음이 밝혀졌고 이 상관관계와 함께 법원은 담배 제조 회사들이 단합해서 청소년들의 흡연을 유도하도록 하면서도, (내부 문건을 통해 드러났듯이) 그 상관관계를 알고도 계속 부인했다는 사실을 들어, 마침내 거대 담배 회사를 상대로 한 소송에서 원고 측 손을 들어 주었다.

가까운 사례는 공립학교에서의 소위 '자존감 세우기 운동'이라는 것을 둘러싼 논쟁에서 찾을 수 있다. 이 운동은 거의 50년간 펼쳐졌으며 초등학교의 지배적인 교육철학이었다. 간단히 말해서 이 견해의 지지자들은 수지와 프레드에게 훌륭하다는 말, 혹은 최근 어떤 전문가가 말한 "여러분은 이유 불문하고 그저 훌륭하다고 말해 주기"를 반복함으로써 그들의 학업 수행 능력을 향상시킬 수 있다고 단언한다. 그들은 경쟁과 서열화 같은 것에 반대할 뿐만 아니라, 교사는 학생들의 친구가 되어야 하고, 만일 학생이 낙제를 하면 그것은 교사의 잘못이라고 역설한다. 이 운동에서 파생된 것들은 많으며 그 중에는 소위 차별철폐 운동(P-C movement)과 여러 형태의 다문화주의 운동이 있다. 흑인 중심주의 운동도 그 중 하나이며 그 지지자들은 다소 호전적인 사람들에서 소극적인 사람들에 이르기까지 다양하다. 1990년대 중반 워싱턴 DC에서 시행된 흑인 중심주의에 관한 한 실험에서 교육감인 프랭클린 스미스는 앨버나 워커(Albena Walker)와 공동으로 아프리카 문제들에 큰 관심을 보이는 150명의 학생들로 이루어진 학교 내 학교를 설립하였다. 6개월이 지나자 '웹 학교(Webb School)'로 불리는 그 학교와 경쟁 학교를 비교해 본 결과 "워커의 교과과정은 보호자들의 더 많은 참여와 학생들의 자존감 향상을 가져왔으며 기초능력 종합평가에서도 높은 시험 점수를 받게 되었음은 물론 교실에서의 수업 태도를 상당히 개선하는 결과를 낳았다."[7]

그런데 자존감 세우기 운동의 지지자들은 높은 시험 점수는 이들 주요 흑인 학생들 사이에서 자존감이 향상된 결과라는 것을 입증하기 위해서 이 실험 사례를 자신들에게 유리한 쪽으로 이용했을지도

---

7) Amy Binder, *Contentious Curriculum*, Princeton, N.J.: Princeton University Press, 2000.

모른다. 하지만 그것은 거짓 원인의 오류일 수 있다. 왜냐하면 고득점은 학생들의 학업 수행 능력을 향상시킨다는 것이 입증되었던 학부모들의 참여 증가로 인해 얻어진 결과일 수도 있기 때문이다. 자존감 향상이 고득점을 얻는 결과를 가져왔음을 입증하기 위해서는 다른 실험, 아마도 학부모의 참여를 배제한 실험이 있었어야 할 것이다. 사실 나는 그와 같은 실험은 없었던 것으로 알고 있으며, 높아진 자존감과 향상된 학업 수행 능력 간의 인과관계를 입증하고자 지난 수년간 시행해 온 거의 대부분의 실험들은 이에 대해서 어떤 상관관계도 입증하지 못했다 — 하지만 이 실험들도 그 같은 교육제도에 공공연히 참여하는 것을 막지는 못했다!8)

거짓 원인(*post hoc*)의 오류는 흔해서 잠시 멈춰서 숙고하기 전까지는 그것을 곧이곧대로 확신하기 십상이다. 만일 민주당이 정권을 장악한 순간 경제가 어려워지기 시작한다면, 우리는 민주당 대통령 때문에 경제가 실패하는 중이라고 쉽사리 추론하고 있는 우리 자신을 발견한다. 하지만 엄밀히 말해서 이는 마치 먼 어느 외딴 섬에서 화산을 일으키는 신에게 처녀를 바치자 화산이 폭발하지 않았다면 이를 근거로 처녀의 희생이 화산의 신을 기쁘게 해서 화산을 잠잠하게 한 원인이라고 주장하는 것과 조금도 다르지 않다! 이는 분명히 난센스다. 그런데 어떤 논리적 연관성도 없는 이유들로부터 따라 나온다고 하는 모든 결론들, 즉 모든 비형식적 오류들은 난센스로 귀착된다. 그러한 결론들이 감정의 덫에 빠지지 않도록 상당히 경계해야 하는 이유가 바로 거기에 있다. 그 결론들은 좋은 이유 없이 우리를 설득한다.

우리 스스로 오류 추론을 사용하지 않도록 경계해야 하는 것은 물론이고 다른 사람들이 사용하는 오류 추론 역시 조심해야만 한다.

---

8) Maureen Stout, *The Feel Good Curriculum*, Cambridge, Mass.: Perseus Publishing, 2000.

오류란 그것이 아무리 비형식적인 것이라 하더라도 이유 혹은 전제
와 결론 사이의 연결을 파괴한다.

유비 추론에 관한 한마디

흔히 연설가와 작가들은 그들이 설명 또는 옹호하고자 하는 상황
과 익히 잘 알고 있는 상황 사이에서 유비를 곧잘 이끌어 낸다. 이때
그들의 가정은 이렇다. 어떤 것은 익히 알고 있는 상황들에 대해 참
이기 때문에 잘 모르는 상황들에 대해서도 그것은 역시 참이다. 이
런 유비 혹은 대비는 가끔 설득력이 있으며 당연할 때도 많다. 하지
만 이런 유비 또한 잘못 행할 수 있으므로 신중하게 생각해야 한다.
예컨대, 내가 국가는 바다 위에 떠 있는 배와 같으므로 선장은 꼭 한
명이어야 한다고 생각한다면 나는 일인 통치를 옹호하려는 것이다.
이때 우리는 비교되는 두 대상 간에는 항상 차이점이 존재하며, 여
러분은 그것들에 주의를 집중해야 한다는 것을 깨달을 필요가 있다.
비록 중요한 면에서는 닮았을(혹은 닮지 않았을)지라도 국가는 바다
를 항해하는 배가 아니다. 애초부터 약해 보이는데다가 숙고하면 할
수록 약해 보이는 유비라면, 그것은 약한 유비일 가능성이 높다. 정
밀한 검사에도 견디는 강한 유비는 매우 설득력이 크며 잘 유지될
수 있다. 하지만 결국, 모든 유비는 궁극적으로 무너지기 마련이며
아무것도 증명하지 못한다. 유비는 호소력이 있고 강력한 수사적 도
구일 수 있다. 훌륭한 작가는 유비를 조심스럽게 사용하며, 뛰어난
비판적 사상가는 신중하다.

논증에서 약점을 찾아내고 비형식적 오류를 찾아내는 능력을 시험
해 보기 위해서는 아래에 제시된 연습문제를 끝까지 풀어 보라. 유
비 추론도 주의 깊게 살펴보고 동료와 함께 그것이 정말 설득력을
갖추고 있는지에 대해 토론해 보라.

I. 논증을 찾아보시오.

아래의 연습문제에서 제시된 예들을 읽고 논증의 등장 여부를 판정해 보도록 하라. 논증이 등장할 경우에 지시어에는 동그라미, 결론에는 밑줄을 쳐라. 가능하다면 언급되지 않은 가정들로는 어떤 것들이 있는지 밝혀 보고, 그리고 윤리적 논증의 경우에는 어떤 원칙들이 관련 있는지도 밝혀 보라. 또한 결론이 언급되지 않았는지도 살펴보도록! 기억하라. 지시어를 찾지 못하더라도 논증은 존재할 수 있다는 것을. 전제와 결론 사이에 논리적 연관이 있다고 생각되면, 지시어를 넣어서 분명한 논증이 되는지 살펴보라. 논증 내부의 논증 혹은 그 결론이 다음 논증의 전제로 사용되는 논증에 각별히 조심하라. 논증의 수준, 즉 강한 논증인지 약한 논증인지에 대해서는 판단할 필요가 없으며, 다만 하나의 논증이 (혹은 더 많은 논증이) 등장하는지에 여부에 대해서만 판정하면 된다.

1. 사회주의는 인간이 선하다는 믿음에 토대를 둔 체계다. 자본주의는 인간은 이기적이라는 믿음에 토대를 둔 체계이며, 견제와 균형이 이루어지면 언제나 대단한 성공을 거둘 수 있다.

2. 해석의 어려움이야말로 특히 현대미술의 특징인 것 같다. 추상미술은, 일상적인 의미에서 보면, 어떤 내용도 담겨 있지 않다. 어떤 내용도 없기 때문에 어떤 해석도 있을 수 없다.

3. 결혼이란 여성을 노예로 만들어 버리는 것이기 때문에 여성운동이 결혼제도에 대한 공격에 집중되어야 한다는 것은 의심의 여지가 없다. 여성의 자유는 결혼제도의 철폐 없이는 얻어질 수 없다. 이를테면 고용차별

과 같은 쟁점에 대한 공격은 피상적인 것이다. 여성이 가정에서 무보수로 일하고 있는 한 우리는 가정 밖에서 평등한 보수를 요구하는 여성들의 요구가 진지하게 받아들여지리라고 기대할 수 없다.

4. 오토바이의 어느 부분, 모래더미의 어떤 모래알이 부처인지를 묻는 것은 하나의 영원한 고전적 물음이다. 분명 그 같은 물음을 묻는 것은 잘못된 방향에서 바라보고 있는 것인데, 부처는 모든 곳에 있기 때문이다. 그러나 마찬가지로 그 같은 물음을 묻는 것은 올바른 방향에서 바라보고 있는 것인데, 부처는 모든 곳에 있기 때문이다.

5. 케네스 로빈슨은 그가 영국의 보건부 장관이었을 때 하원에서 사이언톨로지[9]는 "잠재적으로 해로우며" 또한 "잠재적 위협"이라고 말했다.

6. 사후에도 의식이 지속되는지 여부를 장담할 수 있는 방법은 없으므로 우리는 의식은 존재하지 않는다고 결론내릴 수 있다. 그러나 우리는 의식 이상의 어떤 존재도 아닌데, 의식이 없으면 우리는 어떤 것도 심지어는 암흑조차도 경험하지 못하기 때문이다. 따라서 우리는 사후에까지 살아 있지 못한다. 그러므로 내세에서의 보상과 처벌의 확실성에 토대를 둔 어떤 도덕 체계도 근본적으로 잘못된 것이다.

7. 투표권 행사가 가능한 연령의 모든 국민은 정신적 장애나 범죄로 처벌받은 적이 있는 자가 아닌 한 투표권을 갖는다. 짐은 투표권 행사가 가능한 연령의 국민인데도 아직 투표권이 없다고 말했다. 그는 정신적 장애가 있는 것이 아니므로 그가 말한 것은 거짓이거나 아니면 범죄로 처벌받은 적이 있다. 그러나 그는 또한 자신은 체포된 적도 없다고 말했는데, 범죄를 저질러 처벌받았으면서도 체포된 적이 없다는 것은 불가능하다. 따라서 최소한 그가 말한 것 중에서 한 가지는 거짓이다.

8. 뜨거움 없이는 차가움이 있을 수 없는 것처럼 어둠이 없으면 밝음도 없다. 그리고 고통이 없으면 쾌락이 있을 수 없는 것처럼, 죽음이 없으면

---

9) [옮긴이 주] 사이언톨로지(scientology)는 과학과 기술을 통해서 인간 정신의 치료를 추구하는 신흥 종교다.

삶도 없을 것이다. 따라서 우리들 개인의 죽음은 우주 전체의 삶을 위해서는 절대적으로 필요한 것이다. 죽음은 그러므로 우리가 이기적으로 그리고 헛되이 전력을 다해 필사적으로 피해 가는 끔찍한 공포가 아니라 자발적으로 맞이하는 행복한 종말이어야 한다.

9. 알다시피 국가에 의한 경제계획의 지지자들은 근본적으로 현재의 경제적, 사회적 제도와 조건들이 지니고 있는 문제점들에 의거해서 자신들의 주장을 펼치면서 경제생활에 대한 더 합리적인 예측 가능한 접근 — 국가에 의한 계획 — 을 통해서 우리의 삶이 더 나아질 수 있다고 추론하고 있다. 그러나 그 같은 추론은 논리적 오류다. 즉 우리는 정책 B의 효율성을 정책 A의 비효율성으로부터 도출해 낼 수 없다. 만일 국가에 의한 경제계획이 바람직한 공공정책이라면 그것은 개념적으로 건전할 뿐만 아니라 실제로 작동해야 할 정치적 현실과도 정합적이기 때문이다. 그런데 불행하게도 저 주장은 그 어느 쪽도 아니다.

10. 모든 혁명가들을 곤란에 빠뜨리는 전형적인 함정이 바로 "당신의 대안은 무엇인가?" 하는 물음이다. 그러나 당신이 그 질문자에게 모종의 청사진을 내놓을 수 있다 하더라도 이것이 그가 이 청사진을 활용할 것이라는 뜻은 아니다. 대부분의 경우에 그의 궁금함은 진심에서 우러난 것이 아니다.

11. 범죄사건의 목격자는 법의 집행에 있어서 필수불가결한 역할을 한다. 제삼자의 도움 없이는 희생자 구제, 범인 체포, 또는 범죄사건 해결의 가망성은 거의 없거나 전혀 없다. 경찰의 순찰 증가도, 법원에 의한 더 가혹한 처벌도, 일반인의 적극적인 참여가 이루어지지 않는다면 많은 영향을 미칠 수 없다. 왜냐하면 범죄를 막는 단일한 방책으로서 각자의 재량에 맡겨져 있는 가장 중요한 것, 즉 정보를 갖고 있는 사람이 바로 일반인들이기 때문이다. 그러므로 범죄에 대응하는 사법 정책의 최우선 순위는 범죄 행위를 목격했을 때 제삼자의 반응이 증가하도록 하는 것이어야 한다.

12. 일단 여성들이 적극적으로 권력을 추구하고 공세를 취하기 시작하면, 그들은 가공할 상대가 될 것이다. 조직의 신참자로서 그들은 부패한 선배

들에 의해 시달림을 당하지도 또한 현상을 무비판적으로 받아들이지도 않는다. 그들은 시 당국에 들어가기를 열망하며 잘못된 남성적 권위 ― 부패, 사기, 오만 ― 에 도전해서 자신들만의 권위를 내세우기를 열망한다.

13. 그랜트 장군이 서부 전투에서 승리를 거두고 있는 동안 링컨 대통령은 그랜트 장군의 술주정에 대한 많은 불평불만을 접하고 있었다. 어느 날 한 대표단이 링컨 대통령에게 그랜트 장군은 위스키에 중독되어 구제불능이라고 말하자, 링컨 대통령은 이렇게 답변했다고 한다. "나는 그랜트 장군이 그의 위스키 한 통씩을 다른 장군들에게 보내 주었으면 합니다!"

14. 변호사는 항상 법률 서적을 자유롭게 참고한다. 의사는 흔히 의학 서적에서 임상 사례를 조사한다. 누구나 그와 같은 동일한 종류의 자유를 허용해야 한다. 따라서 학생들이 기말고사 시험에서 교재를 이용하는 것을 허용해야 한다.

15. 순수음악은 비록 어떤 '이야기'도 말하지 않지만, 가장 우아하면서도 감동적인 예술 형식이다. 추상 미술과 조각 역시 아무런 '이야기'도 말하지 않지만, 인간의 창조물 중 가장 훌륭한 작품들로 손꼽힌다. 그러므로 '이야기'란 예술작품으로서 소설 내지 희곡이 지닌 탁월함에 어떤 기여도 하지 않는다.

16. 학교에서의 인종차별 철폐와 관련해서 1954년 연방 대법원이 앞선 재판관들이 축적해 둔 지혜를 폐기하도록 했으며, 나아가 가장 뛰어난 합법적인 추적자조차도 자신들의 법률상의 기록들을 찾을 수가 없는 사회학이라는 밀림으로 향하도록 만든 것은 무엇인가? 이를 설명하는 것은 쉽다. 인종차별 철폐 결정이 국제관계 분야에서 매우 유용한 역할을 할 수 있고 전 세계 국가들 중 비백인 국가들과의 교류에서 미국이 차지하는 위상을 강화시켜 줄 것이라는 압력에 대법관들이 굴복했기 때문이다.

17. 제스 : 미국은 무역과 군사 원조가 필요해. 그것이 다른 국가와의 우호관계가 필요한 이유이고.

제인 : 맞아. 그런데 미국은 정말 중요한 것을 잊고 있어. 다른 나라를 도와주어야 한다는 것 말이야. 또 그것이야말로 우리가 우방들 중 일부를 잃는 이유이기도 하고.

18. "우리는 대중이 우리에 대해서 말하는 것이 아니라, 정의와 불의를 이해하고 있는 사람이 말하고자 하는 것, 그리고 진리가 요구하는 것을 중시해야 한다. 따라서 자네가 정의와 불의, 선과 악, 그리고 명예와 불명예에 관한 대중의 의견을 중시해야 한다는 충고를 하는 순간 자네는 실수의 길에 막 들어선 것이라네."(플라톤의 대화편『크리톤』 중에서 소크라테스의 말)

19. "당신이 도달하는 곳은 당신이 택한 방향에 따라 결정된다는 것은 법의 세계에서도 마찬가지다. 그러므로 법률 사건에서 나타난 결과는 저지른 행위에 따라 결정된다."(글랜빌 윌리엄스,『생명의 신성함과 형법』 중에서)

20. "내가 만일 어떤 전쟁에 동원된다면, 그 전쟁은 나의 전쟁이다. 그리고 그것이 나의 모습이며, 또 나는 그에 상응하는 사람이 된다. 내가 그에 상응하는 사람인 것은 나는 언제든 자살하거나 탈영함으로써 그 모습에서 벗어날 수도 있었기 때문이다."(장 폴 사르트르,『존재와 무』 중에서)

21. 교수 : 제가 만일 음식을 나누어 먹으면서 동시에 일부일처제를 행하는 영장류에 대해서 생각하고 있다고 하면 어떻게 되나요? 여러분은 뭐라고 말할 건가요?
학생 : 인간, 긴팔원숭이, 혹은 비단털원숭이를 생각하신다고 말할 것 같습니다.
교수 : 왜 그렇죠?
학생 : 영장류 중에서 오직 인간, 긴팔원숭이, 비단털원숭이만이 음식을 나누어 먹으면서 동시에 일부일처를 행하기 때문입니다.

22. "[대법원장인 워렌 버거]만이 일관되고, 확인 가능하며, 판사로서 지녀야 할 철학을 갖추지 못한 유일한 법관은 아니다. … '법정에는 강력한 철

학적 경향이 존재하지 않는다'는 것이 버지니아 법대 교수인 딕 하워드의 말이다. '대법관들 대부분은 사건들을 각각의 경우에 따라서 처리하는 독립적인 실용주의자다.'"(「대법원의 세계」,『타임』, 1979년 11월 5일자, 64쪽)

23. "진화론은 마치 12세기의 평평한 지구 이론과 같은 과학 동화다. 진화론은 열역학 제2법칙과 정면으로 충돌하는데, 이 제2법칙은 지적 존재가 체계의 방향을 정해 주지 않는다면 언제나 무질서와 퇴보의 방향으로 진행할 것이라고 한다. … 진화론은 이해 불가능한 신념을 요구한다."(에드워드 블릭,『창조론을 믿는 21세기 과학자들』중에서)

24. "인간의 성욕으로 인한 분명한 불편함 내지 비극 중 하나는 성적 충동이 없었다면 거의 관심을 두지 않았을 다른 성에게 푹 빠지고 열중하게 되는 성향을 우리들에게, 그 중에서도 특히 남성들에게 부여한 것이다. 이는 매우 안타까운 일로서, 그와 같은 성향이 없었더라면 세상은 살기 더 좋았을지도 모른다. 그러나 우리에게는 그런 성향이 있고, 이런 것이 우리가 존재하는 방식이기 때문에 우리 자신을 책망하는 것은 해로울 뿐만 아니라 어리석은 일이다."(앨버트 엘리스,『죄 없는 성』중에서)

25. "젊은이들은 이제 더 이상 개인적 정체성에 대한 일그러진 감정을 성적 반항의 일환이라고 할 수가 없는데, 반항할 것이 전혀 남아 있지 않기 때문이다."(롤로 메이,『신청교도주의에 대한 해독제』중에서)

26. "현대 물리학에 따르면 라디오 수신기는 우주로부터 날아오는 지적 존재의 신호를 포착할 수 있는 우리의 유일한 희망이다. 별들 사이로 탐사선을 보내는 일은 설사 기술력과 자금을 확보한다고 할지라도 너무도 긴 시간이 걸린다. 예컨대 태양에서 가장 가까운 센타우루스자리의 알파성에 보내는 것만도 대략 50년이 걸린다. 그렇기는 해도 라디오는 많은 대화를 하기에는 너무 느리다. 라디오에 걸 수 있는 최대 희망은 다른 문명의 존재(좀 더 정확히 말하자면 우리보다 앞선 문명의 존재)를 밝히는 것이다."(패트릭 무어,「우주별에서 하는 영어회화」,『옴니』, 1979년 11월, 26쪽)

27. "한 생명체가 고통을 겪을 경우 그 고통을 고려하기를 거부하는 행위, 그리고 그뿐 아니라 고통을 (대략적인 비교가 이루어질 수 있을 경우) 다른 생명체가 겪는 유사한 고통과 동등하게 계산하기를 거부하는 행위에 대한 어떤 도덕적 정당화도 있을 수 없다. 따라서 단 한 가지 문제는 이것이다. 인간 이외의 동물도 고통을 느끼는가? 대부분의 사람들은 고양이나 강아지와 같은 동물 역시 고통을 느낀다는 점에 기꺼이 동의하는데, 동물에 대한 무자비한 가혹 행위를 금지하는 법들 또한 이 사실에 의존했을 것이다."(피터 싱어, 『동물해방』 중에서)

28. "유급직이든 뭐든 직업이 있는 여성은 더 이상 가족에 매인 사람이 아니다. … 따라서 여성이 일을 한다는 것은 그들이 억압에서 최소한 약간은 벗어났다는 뜻이다."(수잔 손탁, 『파르티잔 비평』, 1973, 40집, 199쪽)

29. "경험에 비추어 볼 때, 순전히 자발적으로 하는 자기 규제 노력은 성공을 거두기가 어렵다. 규제 기준을 위반할 경우 위반자에 대한 집단적 대응을 통해 처벌할 수 있는 일종의 강화된 메커니즘이 필요하다." (데이비드 애커와 조지 S. 데이, 『소비자 압력에 대한 공동 대응』 중에서)

30. "본성상 만장일치의 동의가 필요한 단 하나의 법이 존재하는데, 사회계약이 그것이다. 시민사회는 모든 행위들 중에서 가장 자발적인 행위이며, 모든 인간은 자유롭게 태어났으며 그 자신이 주인이기 때문에 그 무엇을 빙자하더라도 그의 동의 없이 그를 복종하게 할 수 없다."(장-자크 루소, 『사회계약론』 중에서)

31. "우리는 임신부터 출생을 거쳐 아이가 되기까지의 인간의 성장은 연속적이라고 강조하는 주장을 접하게 된다. 그들은 그렇게 주장한 다음 이러한 성장의 한 지점을 택해 선을 긋고는 '이 지점 이전은 인간이 아니며 이 지점 이후가 인간이다'라고 말하는 것은 사안의 본질에 비추어 볼 때 어떤 좋은 이유도 제시하지 못하는 자의적인 선택이라고 한다. 그런 후에 태아는 어쨌든 임신한 순간부터 인간으로 보아야 한다는 결론에 이른다. 하지만 이와 같은 결론은 타당하지 않다. 도토리가 자라 떡갈나무가 되기까지의 성장에 대해서도 똑같은 주장을 할 수 있지만, 이때 도토리

가 떡갈나무라거나 혹은 그렇게 보아야 한다는 결론이 따라 나오지는 않는다. 이와 같은 형태의 논증을 종종 (설명이 필요 없는 표현으로) '미끄러운 경사길 논증'이라고 부르는데, 낙태 반대론자들은 결정적이지만 무비판적으로 거기에 의존한다."(유디트 자비스 톰슨, 「낙태 옹호」 중에서)

32. "생태계는 대단히 중요함에도 환경의 질을 위해 제안된 해결책들 대부분은 직간접적으로 저소득층 내지는 빈곤층에게는 역효과를 낳는다는 것이 이 작가의 믿음이다. 그러므로 경제적 혹은 분배적 정의는 생태계를 둘러싼 모든 논쟁에서 적극적으로 다루어져야 한다."(데이비드 R. 프류, 「오염: 인간의 시스템은 유죄인데 인간은 무죄일 수 있는가?」 중에서)

33. 편집자에게 앨라배마 주의 범죄율이 지나치게 높다는 주장에 반대하는 내용의 편지가 왔다. "앨라배마 주 내에서는 예컨대 케네디 형제의 암살, 마틴 루터 킹 암살, 끔직한 맨슨 살인 사건, 샌프란시스코에서의 제브라와 조디악 살인 사건, 그리고 캘리포니아 주 초우칠라에서 일어났던 끔찍한 유괴 사건, 무시무시한 와츠 폭동, 혹은 뉴욕 시에서 정전을 틈탄 약탈 행위와 같은 사건은 일어난 적이 전혀 없습니다."(『로스앤젤레스 타임즈』, 1977년 8월 6일자)

34. "언어는 역사를 지나오면서 우리 자신은 물론 우리 동료 인간들의 의미 있는 경험을 담고 있는 기호의 보고이며, 그런 만큼 시의 창작에 있어서 우리를 이해하는 데까지 맞닿아 있다. 우리는 '알다'라는 의미의 원래의 그리스어와 히브리어는 '성관계를 갖다'라는 뜻도 지닌다는 사실을 명심해야 한다. … 그 단어의 어원을 볼 때 우리는 앎 — 시, 예술 및 그 밖의 창작물은 물론이고 — 이라는 원형적인 행위 자체도 주관과 객관이라는 양극 사이의 역동적인 조우에서 비롯된다는 것을 증명해 준다."(롤로 메이, 『창조의 용기』 중에서)

35. 전직 예산국장인 버트 랑스 씨는 조지아 주의 캘훈 시에 있는 한 은행에서 해준 자신의 당좌대월(overdraft)을 변호하면서 이렇게 말한다. "캘훈 시와 같은 곳에서 당신이 당좌대월을 잘 받을 수 있게 된다면, … '당좌대월'은 추악한 단어가 아니다."

II. 비형식적 오류

여기에서도 결론과 전제는 찾아야 한다. 물론 비형식적 오류도 찾아내야 한다. 각 예에서 한 가지 이상의 오류가 저질러지고 있을지 모르나 가장 두드러진 오류에 주의를 집중하도록 하라. 그것이 끝나면, 다시 되돌아가서 앞의 예들에서의 오류들과의 유사점을 찾아보라.

1. 2003년 1월 일리노이 주의 퇴임 주지사인 조지 라이언은 "사형제도는 실수투성이"기 때문에 마땅히 그래야 할 도덕적 책임을 느낀다는 이유로 167명의 사형수들을 감형시켰다. 비평가들은 즉각 그를 공격하면서 라이언의 전임 참모장인 스캇 파웰이 연루된 사기 재판의 모두 진술이 있기 하루 전에 감형이 이루어졌다는 사실을 부각시켰다. 그 내용은 이렇다. "마지막 순간까지 그 보물을 주머니 속에 가지고 있다는 것은 놀랄 만한 우연의 일치가 아닌가. … 왜 그랬을까?" (엄밀히 말해서 비평가의 말들이 논증으로 이루어져 있지는 않다. 하지만 적어도 앞서 배운 것들 중 두 가지 오류를 저지르고 있음은 분명하다. 어떤 오류들일까?)

2. 여성의 권리에 관한 정책 결정 회의의 대표가 이렇게 말했다. "여러분, 우리 여성들 모두가 한자리에 모였습니다. 우리 모두는 지금까지 우리를 옭아맨 사회의 사슬을 끊고 자유를 누리고자 합니다. 물론 어느 분은 자유를 바라지 않을지도 모릅니다. 지금 분위기에 당황스러워 할 수도 있습니다. 그저 사회의 감옥에 남기를 더 바랄지도 모릅니다. 만일 그렇지 않다면, 자유를 당장 누리고자 한다면, 우리의 제안에 찬성표를 던져 주시기 바랍니다!"

3. 도발적인 모습으로 검은색의 벨벳 드레스를 입은 슈퍼모델인 셰럴 티그스의 사진 위로 다음과 같은 글이 실렸다. "검은색 벨벳은 부드럽지 않은가? 생각만으로도 좋은 느낌을 가질 수 있다. 검은색 벨벳. 캐나디언 위스키. 부드러운 캐나디언 위스키."

4. 캘리포니아 주의 센트럴 밸리 농장에 물을 공급하는 데 실패한 주와 연방을 원망하는 사설의 내용이다. "비옥한 센트럴 밸리 농장의 거대한 농지가 황량하고 불모인 사막으로 바뀌고 말 것인가? 나일강 계곡 그리고 티그리스강과 유프라테스강이 만드는 비옥한 초승달 지대와 맞먹는 비옥한 땅이 불모지로 황폐화되고 말 것인가? 농부들은 파산하고 식량 생산은 급감하며 주와 연방의 막대한 세금원이 파괴되고 말 것인가? … 이것들은 그저 재미삼아 해보는 물음이 아니다. 그 물음들은 주와 연방 정부가 즉각적이고 강력한 공동 조치를 취하지 않을 경우의 캘리포니아의 미래를 완전히 꿰뚫고 있는 것이다."

5. 은행 소유의 항공기를 이용해서 "중요한 업무 수행이라고 보기에는 매우 어려운" 축구 경기와 마디 그라¹⁰⁾를 관람했다는 내용을 담은 찰스 퍼시 상원의원의 보고에 대해 버트 랜스 씨는 이렇게 말했다. "의원님! 어떤 사람들은 워싱턴에 대해서도 똑같은 말을 합니다."

6. 전 하원의원 체트 홀리필드는 원자력 규제안에 반대하면서 이렇게 말했다. "안전과 관련된 주장들을 접하게 될 것입니다. (규제를 제안하는) 그 사람들은 이 문제를 감정적으로 바라봅니다. 감정적으로 동요되어 있는 사람들에게 논리가 통하기는 어렵습니다. 그들 중 상당수는 광신적입니다. 그들의 믿음은 잘못된 정보에서 비롯된 것입니다."

7. 1960년 대통령 예비선거에서 민주당 상원의원인 존 F. 케네디와 허버트 험프리가 웨스트버지니아에서 결정적인 우위를 차지하게 될 유세를 벌였다. 당시 웨스트버지니아에는 참전 용사들이 매우 많이 살고 있었다. 케네디의 선거운동을 돕기 위해서 웨스트버지니아 주를 방문한 프랭클린 딜라노 루스벨트 주니어가 케네디 지지 연설을 했다.
한번은 루스벨트가 케네디의 화려한 전쟁 경력을 알아낸 후 군중들에게 말했다. "이 예비선거에는 다른 후보가 있습니다. 그는 훌륭한 민주당원이지만 나는 그가 제2차 세계대전 중에 어디에 있었는지 알지 못합니다."

---

10) [옮긴이 주] 특히 브라질 리우데자네이루에서 열리는 일종의 축제.

8. "우리가 주에서 시행하는 투옥과 죽음이라는 형벌을 '사회적 이익은 보호되어야 한다는 근거를 들어' 정당화할 수 있다면, 주가 죽음을 연기하는 것 역시 정당화할 수 있다는 점은 명백합니다. 각 개인은 '목적 자체'로서가 아니라 더 나은 공동 이익을 위한 '수단'으로서만 대우받는다는 반론은 대법관인 올리버 웬델 홈즈에 의해 이미 오래전에 잘 해결되었다고 생각합니다. '한 인간이 사회 속에서 살고 있다면, 그는 그렇게 대우받고 있는 자신을 발견할 수 있을 것이다.'"(예일 카미사르, 「'자비로운 살인' 법안 제출에 대한 몇 가지 비종교적 견해」에서 안락사 법 완화를 반대하는 글의 일부)

9. 대규모의 주식시장 붕괴를 예측한 덕분에 유명해진 로저 밥슨이 폐결핵으로 앓기 시작하자 서부에 남으라는 의사의 권유를 뿌리치고 매사추세츠 주에 있는 집으로 돌아갔다. 매서운 추위가 몰아치던 겨울, 그는 등에 뜨거운 팩을 댄 채 창문을 열어 놓고는 비서에게 벙어리장갑을 끼고 고무망치로 타자를 치게 했다. 밥슨은 회복되었고, 그는 자신의 치유를 신선한 공기 덕분으로 생각했다. 밥슨에 의하면, "소나무 숲에서 불어오는 공기는 약효가 매우 뛰어난 화학적 혹은 전기적 성질을 (혹은 두 성질을 모두) 띠고 있다."

10. 괜한 걱정을 많이 하는 반대론자들은 방사능 낙진이 인간에게 매우 해롭다는 점을 입증하는 데 성공하지 못했다. 그러므로 우리의 수소폭탄 실험 계획은 계속되어도 된다.

11. 경찰관 아저씨, 제가 얼마나 과속을 했는지 아주 잘 알고 있으며 제한속도 아래로 주행하는 것이 좋다는 것도 잘 알고 있습니다. 예전에 위반 딱지를 받았던 적이 있는데다가 이번에도 딱지를 받으면 100달러 이상 벌금을 물 것입니다. 더구나 그처럼 많은 벌금을 물게 될 경우, 다음 달로 예정된 아내의 인명구조 의료 과정 등록도 해줄 수 없습니다.

12. 여러분은 교사에게 높은 임금이 얼마나 중요한지에 관한 스레드베어 교수의 주장을 신뢰해서는 안 된다. 그 자신이 교사인 그는 당연히 교사의 임금을 올리는 것에 찬성할 것이다.

13. 전미교육협회(NEA)로부터 흘러나와 11월에 유포된 어떤 기사는 다음과 같은 글로 시작된다. "미국의 교사들은 학급 수의 감소를 더 좋은 직업의 원인이 되는 것으로 보고 있다. …"

"그러나 전미교육협회는 학교에서 가능한 한 많은 교사를 확보하는 데에 관심이 있다."

"예컨대 3천 명 정원일 경우 학급당 학생 수를 30명으로 하면, 교사의 수는 무려 100명에 육박한다. 하지만 학급의 학생 수를 25명으로 줄이면 전체 교사의 수는 120명으로 늘어날 것이다. 입학생이 감소할 때 이렇게 학급의 학생 수를 줄이는 것은 등록되어 있는 교사의 수를 유지하는 방식이다. …"

"전미교육협회와 같이 전문가들의 신망을 받는 조직이 매우 이기적이어야 한다는 것은 불행한 일이다."

14. 의회는 군비와 관련해서 합동참모본부에 애써 조언을 구할 필요가 없다. 국가 병력의 일원으로서 그들은 당연히 군사적 목적을 위해 확보할 수 있다고 생각되는 만큼의 비용을 원한다. 이는 마치 외과의사에게 수술을 권할 것인지와 관련해 조언을 구하는 것과 매우 흡사하다.

15. 행정부가 외교정책을 절망적으로 망쳐 놓은 것은 어리석음 때문이었는가 아니면 고의적인 속임수 때문이었는가? 어떤 경우든 어리석음이나 속임수에 찬성하지 않는다면 여러분은 현 정부에 반대표를 던져야 한다.

16. 공산당원들은 『데일리 워커(*The Daily Worker*)』라는 일간지를 읽는데, 그것은 프레드의 정기 간행물로 알려져 있다. 그런데도 그는 거기에 맞서서 노숙자들을 지원하는 세금 인상을 주장한다. 우리는 그가 어디 출신인지, 따라서 그의 주장이 얼마나 잘못된 것인지를 알고 있다!

17. 일단 공부하는 학생이라면 각 과목을 똑같이 공부하거나 아니면 어떤 것을 더 많이 공부한다. 이는 일단 공부하는 학생이라면 전 과목에서 낮은 점수를 받거나 아니면 일부 과목은 낙제한다는 것을 의미한다.

18. 신과학기술, 환경문제, 전체의 조화를 강조하는 전일론적(holistic) 건강

론, 그리고 인간의 잠재력 등에서 거둔 최근의 발전과 보조를 맞추자. …
마거릿 미드, 프레더릭 러보이어, 다니엘 엘스버그, 앨런 긴즈버그, 엘리
자베스 퀴블러-로스, 그리고 버키 풀러와 같은 인도주의적 개혁가들과의
대화에 귀를 기울이자. 세계를 변화시키고자 하는 사람들을 위한 월간
잡지 『뉴에이지』를 들여다보라.

19. 브로데릭 주지사가 선출된 지 7개월 후에 주정부는 20년 만에 처음으로
    예산 적자가 났다. 분명 주지사 브로데릭의 책임이므로 다음 선거에서
    그는 낙선되어야 한다.

20. 그는 우리들 중 한 사람이기 때문에 체포되도록 내버려 둘 수 없다! 그
    들이 그를 체포하면 우리들 각각을 체포하는 셈이다. 여러분의 권리를
    지키기 위해 투쟁하라! 이 경찰국가의 조치는 당신의 이름으로 거부되어
    야 한다.

21. 경찰관을 살해한 혐의로 기소된 이 남자를 석방해 달라고 판사님께 청합
    니다. 그가 수감되면 그의 불쌍한 자녀들은 아버지 없이 자라야 하며 중
    죄를 저지른 아버지를 두었다며 친구들로부터 놀림을 받을 것입니다. 누
    가 이 무력한 아이들을 그렇게 만들 수 있겠습니까?

22. 민주사회주의자 조직위원회(DSOC)에 가입하게 되면 마이클 해링턴, 로
    널드 델럼스 하원의원, 글로리아 스타이넘, 빌 위니페싱어 기계노조 위
    원장, 어빙 하우, 제임스 파머, 조이스 밀러 여성노동조합 연합회장, 해
    리 브리트 샌프란시스코 커미셔너, 그리고 뉴욕 시의회 의원인 루스 메
    싱어와 같은 인물들과 함께하는 것입니다. 가장 중요한 것은 정의사회
    구현을 위해 투쟁하면서 만나 함께 일하고 싶은 수천 명의 인물들과 함
    께하는 것입니다.

23. 현재와 같은 범죄율을 볼 때, 당신은 총기를 소지하든지 아니면 끊임없
    는 공포 속에서 살아가든지 해야 한다.

24. 창문이 깨지는 소리가 난 몇 분 후에 깨진 창문 근처에서 톰이 목격되었

으므로 그가 창문을 깬 사람임에 틀림없다.

25. 나는 이라크에서의 전쟁은 끔찍한 실수였다고 확신한다. 나는 소설가 톰 클랜시가 며칠 전 밤에 PSB 방송과의 인터뷰에서 그렇게 말하는 것을 들었다.

III. 더 많은 비형식적 오류들

이제 신문을 펼쳐 보거나 텔레비전과 라디오 방송을 주의 깊게 시청하면서 더 많은 사례의 오류들을 찾을 수 있는지 확인해 보라. 효과적인 연습은 직접 해보는 것이다. 오류 사례들을 찾는 데 유익한 자료로는 각종 신문의 의견란 ― 사설이나 편집자에게 보내는 편지 등 ― 을 꼽을 수 있다.

절차의 예시

1. **핵심어들을 찾아내고 필요하다면 그 뜻이 분명해지도록 하라.** 이 점에 관한 논의는 없었으나, 논증을 분석할 때마다 가장 먼저 해야 할 중요한 일이다. 논증에 등장하는 모든 용어들의 의미를 밝힐 필요는 없지만, 핵심어들의 의미는 알아야 하며 그래야 우리는 '동일한 주제의 동일한 문제'를 다룰 수 있다.

2. **주요 결론을 찾아내라: 요점이 무엇인가?** 요점은 대개 지시어를 통해 알아낼 수 있으나 언제나 그렇지는 않다. '왜?' 물음을 던져라.

3. **논거를 찾아내라.** 결론을 지지하기 위해 어떤 이유들이 제시되고 있는가? 이들 이유를 (과도하게 단순화하지 않고서) 적절히 단순화한 후에 무관한 전제들을 제거하라. 그것들이 어느 쪽으로든 결론에 영향을 주지 않는다면 그것들은 무관하다고 말할 수 있다. 바꿔 말하면, 무관한 이유가 참이라고 할지라도 그것은 논증에 중요하지 않다.

4. **오류들을 찾아내라.** 우리는 이 책에서 흔히 저지르는 몇 가지 오류들을 다루었다.

5. **논증을 평가하라: 반증을 시도하라.** 이유를 포함하고 있는 주장들을 검토하고, 그것들이 설득력이 있는지 물어보라. 상식을 동원하라. 만일 누군가가, "매직 존슨은 지금까지의 농구 선수들 중 최고의 포인트 가드다."라고 말한다면, 그러한 주장의 참(혹은 거짓)을 증명할 수 있는지를 자문해 보아라. 그 주장을 입증하기 위해서는 무엇이 필요한가? 논증을 지지하는 진술들에 대한 반대 사례나 예외를 생각해 내도록 하라. 이유들은 그 자체로 일관적이며 정합적인가? 제시된 이유들과 이로부터 따라 나온다고 하는 결론 사이의 관계를 고찰하라. 함의가 존재하는지 살펴보라. "이것이 참이라면 그것이 따라 나오는가?" 혹은 "이 주장을 받아들인다면, (원하든 원하지 않든!) 결론도 받아들여야만 하는가?" 좋은 질문이 곧 훌륭한 비판의 토대다.

6. **남은 것은 무엇인가? 우리는 어디쯤에 서 있는가?** 이것이 바로 시종일관 강조해 온 비판적 사고 방법의 핵심이다. 강력한 비판 끝에 남은 것은 처음 우리가 마주했던 것보다는 훨씬 더 참일 가능성이 높다.

다른 사람의 논증은 물론 자신의 논증을 비판할 때도 잊지 말고 이 방법을 사용하라. 이 방법의 목적은 진술들을 찾아내고, 또 비판을 견딜 수 있으며, 따라서 참이라고 할 수 있는 진술들 사이의 연결을 찾는 것이다.

이 절차를 염두에 둔다면 우리는 특히 윤리적 추론에서 관련된 문제들을 다룰 준비가 된 것이다. 윤리 영역에서 우리의 주된 관심은 상대주의를 피하는 것과 우리가 내린 윤리적 판단들은 우리가 제시한 이유와 증거에 의해 정당화된다는 것을 확인하는 데에 있다.

제 4 장

윤리적 주장의 정당화

이제 우리는 윤리적 주장들을 정당화하는 문제, 즉 윤리적 추론에서 핵심을 차지하는 문제를 다룰 차례다. 윤리적 갈등을 해결하거나 여러 행위 중 어떤 것이 옳은 것인지를 결정하고자 할 때, 우리는 설득력이 있는 (강한) 논증, 즉 사실들과 좋은 윤리적 이유들을 포함하고 있는 논증으로 자신의 결정을 정당화해야 한다.

절차상 동일해 보이기 때문에 정당화와 혼동이 되는 그럴듯한 것으로는 두 가지를 생각할 수 있다. 물론 그것들은 전혀 같지 않으며, 설명과 합리화라는 그 두 개의 닮은꼴이 어떤 것인지를 먼저 이해함으로써 우리는 정당화를 위해서는 무엇이 필요한지를 더 잘 이해할 수 있다.

4.1 설명과 정당화의 차이

정당화와 설명은 모두 어떤 것이 사실인 이유를 제공하는 데 그 목적이 있다. 예를 들어, 허름한 모자를 쓴 여자친구가 자신과 잘 어울리느냐고 물었을 때 나는 내가 한 거짓말을 정당화하려 할 수 있다. 다른 한편, 우리는 어떻게 해서 거짓말을 하고 말았는지를 설명하려 할 수도 있다. 두 경우 모두에 대해 우리는 이유를 제시하지만,

정당화에서의 이유들은 **거짓말한 것이 옳았다는** 주장을 지지하려는 것이었다는 점에서 설명에서의 이유들과 다르다. 이 경우에 만일 거짓말을 정당화할 수 없다면, 그것은 제시된 이유들이 좋은 이유가 되지 못하기 때문이다. 이와 달리 설명은, 이미 사실로 알고 있는 어떤 것을 이해하려는 시도다. 이때 제시되는 이유들은 우리의 이해를 강화시켜 주지만, 그것들이 결론을 반드시 지지해 주지는 않는다. 반면 정당화에서의 결론이란 지지해 주는 근거가 없으면 실패하게 된다. 설명은 논증과 매우 닮았다. 설명에서는 우리가 이미 그 결론을 알고 있는 반면, 논증에서 결론은 알려진 것이 아니라는 점에서 둘은 서로 다르다.

우리는 남북전쟁 이전에는 왜 그렇게 많은 남부 사람들이 노예를 소유했는지와 노예 소유권을 포기해야 한다는 말에 왜 그들이 그렇게 분노했는지를 설명할 수 있다. 더 나아가 우리는 어떻게 해서 그들은 자신들에게 노예 소유권이 있다는 확신을 했는지, 어떻게 해서 엉터리 '과학적' 정보를 '증거'로 이용했는지를 이해할 수 있다. 그들은 두개골 용량의 차이 때문에 흑인들은 백인들에 비해 열등하며 '따라서' 노예로 사는 것이 당연하다고 주장했던 것이다. 우리는 설명할 수 있고 그래서 이해할 수 있다. 하지만 정당화할 수는 없는데, 그 이유는 노예제도가 옳다는 주장을 지지해 줄 좋은 윤리적 이유들을 전혀 찾을 수 없기 때문이다.

윤리학에서 말하는 '좋은 이유들'

일반적으로 좋은 윤리적 이유들이란, 사실에 입각한 (두개골의 용량은 지능과 무관하다는 사실 등과 같은) 적절한 고려 사항들과 불가능하지는 않지만 부정하기가 매우 어려운 규범적 주장들이다. 규범적 주장이란 '규범' 혹은 기준을 전제하는 주장으로서, 일종의 윤리적 원칙 같은 것이다. 규범적 주장들은, 참인 경우에 '사실'로 간주되는 '설명적' 주장들과는 다르다. 나는 두 번째 장에서 그 차이를 지적했다. 비판적인 조사를 견뎌 낼 수 있고 윤리적 갈등을 최대한 해결할 수 있다면 그들 근거는 윤리학에서 말하는 '좋은 이유들'이다.

상대주의자들과의 논쟁에서 객관주의자들이 중요하게 여기는 것은 윤리적 주장들을 정당화하려는 모든 시도에 반영해야 할 윤리적 원칙들이다. 두 번째 장에서 세 가지 윤리적 원칙을 다루었는데, 그 때 우리는 그 원칙들을 거부하기 어려운 만큼이나 그 원칙들을 확립하고 문화적 편견에 좌우되지 않음을 보이는 것 역시 똑같이 어렵다는 사실을 알게 되었다. 결국 윤리적 원칙을 옹호할 수 있는 최상의 방어책이란 윤리적 갈등을 합당한 방식으로 해결하는 데 성공적인 도움이 된다는 점을 입증하는 일일 듯하다.

> 강조하고 싶은 요점은, 윤리적 갈등들을 해결할 수 있기 위해서는 합리적 원칙들이 필요하며, 그 원칙들의 타당성은 궁극적으로 그 갈등을 성공적으로 해결함으로써 확보될 수 있다는 것이다. 그 원칙들을 제시한 사람이 누구인지, 그리고 언제 어디에서 제시되었는지는 중요하지 않다. 얼마나 많은 사람들이 그 원칙들을 승인 혹은 수용하는지 여부도 문제가 되지 않는다. 그 원칙들이 윤리적 갈등에 대한 합당한 해결 가능성을 허용하는지 여부가 고려할 만한 가치가 있는 유일한 쟁점이다. 만일 혹독한 신랄함 없이 윤리적 갈등을 해결할 수 있도록 한다면, 그리고 공평무사한 모든 사람들이 수용할 만한 가치가 있다면, 그 윤리적 원칙들은 모든 실천적 목적들에 대해서 건전하다.

이 책의 두 번째 장에서 제시한 세 가지 원칙이 바로 그것들이다. 나는 모든 인격에 대한 존중에 관한 첫 번째 원칙을, 모든 윤리적 체계의 초석이라는 근거에서 옹호했으며 여러분도 그것을 기억할 것이다. 그 원칙 없이는 윤리란 가능하지도 않을 뿐더러, 기이한 사상 내지 권력 투쟁이 되고 말 것이다. 예컨대 그 원칙이 없는 세계를 상상해 본다면, 우리는 토머스 홉스(Thomas Hobbes)가 말한 '자연 상태'와 매우 유사한 세계인 "고독하고, 가난하고, 추하고, 야만적이고, 짧은" 인생만이 존재하는 세계에 살고 있을 것이다. 만일 인격이 존중되고 공정하게 대우받는 다른 세계가 존재한다면, 그런 자연 상태에서 살고 싶은 사람은 한 명도 없을 것이다. 말하자면 내가 지금 하듯이 저 윤리적 원칙들은, 만일 그것들이 윤리적 갈등을 합당하게 해결하도록 해준다면 건전하다. 이 원칙들— 세 가지 모두— 에 대한 시험은 윤리적 갈등과 윤리적 의사 결정의 무대에서 발견되는 것이다. 그 시험에는 명백한 순환성이 내포되어 있음에도 불구하고, 자연과학에서는 소위 '가설 연역적 방법'의 형태로 잘 작동한다. 엄밀히 말해서 그 방법은 아무것도 증명하지 않지만, 우리 모두는 윤리적 원칙들이 유지되는 세계를 선호할 것이라는 점도 함께 고려하면, 그 방법은 윤리적 원칙들이 상당히 견고한 토대 위에 놓이도록 해준다.

따라서 우리는 윤리학에서 좋은 이유들을 제공하는 진술들의 집합에 적절한 사실적 정보는 물론 건전한 윤리적 원칙들도 포함시켜야 한다.

'나쁜' 윤리적 이유들은 어떻게 식별해 낼 수 있는가?

윤리학에서 '좋은 이유들'로 간주되는 것이 무엇인지를 더 분명하게 파악하기 위해서는 좋은 이유들로 간주되지 **않는** 것이 무엇인지를 면밀히 살펴볼 필요가 있다. 이 문제를 검토해 온 미국의 철학자 로널드 드워킨(Ronald Dworkin)은 윤리학에서 좋은 이유로 간주되지 않는 네 가지 유형의 이유들이 있다고 주장한다. 그는 합리화와 편견을 거론하는데, 이는 내가 앞서 언급한 것들이다. 여기에다 그는

'감정적 반응에 불과한 것'과 '남의 말 흉내 내기'를 추가한다. 첫 번째 것에 대해 그는 다음과 같이 말한다.

> 우리는 도덕적 입장을 감정적 반응과 구별하는데, 그 이유는 도덕적 입장이 감정과 무관하거나 감정에 반응을 보이지 않기 때문이 아니라. … 도덕적 입장이 그 감정적 반응을 정당화하게 되는 것이며 그 역은 아니기 때문이다.[1]

언젠가 칼 융(C. G. Jung)이 지적한 적이 있듯이, 인간의 감정과 관련된 문제는 "감정은 개인의 능동적 활동이 아니라 그 개인에게 일어나는 어떤 것이다."[2]라는 데 있다. 우리는 누군가를 미워하려고 의욕할 수 없다. 그것은 단지 생길 뿐이며 생기게 되면 우리는 그것을 제어할 수 있는 행동을 한다— 제어란 늘 어려운 일이다. 예를 들어 죄책감같이 '다소 부드러운' 감정조차도 의지의 작용인 것 같지 않다. 우리는 유대인들을 감옥에 가두고 감시한 나치 당원들, 심지어 그들을 가스로 질식사시킨 이들이 죄책감을 거의 보이지 않았다는 이야기를 듣는다. 윤리적 갈등을 해결하고자 할 때, 단지 무언가가 좋게 느끼고 있다거나 혹은 불안하게 느끼고 있다고 해서 윤리적 갈등을 해결하려는 우리의 노력에 별 큰 진전이 있는 것은 아니다.

한편, '남의 말 흉내 내기'는 다른 사람의 말을 들은 그대로 반복하는 것이다. 거기에는 어떤 생각도 제시되지 않는다. '모두가 알고 있는 것'을 그저 반복하려는 유혹은 강력하지만 이것 역시 앞서 본 바와 같이 오류다. "남들이 전부 그렇게 한다."고 해서, 혹은 "모든

---

1) Ronald Dworkin, "Lord Devlin and the Enforcement of Morals", 다음 책에 재수록. Wasserstrom, *Morality and the Law*, Belmont, Calf.: Wadsworth Publishing, 1971, pp.63-64.

2) C. G. Jung, *Aion*, Princeton University Press, 1978, p.8.

사람들이 괜찮다고 한다."는 이유만으로 그것을 윤리적 논증에서의 좋은 이유라고 볼 수는 없다.

좋은 이유들은, 이들 네 가지 그룹에 속하는 약한 이유들과는 대조적으로, 소위 '보편 청중'이라는 사람들에 대한 호소이어야 한다. 이 보편 청중이란 공평무사할 뿐만 아니라 제시된 결론을 그것이 지닌 **논증의 힘으로 인해서** 받아들이지 않을 수 없다고 느끼게 될 지성인들이라는 가상의 청중이다.3) 그 청중들은 어느 날 배심원석에서 피고의 유죄나 무죄를 확정하기 위해 증거들을 비교 검토하고 있을지도 모를 당신과 나와 같은 사람들이다. 나는 이 책의 서두에서 비판적 사고에 관한 논의를 할 때 이 개념을 설명했는데, 그때 나는 윤리적 결론을 지지하는 이유들을 비판적으로 검토하는 절차는 모든 사람에게 호소력을 지닌 윤리적 결론을 낳게 된다는 점을 강조했다.

4.2 합리화와 정당화의 차이

만일 누군가 사이비 '과학적 증거'에 의거해서 노예 소유권을 정당화하고자 한다면, 우리는 결코 그것을 정당화로 생각하지 않을 것이다. 그것은 합리화다. 정당화와 마찬가지로 합리화에서도 어떤 것이 옳다거나 혹은 적절하다는 주장을 지지하는 이유들의 제시가 이루어진다. 정당화의 경우, 이유들은 참이거나 혹은 설득력이 있으며, 또 이유와 결론의 연결이 견고하기 때문에 결론을 지지한다. 이와 달리 합리화는 이유들이 결론을 지지하지 않는다는 **사실에도 불구하고** 그 결론이 유지되는 약한 형태의 논증이다. 노예 소유권을 정당화하려 했던 시도는 허술하게 위장된 합리화로 보일 수 있는데, 그 까닭은 결론을 지지하기 위한 이유들이 결론과는 무관한 이유들로

---

3) Ch. Perelman and L. Obrechts-Tyteca, *The New Rhetoric*, Notre Damme, Ind.: The University of Notre Dame Press, 1969, pp.31-35.

이루어져 있기 때문이다. 우리는 노예들은 마땅히 노예 상태여야 한다는 주장을 '지지하는' 모든 '과학적' 증거들의 실체를 낱낱이 드러낼 수 있으나, 상대는 어떤 식으로든 자신의 주장을 유지하려 할 것이다. 합리화에 기초한 결론은 이성이 아닌 감정과 편견에 입각해서 유지된다. 심리학자 고든 앨포트(Gordon Allport)는 편견이 개입할 때, 합리화는 "신념을 태도에 갖다 맞추기"라고 주장한다.[4] 더 정교한 일반화를 위한 이유를 알고서는 그에 따라서 우리의 태도를 수정해야 하는데도 불구하고, 사람과 사상에 대한 자신의 감정(태도)에 갖다 맞추기 위해서 느슨하게 주장된 일반화(믿음)를 수정하고 변경하게 된다는 것이다.

합리화가 무엇인지를 아주 잘 보여주는 여러 가지 좋은 예를 톨스토이의 『전쟁과 평화』에서 볼 수 있다. 소설 초반부에, 주요 등장인물 중 한 명인 피에르는 안드레이 공작에게 '나쁜 무리들'과 어울리지도 방탕한 생활을 하지도 않겠다는 약속을 한다. 안드레이 공작이 떠난 지 얼마 지나지 않아서 친구들과 어울려 술 마시고 카드 게임을 하고픈 '강렬한 욕망'이 피터를 엄습해 왔다. 피터는 "안드레이와 약속을 하기 전에 이와는 별개로 이미 아나톨과 약속을 했기 때문에, 또 모든 것을 종합해 보면 그런 약속은 단지 관례적인 것이어서 아무런 의미가 없기 때문에, 또 결국 어느 누구도 내일이 어떻지, 즉 어떤 뜻밖의 사건이 일어나 명예와 불명예를 목숨과 함께 날려 버리지 않으리라고 장담할 수 없을 것이기 때문에 자신이 안드레이 공작에게 한 약속은 구속력이 없다고 자신을 설득시키고서는 아나톨의 방으로 가기로" 결심한다.[5] 마침내 그는 아나톨을 찾아가 흥청망청 밤을 보낸다.

톨스토이는 소설의 후반부에서 자신의 행위는 무엇이든 도덕적으

4) Gordon Allport, *The Nature of Prejudice*, Boston: Beacon Press, 1954, p.14.
5) Leo Tolstoy, *War and Peace*, Geneva: Edito-service, Vol. I, Ch. X.

로 올바르다고 확신할 목적의 합리화와 인간적 욕망의 본성에 대해 성찰한다. 톨스토이는 이 대목에서, 모스크바의 총독이 나폴레옹이 도착하기 전 도시 탈출을 위해 뒷문으로 빠져나가면서 사람들의 주의를 돌리고자 힘없는 정치범을 군중 속에 밀어 넣는 장면을 묘사한다. 톨스토이는 말을 타고 가는 그 총독의 정신 상태를 이렇게 묘사하였다.

마차가 아주 부드럽게 흔들거리며 움직이자 그의 몸은 서서히 회복되어 갔으며, 몸이 안정을 찾아가자 여느 때처럼 그 길도 정신에 안정을 가져다주었다. 그의 정신은 자신의 우쭐해진 영혼을 기쁘게 해줄 가장 의기양양해 보이는 주장들을 떠올렸다. 그런 주장들은 새로운 것이 아니었다. 세상이 생겨나고 인간이 서로를 죽이기 시작한 이래로 지금까지 이런 죄를 저질렀던 모든 인간은 공공선을 위해서 어쩔 수 없었다는 생각으로 자신의 양심의 가책을 달래어 왔다. 자신의 정념이 지배하지 못하도록 하는 사람만이 공공의 선이 그런 행위를 요구한다는 것을 인정하지 않을 것이다. [총독은] 그런 순간에 [그 사내의] 죽음에 대해서 자책하지 않았다. 반대로 그는 죄인을 처벌하는 동시에 군중의 흥분도 진정시키는 자신의 기지에 만족스러워할 만한 갖가지 이유를 떠올렸다.[6]

톨스토이가 옳지 않은가? 우리는 아무런 이유가 없는 경우라 하더라도 자신이 지지하고 있는 결론을 지지해 줄 '이유들'을 찾아내기 위해서, 다시 말해 이를 합리화하기 위해서 수십 가지 방법을 생각해 낸다. 사실 이와 같은 유혹은 매우 강력하며, 바로 이 때문에 우리는 아주 흔히 발생하는 합리화와 강한 논증의 구성에서 핵심이 되는 정당화를 신중히 구별해야 한다. 또 그것은 중립적인 제삼자의 입장에서의 추론이 우리의 행위를 정당화하는 데 도움이 되는 까닭이기도 하다. 여기서 말하는 제삼자란 빈약한 근거에 기초한 정당화 시도를 '꿰뚫어 볼' 수 있는 사람이다.

---

6) Ibid., Vol. II, Ch. XLVI.

그 과정이 때로는 동일해 보일지언정, 우리는 합리화가 정당화와 같지 않은 이유를 알 수 있다.

> 합리화 과정에서 제시된 근거를 거부하더라도 결론에는 어떤 영향도 미치지 않는다!

앞의 예에서, 피에르는 그저 즐거운 시간을 갖기로 결정했으며 총독은 불안한 마음을 안정시키는 데 전념하기로 결정했을 뿐이다. 인종 간의 평등 문제를 둘러싼 더 치열한 현실적 논쟁에서, 우리는 두 개골의 용량이 지능과는 어떤 연관성도 없음을 입증할 수 있고, 설령 있다고 해도, 지능이 낮다는 사실로부터는 '열등함' 내지 노예 상태의 당위성은 논리적으로 따라 나오지 않음을 입증할 수 있다. 하지만 우리의 상대는 자신들의 입장을 어떻게 해서든 고집할지 모른다. 만일 그와 같은 일이 발생한다면, 우리는 합리화의 뚜렷한 사례를 갖게 될 것인데, 그 사람은 **제시된 바로 그 이유들에 의거해서** 결론을 주장하는 것은 아니기 때문이다. 그 주장은 근본적으로 인종차별주의적이고, 인종차별주의는 편견의 한 형태이므로 윤리적 추론에 들어설 곳이 없다. 이와는 달리 정당화란 추론에 의존하는 과정이다. 윤리적 주장들은 결론의 형식을 띤다. 주지하듯이 결론이란 단지 그것을 지지하는 이유들의 강도에 비례하는 것이며, 논증 자체도 마찬가지로 이유와 결론 사이의 연결 강도에 비례한다. 이유들이 거짓 또는 설득력이 없어서 거부한다면, 혹은 이유와 결론 사이의 연결이 함축에 의해 지지된 연결이 아니라면, 우리는 그 결론을 반드시 거부해야 한다.

합리화와 정당화의 차이를 좀 더 선명하게 이해하기 위해, 시도는 정당화였지만 사실 얇은 막으로 위장된 합리화임이 분명한 예를 찾아 그 안에서 어떤 추론이 행해졌는지를 살펴보기로 하자.

1990년 10월 18일자『미니애폴리스 트리뷴』지에는 메인 주의 뱅고 시에 있는 한 법원을 딸과 함께 나서는 안경 쓴 한 남자의 사진이 실렸다. 사진에 대한 설명은 다음과 같다.

과실치사 혐의를 벗은 사냥꾼

도널드 로저슨과 그의 딸 마르시아는 수요일에 메인 주의 뱅고 시에 있는 페노브스콧 지방 상급 법원을 나섰다. 이는 배심원이 1988년 11월에 발생한 카렌 우드의 사망 사건에 대한 재판에서 그의 무죄를 확인한 후였다. 사건 당시 사냥 중이던 47세의 로저슨은 교외의 주택 뒤뜰에 있던 37세의 카렌 우드를 사슴으로 오인해 그녀의 가슴에 총을 쏘고 말았다. 그 사건으로 사냥꾼 대 비사냥꾼 간의 감정적 논쟁이 벌어지게 되었다. 우드는 남편과 함께 4개월 전에 아이오와 주에서 이사를 왔으며 한 살짜리 쌍둥이 자매를 두고 있었다.

재판이 끝난 후 배심원들 중 한 명은 [요컨대] 다음과 같이 말했다고 한다. "그녀는 사냥꾼들이 그 지역 곳곳에서 사냥 중이었다는 것을 알았어야 했다." 이 진술이 '무죄' 판단을 한 '이유'라고 하자. 안타깝게도 그것은 '좋은 이유'가 아니다. 무엇보다도 그것은 결론과 논리적인 관련성이 없다.

다음을 생각해 보자.

(R) 우드는 곳곳에 사냥꾼들이 돌아다니는 상황에서 자기 집 뒤뜰에 있지 말았어야 했다.

(C) 그러므로, 로저슨은 과실치사죄가 없다.

제시된 결론 **혹은 그 부정**이 똑같은 설득력을 갖고서 도출될 수 있다는 것을 누구나 알 수 있듯이, 이 전제와 결론 사이에는 어떤 함의도 없다. 제시된 전제로부터 우리는 카렌이 부주의했다는 결론을 이끌어 낼 수는 있지만, 로저슨이 과실치사에 대해 무죄라는 결론을 이끌어 내지는 못한다. 그가 무죄라는 주장은 그가 카렌 우드를 살해하지 않았다는 말과 동등하다. 그런데 이는 로저슨 자신을 포함해서 그 어느 누구도 하지 못하는 주장이다! 로저슨이 과실치사에 대해 유죄라는 데에는 의심의 여지가 없다. 그것이 '고의성 없는' 과실치사일지는 모르지만, 여전히 그것은 과실치사다. 배심원의 결정은 요컨대 도널드 로저슨이 카렌 우드를 살해하지 않았다는 주장인데, 이는 매우 불합리하다!

심리학적 및 사회학적으로 매력적인 많은 이유들을 들어서 배심원들이 왜 그와 같은 무죄 판결을 내렸는지를 **설명**할 수도 있다. 카렌 우드와 그녀의 가족은 뱅고라는 공동체에서는 '외부인'이었다. 메인 주의 거주자들 중 상당수가 사냥을 즐기는데다가, 더 중요한 것은 관광산업에 의존하고 있는 주에게 다른 주에서 온 사냥꾼은 주의 세원이 된다는 점이다. 물론 다른 이유들도 있을 수 있으며, 그것들은 모두 복합적으로 작용하여 왜 배심원들이 그렇게 판결했는가를 **설명**할 것이다. 바꿔 말하면 이런 것들을 앎으로써 우리는 배심원들이 왜 그런 감정을 가졌는지, 또 왜 그처럼 불합리한 무죄 결정을 내렸는지를 파악할 수 있다. 우리 역시 배심원들에 공감해서 그와 같은 상황에서는 똑같이 판단했을 것이라고 주장할 가능성도 있다. 하지만 이들 이유 가운데 어느 것도 도널드 로저슨이 과실치사에 대해 무죄라는 주장을 **정당화하는** 좋은 철학적 이유를 보여주지 못한다.

배심원은 '이유가 있음'을 말하면서 '그 이유를 자신에게 정당화시키는 것'이 가능할 수도 있을 것이다. 하지만 이는 '정당화하다'라는 용어를 잘못 사용한 경우다. 사람들은 자신의 행위를 '그 자신에게' 정당화하지 않는다. 우리는 행위 과정을 모든 합리적인 사람들('보편 청중')에게 정당화하며, 그 배심원의 결정 ─ 불합리한 결정

— 은 합당하지 못한 것이었다. 즉 합당한 사람은 누구나 그 결정을 받아들이지 않는다. 카렌 우드 사건에서 '무죄' 판결을 할 때의 이유에 관해 우리가 말할 수 있는 최선은 그 판결은 합리화가 무엇인지를 보여주는 아주 좋은 예라는 것이다. 그것은 — 사람들이 "그 사건은 사냥꾼 대 비사냥꾼 간의 감정적 논쟁이 벌어지게 만들었다."는 신문기사 속의 모호한 논평으로부터 뭔가를 의심하듯이 — 비합리적인 토대 위에서 이루어진 결론을 지지하려고 제시된 이유에 지나지 않는다. 배심원의 논증은 비판을 이겨 낼 수 없다. 왜냐하면 제시된 (의심스러운) 이유가 참이라고 해도 결론과는 아무런 관계가 없기 때문이다. 그러므로 그것은 좋은, 윤리적 이유가 아니다.

반대 견해를 정당화하는 시도

우리는 방금 살펴본 것과 반대되는 주장, 즉 배심원이 도널드 로저슨의 무죄를 확정한 것은 **그르다**고 하는 주장을 정당화할 '좋은 이유들'을 생각해 낼 수 있는가? 즉 앞서 인용된 배심원의 합리화를 반박하면서도 그 자체는 또 다른 종류의 합리화가 아닌 그러한 논증을 제시할 수 있는가? 우리에게 필요한 것은 설득력뿐만 아니라 비판적인 검토를 견딜 수 있는 이유들이다. 기억할지 모르지만, 앞서 속도측정 탐지기의 불법성 문제를 다룰 때 이미 그런 시도를 했다. 자기 집 뒤뜰에 있던 부주의한 주부들에게 사냥꾼이 총을 쏜 사건에 대해서도 그와 같은 시도를 할 수 있는가? 물론, 할 수 있다.

도널드 로저슨은 총기 사용에 신중하지 못해서 카렌 우드를 쏘았으므로 고의성 없는 과실치사죄가 성립한다. 카렌 우드를 사망하게 한 것이 비록 고의성이 없는 돌발적인 사건이었지만, 로저슨은 (카렌 우드가 사슴이 아니라는 것을 판단하기에 충분할 만큼 가깝게 접근해 보는 등의) 주의를 기울였어야 했으므로 그에게는 책임이 있다.

우드를 사망하게 함으로써 로저슨은 앞서 본 첫 번째 원칙에 포함된 생명권을 침해했으며, 따라서 그는 그릇된 행위를 한 것이다.

이 논증은 단순하고 직접적이다. 편견이 개입하지 않았으며 증거 또한 합리화나 특별한 변명이 아니다. 그 논증에는 사실들(카렌 우드가 도널드 로저슨에 의해 피격되었다), 합리적 추론(로저슨은 부주의했다), 그리고 내가 윤리의 초석이라고 주장했던 첫 번째 원칙이 보장하는 어떤 윤리적 원칙(우드의 생명권)이 포함되어 있다. 따라서 배심원들이 그릇된 판결을 내렸다는 결론은 정당화된 듯하다. 그러면 이 논증은 비판을 견딜 수 있는가? 한 번 시도해 보자.

지금까지 내가 주장해 온 몇 가지를 상기해 보자. 우리가 '상대주의' ― 모든 윤리적 주장들을 개인적 의견이나 문화적 편견으로 환원하는 입장 ― 를 피하고자 한다면, 윤리적 주장에 대한 정당화 과정에서 편견과 같은 것들이 발견될 경우 반드시 그것을 제거해야 한다. 더 나아가, 우리가 제시하는 이유들은 자세한 합리적 조사에 견딜 수 있어야 하며 또한 이해관계가 없는 제삼자라면 누구든지 동의할 수 있을 정도로 강력한 것이어야 한다. '좋은 이유들'이란 단지 나만을 설득하는 것이 아니다. 그것은 **어느 누구라도** 설득해야 한다. 좋은 이유들은 이해관계를 초월한 제삼자, 즉 '우리와 동등한 지위에 있는 배심원(jury of our peers)'에게 호소해야만 하는 공적 이유들이다.

문화상대주의자는 당연히 이와 같은 가능성을 부정할 것이다. 그는 '좋은 이유들'이란 단지 특정 문화권 사람들만이 받아들이는 것일 뿐 다른 문화권 사람들이 꼭 받아들여야 하는 것은 아니라고 말할 것이다. 그렇다면 상대주의자는 방금 제시한 우리의 논증에 국한된 비판이 아니라, 오히려 어떤 윤리적 주장이든 정당화하려는 모든 시도를 비판할지 모른다. 상대주의자의 주장에 의하면 우리는 한 문화 안에서 생겨난 것인데 타문화에서는 인정하지 않는 가치판단들에 있어서 그 문화의 기준과 원칙을 타문화에 '강요'할 수 없다. 가치와 기준이란 특정 문화에 대해 상대적이어서 '범문화적' 가치판단을 형성하는 데 사용될 수 없다는 말이다. '좋은 이유들'에 대해서도 똑같이 말할 수 있다는 것이 상대주의자의 주장이다. 누군가 다음과 같은 비판을 하려 들 수도 있다. "우리는 거기에 있지 않았다. 우리는 그 사건이 어떤 것인지 모른다. 아무튼 배심원이 그릇된 판단을 했다는 말은 누구에게 해야 하는가?" 이것은 중대한 문제인가?

4.3 정당화는 문화 구속적이지 않다

방금 전의 비판에 대한 반응의 핵심은 이 책 서두에서 소개한 대화에서 릭이 니나에게 보인 대응에 잘 담겨 있다. 기본적으로 그것은, 우리의 정당화는 **합리적** 정당화로서 결코 문화 구속적이지 않다는 주장으로 요약된다. 바꿔 말하면, 주장을 지지하고자 제공된 이유는 **어떤 사람이라도** 수용할 수 있거나 거부할 수 있는 이유라는 것이다. 만일 누군가 그것을 거부한다면, 다른 것들로 대체할 수 있다. 하지만 이 책 전체에 걸쳐 채택한 비판적 합리주의 방법에 의해, 우리는 궁극적으로 어떤 윤리적 논쟁에서도 좋은 이유가 될 수 있는 원칙과 기준들에 도달할 수 있다. 이들 이유는 냉정하게 그리고 열린 마음을 갖고서 이를 기꺼이 숙고하려는 선의지를 지닌 합리적인 사람들, 즉 '보편 청중'의 모든 구성원들이 충분히 수용할 수 있는 것들이다. 이 체계는 완벽하지 않으나, 윤리적 논쟁에서 합당한 해결책을 얻는 데에는 큰 도움이 될 수 있다.

내가 강조하려는 요점은, 윤리적 원칙들은 윤리적 갈등을 해결하는 필요조건이며 그 타당성은 궁극적으로 그것의 성공에 의해 확립될 수 있다는 것이다. 누가 그리고 언제, 어디서 그 원칙들을 제의했느냐는 문제가 되지 않는다. 얼마나 많은 사람들이 그 원칙들을 수용하거나 거부했는지도 문제가 되지 않는다. 그 원칙들이 합리적으로 옹호될 수 있는지 여부만이 고려할 가치가 있는 유일한 쟁점이다. 이들 원칙 덕분에 윤리적 주장들이 지지될 수 있다면, 그리고 그것들이 비판을 견뎌 냄으로써 공평무사한 합리적인 사람들이 수용할 만한 것이라면, 그 원칙들은 실질적인 목적을 위해 수용 가능하다.

물론 위의 예에서 배심원들은 우리의 논증이 지닌 설득력을 알아채지 못할 수도 있겠지만, 그래도 그들은 이를 알아내도록 해야 한다. 왜냐하면 좋은 이유란 문화적으로 중립이며, 그리고 논증을 진지하게 받아들이는 어떤 합당한 사람에게도 호소력을 지녀야 하며, 또 제시된 이유들에서 흠을 찾아낼 수 없는 것이기 때문에, 모든 합리적인 사람들에게 호소하기 때문이다.

강조하자면, 우리는 항상 관심의 초점을 추론 과정 자체에 두어야지 추론을 전개하는 사람 내지는 그들의 문화적 입장에 두어서는 안된다. 제시된 결론을 모든 사람이 수용하는지, 아니면 소수의 사람만이 수용하는지, 그것도 아니면 아무도 수용하지 않는지는 중요한 물음이 아니다. 중요한 물음은 논증을 접한 모든 사람은 그 논증을 건전한 것 — 받아들이지 않을 좋은 이유가 없기 때문인 경우에만 — 으로서 받아들이도록 **해야만** 하는지 여부다.

그러면 이 장에서 다룬 핵심 논점을 요약해 보자.

1. **합리화**는 글쓴이나 화자가 어떤 결론을 지지하기 위해서 다른 근거들에 의거해서 그 결론과는 무관한 (좋은 혹은 나쁜) 이유들을 찾아내는 과정이다.

2. **설명**은 사고나 사건이 왜 일어났는지를 보여주려고 하는 과정이지만, 그것이 반드시 옳다는 것을 입증하는 것은 아니다.

3. **정당화**는 어떤 행위가 옳다는 것을 확립하기 위해 사실적 증거, 강한 논증, 윤리적 원칙들을 결합하는 과정이다.

4.4 서로 충돌하는 두 윤리 주장은 동시에 정당화될 수 없다

끝으로 정당화와 관련해서 한 가지 지적하고 싶은 중요한 특징은 이렇다. 서로 충돌하는 두 주장은 동시에 정당화될 수 없다. 한 주장이 다른 주장과 충돌한다면 반드시 그 중 하나 내지 둘 모두 거짓이고, 따라서 정당화될 수 없다. 어떤 사람이 "그것을 자신에게 정당화시킬 수 있다."는 생각은 아무 의미가 없다. 정당화는 공적인 행위이고 추론은 중립적인 청중에게 제시되어서 공적인 치밀한 조사를 통과할 수 있어야 한다. 예컨대 "노예제도는 윤리적으로 그르다."는 주장이 정당화될 수 있다면, 이와 충돌하는 "노예제도는 윤리적으로 허용될 수 있다."는 주장은 누군가 '그 주장을 자신에게 정당화시킬 수' 있는지 없는지와 무관하게 정당화될 수 없다. 그 역 또한 마찬가지다. 경우에 따라서는 두 주장 중 어느 쪽도 정당화될 수 없는데, 노예제도가 옳지도 않고 그르지도 않은 경우가 그러할 것이다. 그리고 주장이란 그것을 지지하는 이유들에 의존한다는 점도 기억하라. 만일 그 이유들이 좋은 이유라면, 즉 설득력이 있거나 혹은 비판적인 검사를 통과할 수 있거나 아니면 둘 모두라면, 이에 의존하는 주장은 정당화된다. 따라서 누가 서로 모순관계에 있는 두 주장을 정당화하고자 한다면, 각 주장의 이유들 중 하나 또는 둘 모두 약한 근거임에 틀림없다.

최근에 사회학자인 마이클 왈쩌(Michael Walzer)는 두 가지 종류의 도덕, 즉 '두터운' 도덕과 '얇은' 도덕을 제안했다.[7] 두터운 도덕에는 문화적 요인, 역사, 그리고 상당한 시간 동안의 습관 등이 스며들어 있다. 한 문화의 외부에 있는 사람들은 문제의 문화적 요인들에 대해 깊이 알지 못하기 때문에 결코 두터운 도덕의 옳고 그름을

---

[7] Michael Walzer, *Thick and Thin*, Notre Dame, Ind.: The University of Notre Dame Press, 1994.

판단할 수 있는 위치에 서지 못한다. 이와 달리 얇은 도덕은 보편적으로 인정되고 받아들여지거나 그렇게 될 (내가 앞의 2장에서 제시한 것과 같은) 기본 원칙들의 '핵'이라고 부르는 것이다. 왈쩌는 만일 우리가 정당한 질차를 거치지 않고 감옥에 끌려가고 있는 다른 나라 사람에 관한 텔레비전 뉴스를 보게 된다면, 그와 같은 일이 그나라에서는 비록 일상적일지라도, 우리는 분명 이에 격분하게 될 것이라고 확신한다. 격분하는 이유는, 우리는 정의의 원칙과 인간 권리에 관한 원칙이 침해당했다는 것을 알며, 그 행위의 당사자가 그 원칙들을 알고 있는지와 상관없이, 우리는 그것이 매우 그릇된 행위라고 말할 수 있기 때문이다. 이는 흥미로운 견해이며, 상대주의와 객관주의자 간에 많은 타협의 여지를 마련해 준다. 여러분은 어떻게 생각하는가? 여러분은 이 상황이 이해가 되는가?

더 생각해 보기

상대주의에 대해 지금까지 제시된 입장의 핵심은 '좋은 이유들'은 언제나 누구에게든 호소력을 갖는다는 생각이다. 좋은 이유들이란 '문화 구속적'이지 않다. 하지만 이는 가능한 일인가? 이유들을 조사 검토하고 비판적으로 평가하는 일은, 이 책에서의 제안처럼, 이미 지배력을 갖고 있는 문화적 상황들을 **고려하지 않고도** 가능한가? 문화적 편견이라는 안경을 쓰고서 윤리적 논증을 지지하는 이유들을 검토하고 있지는 않은가? 어쩌면 그것을 쓰고 있는지조차 모를 수 있지만, 편견이라는 안경은 이유를 보고 생각하는 방식을 왜곡한다. 이때문에 우리 문화 내에서는 '합당한' 것이 다른 문화 내에서는 '부당한' 것이 되고 만다. 이것이 바로 두 번째 대화에서 릭이 강조한 요점이며 거기에는 무시할 수 없는 진리가 담겨 있다. 왈쩌의 소견은 이 딜레마를 벗어나도록 우리를 도와줄 것인가?

가장 냉철한 철학자들을 포함해서 우리 모두가 문화에 구속되어 있다는 사실은 의심의 여지가 없다. 하지만 여기에서 우리는 이분법 오류를 조심해야 한다! 이 책에서 나는 우리들 각각이 문화적 편견에서 자유로울 수 있다는 주장을 하고 있는 게 아니다. 우리 자신이 문화적 편견에 의해 **결정되어** 있거나 문화적 편견으로부터 **완전히 자유롭**다는 논증은 받아들일 수 없다. 문화적 편견은, 내가 이 책 전반에 걸쳐서 언급해 온 다른 주관적 조건들과 더불어, 윤리적 판단을 내리는 데에서 일정한 역할을 한다. 하지만 쟁점은 양자택일에 관한 것이 아니다. 그것은 정도에 관한 것이다. 중요한 물음은 우리가 그와 같은 요소들로부터 **어느 정도로** (내가 제안했듯이 편견이나 개인적 조건들을 경계함으로써) 자유로울 수 있는지 여부다. 만일 자유로울 수 있다면 이 글의 목적에 비추어 볼 때, 그것으로 충분하다. 이것이 바로 첫 번째 장에서 (다른 분야와 마찬가지로) 윤리학에서의 객관성은 정도의 문제라는 제안을 했을 때 내가 의미했던 내용이다. 우리들 중 어느 누구도 주관적이고 문화적인 장애물로부터 자유로울 수는 없다. 하지만 우리들 중 누군가는 다른 이보다 더 자유로울 수 있으며, 우리 모두는 전보다는 더 자유로워질 수 있다.

그렇다면 우리의 목표는 문화적 편견, 감정의 개입, 맹목적 신념, 그리고 편협한 시각으로부터 최대한 자유로워지는 것이다. 이와 같은 요소들이 우리 사고에 영향을 줄 때 그것들을 알아챔으로써, 중요한 쟁점에 대해서는 더 많은 정보를 확보함으로써, 또한 윤리적 이유들을 공정하고 열린 마음으로 숙고할 수 있도록 더 비판적으로 생각하는 노력을 함으로써 우리는 목표에 이를 수 있다. 이와 같은 과정은 계속되어야 하지만 쟁점 사안에 깊게 관여하게 되는 윤리에서는 그렇게 하기가 특히 어렵다. 이 때문에, 자유롭고 열린 마음으로 각자의 생각을 나눈다는 자세로 다른 이들의 비판에 자기주장을 부쳐 보는 일은 큰 도움이 된다. 자기 자신은 쟁점 사안에만 너무 몰입할 수 있기 때문에 타인은 내가 간과하기 쉬운 것들을 잘 볼 수 있도록 도와줄 수 있다.

　이것이 실제 가능한지, 혹은 단지 자기기만의 한 형태인지 자문해 보라. 주요 쟁점은 논증의 강도는 그저 불가피하게 문화 구속적일 수밖에 없는 이유들이 갖는 하나의 기능에 불과하다고 생각하는지, 아니면 문화적 경계를 넘어서 호소력이 있거나 있어야 하는 이유들이 존재한다고 생각하는지 여부다. 이와 관련해서 여러분은 이 책이 시작되었을 때보다는 더 유리한 입장에 서 있다. 내가 여기에서 고안한 절차를 특정한 예들에 적용하는 훈련을 마친 후에는 더 유리한 입장에서 결정을 할 수 있을 것이다.

이유들을 검토하고 윤리적 주장들을 정당화할 때에는 적어도 하나 이상의 다른 관점들을 가져 보도록 하라. 임의의 어떤 윤리적 주장을 옹호할 수 있는 가장 강력한 사례를 구성해 볼 것을 권한다. 그 주장을 몸소 꼼꼼히 검사하고, 이유들을 이모저모 따져 보면서 여러분이 직접 그 논증을 강화해 보라. 동료들 한두 명에게 그 논증을 제시하고 비판을 부탁하라. (주의 : 비판이 **인신공격으로 흐르게 하지** 않는 것이 중요하다. 한 논증에 대한 비판은 논증 자체로 향해야지 그 논증을 제시한 당사자로 향해서는 안 된다는 것을 기억하라. 우리 모두가 이 과정으로부터 혜택을 본다는 것을 알게 될 때까지 우리들 중 상당수는 그것이 위협적이라고 생각한다. 그러므로 여러분은 강한 느낌을 갖지 않는 윤리적 주장에서 출발할 수도 있다!)

집단 토론이 끝나면, 자신의 논증을 더 강화해 보라. 비판을 거친 후에는 단순히 머릿속에서 그것을 짜냈을 당시에 비해 당신의 논증은 훨씬 더 훌륭해졌다는 사실에 놀랄 것이다. 하지만 주의 사항들에 유념하는 것을 잊지 않도록 하라!

제 5 장

윤리적 논증 체험하기

5.1 환경

사람들은 엄마와 애플파이를 좋아하듯이 환경도 좋아한다. 맞는 말인가? 아마도 그럴 것이지만, 적극적인 환경보호운동 탓에 주변 사람을 등 돌리게 만들고 마는 환경보호론 내지 환경론자들을 모두가 좋아하지는 않는다. 사실 환경론자들과 반환경론자들 사이의 충돌은 때로는 격렬했으며, 아주 많은 윤리적 다툼들이 그렇듯이 사태는 대개 더 악화되고 있다. 나는 이 상황을 1990년 지구의 날 며칠 전에 미네소타 주 마셜의 한 일간지에 실린 편지에 관해 충분히 논의한 다음, 논란이 되고 있는 몇몇 핵심 쟁점들을 담고 있는 전형적인 사례 연구를 고찰함으로써 개선할 수 있을 것으로 생각한다. 편지를 소개하는 까닭은 그 안에 흥미로운 쟁점이 담겨 있음은 물론이 책에서 개진한 논증 기술들이 윤리적 추론에 관한 구체적인 예를 통해 어떻게 사용되고 있는지를 보여줄 절호의 기회를 제공하기 때문이다.

편지의 내용은 이렇다.

저는 공해를 비롯한 환경을 위협하는 다른 요소들에 대해 큰 우려를 하고 있습니다만, 그럼에도 불구하고 극단적 환경론자들의 요구는 고도의 사변적인 이론을 발표할 개인과 국가의 자유를 포기하도록 만든다고 생각합니다. 이는 어리석고도 위험한 일입니다.

환경에 대한 우려로 인해 미국인들은 수백억 달러의 비용을 지출했고 세계시장에서의 국가경쟁력도 현저히 위축되었다는 것은 의심의 여지가 없습니다. 그들이 부화시켰던 일련의 각종 세금, 규제, 관리감독 등의 정책에 만족하지 못한 환경보호 로비스트들은 4월 22일로 예정된 1990 지구의 날에 미국의 제조업자들을 향해 또 다른 맹렬한 공격을 가할 태세입니다. 하지만 많은 과학 전문가들도 이제는 환경론자들의 주장 대부분을 근거 없는 헛소리로 느끼고 있습니다.

환경론적 극단주의의 한 예가 1990 지구의 날 사무총장 셴입니다. 콜로라도의 티머시 워스는 다음과 같이 말했습니다. "지구 온난화 문제에 악착같이 매달려야 한다. … 이론이 틀리게 된다 하더라도 우리는 경제와 환경 정책 측면에서 옳은 일을 하게 될 것이다."

매사추세츠 공과대학의 리처드 린젠 교수와 스크립스 해양과학 연구소의 제롬 나마이스는 지구 온난화와 관련된 예측들은 "매우 부정확하고도 온통 불확실해서 정책 입안자들에게는 그야말로 무용지물이다."라고 주장합니다.

환경론자들은 정부와 국제기구를 향해 자신들이 계속해서 강조하는 위협적인 상황에 맞서 싸울 것을 요구하지만, 제가 보기에 그들이 내세우는 많은 위협들, 예를 들어 오존층 감소를 포함한 위협들이 신뢰할 만한 증거들을 토대로 한 적이 없습니다. 피터 벡맨 교수는 지금까지 수집한 빈약한 자료를 토대로 확실한 결론을 이끌어 내려는 시도는 우스꽝스러운 일이라고 결론 내렸습니다.

환경론자들의 선전은 부시 대통령마저 굴복시켰을 만큼 강력합니다. 4월 22일을 1990 지구의 날로 선언할 당시 그는 '지구 환경론적 우려들에 대처하는 국제연합 결성'을 제안하였습니다. 이는 환경론자들의 거친 주장들보다 더 두려운 자발적인 주권의 양도를 뜻합니다.

이만 줄임

이 편지에는 그 뜻이 모호한 여러 개의 핵심어들이 있다. 예컨대, "개인과 국가의 자유"는 무엇을 뜻하는가? "세계시장에서의 국가경쟁력 위축"이 암시하듯 경제적 자유를 뜻하는가, 아니면 '주권'의 상실을 뜻하는가? 이 두 유형의 자유는 서로 관련이 있는가? 만일 관련 있다면, 어떻게 관련되어 있는가?

이 두 유형의 자유 사이의 관계(그것이 무엇이든)가 어떤 것인지에 따라 두 개의 결론이 있는 듯하다. 한 가지 결론은 만일 우리가 "극단적 환경론자들"의 말에 귀를 기울인다면 "개인과 국가의 자유"를 상실할 것이라는 것이며, 또 한 가지 결론은 부시 대통령의 선언은 "두려운 … 주권의 양도"를 가리킨다는 것이다. 두 결론이 어느 정도 관련 있다고 가정하자. 그러면 논증은 다음과 같을 것이다.

(R1) 공해와 '환경을 위협하는 기타 요소들'에 관한 과학적 증거는 환경보호를 시행할 만한 척도가 아니다.

(R2) 근거가 없는 환경보호는 개인의 자유 상실, 주권의 양도, 그리고 또한 세계시장에서의 국가경쟁력 약화를 초래할 것이다.

(C) (함축된 결론으로서) 그러므로 극단적 환경론자들의 목소리에 귀를 기울여서는 안 된다. 또는 환경보호에 관한 조치는 현재 빈약한 증거에 입각한 것으로서 정당성이 없다.

이렇게 정리해 놓은 논증에 대해서 어떤 주장이 제기될 수 있는가? 무엇보다도 이 논증이 공정하게 진술되었는지 확인해야 한다. 그러면 그렇다고 가정하고서 논의를 계속하기로 하자.

먼저, 글쓴이가 윤리적 관점을 채택하려 했음을 지지하는 증거가 거의 없다. 편지는 비난과 무책임한 언어들로 가득 차 있다. 수식어들 가운데 일부('부화시킨', '맹렬한', '헛소리', '극단적인', '어리석은', '위험한', 그리고 '두려운')는 이를 뒷받침해 줄 합리적인 지지 근거도 제공하지 않은 채 그 논증을 환경론에서 슬그머니 벗어나게 만들고 있기 때문에 감정에 호소하는 오류를 저지르고 있다. 글쓴이는 분명 이 문제에 대해 중립적이지 않으며 미래에 대해서는 조금도 우려하지 않고 있는 것으로 보인다. 결정적으로 그 논증은 시종일관 "개인과 국가의 자유"의 상실은 "세계시장에서의 현저한 국가경쟁력 위축"과 어느 정도 관련이 있다는 가정을 하고 있다. 이는 논의될 필요가 있는데, 왜냐하면 (내가 이미 지적했듯이) 여기에는 모호한 언어가 포함되어 있으며 그 둘의 관계가 자명하지도 않기 때문이다.

첫 번째 원칙에 부합한다는 점에서 얼마든지 인정할 수 있는 또 다른 가정은 우리는 이들 '자유'를 잃는 것을 원하지 않는다는 점이다. 세 번째이자 더 중요한 가정은 (우리가 문제 삼지 않으면 안 되는) 자유의 상실은 환경을 보호하려는 조치들로부터 곧장 따라 나오는 결과라는 것이다. 이는 환경을 보호하든지, 그것이 아니면 개인적 자유와 세계시장에서의 … 우리의 위치를 보호하든지 해야지 둘 다는 안 된다는 것을 전제한다는 점에서 이분법일 가능성이 짙다.

위 논증의 첫 번째 이유에서 과학적 증거에 대한 언급은 부적합한 권위에 대한 호소일 가능성이 농후한데, 그 이유는 글쓴이가 호소하는 사람들에 대한 또는 그들의 증언을 신뢰해야 할지에 대한 뭔가에 관한 언급이 ─ 대학교수라는 것 말고는 ─ 편지 속에는 전혀 없기 때문이다. 게다가 이 권위자들은 오존층 파괴에 대해서만 말했는데, 이는 "오염과 환경을 위협하는 다른 요소들"이라는 어구에서 우리가 생각해 볼 수 있는 모든 조치들을 망라하고 있지 않다.

더구나 워스 의원은 비용의 증가는 피할 수 없더라도, 모든 사정을 감안해 볼 때, 환경보호 조치가 실패할 경우 장기적으로는 결국 더 많은 희생 ─ 재정적으로든 다른 형태로든 ─ 을 초래할 것이기 때문에 그들은 곤경에 처하지 않을 수 없다고 주장할지 모른다. 워스 의원은 세 번째 문단의 인용문에서 환경에 닥친 위험이 과장되고 있을지라도, 지나칠 정도로 조심하는 것이 더 현명하기 때문에 어쨌든 환경보호 조치는 단행되어야 함을 주장하는 듯하다. 편지 내용에는 이와 같은 제안이 드러나 있지 않기 때문에 더 이상은 논하지 않겠지만 그 제안은 특히 편지를 쓴 이가 간과하는 윤리적 관점의 세 차원 중 하나를 반영한다는 점에서 주목할 필요가 있다.

여러 정황상 위의 논증은 다소 약하며, 결론은 제시된 이유들에 의해서 정당화되지는 않는다. 그 논증을 지탱하는 핵심 연결고리는, 환경보호 조치에 들어가는 비용은 "세계시장에서의 국가경쟁력 상실"을 낳는다는 것, 즉 국가경쟁력을 유지하면서 환경도 보호할 수는 없다는 것이다. 이 같은 이분법이 환경보호는 직업, '삶의 질', 그리고 세계 속에서의 위상을 필연적으로 상실시키고 말 것이라고 하는 주장으로 이어지게 되면 그 논증은 심각히 약화된다. 환경보호를 둘러싼 논쟁에서 발생하는 상당히 많은 갈등의 중심에는 일자리 제공과 환경보호 사이의 팽팽한 긴장이 놓여 있는데, 다음 장에 나올 사례 연구에서 이 논쟁을 다시 다루기로 한다.

잠시 숨을 돌려서 다소 직접적인 환경론적 문제들을 포함하는 매우 단순한 사례를 보기로 하자. 이를 통해 우리는 앞서 본 원칙들과 절차들이 어떻게 해서 논증의 해체가 아닌 결합에 적용되는지를 알 수 있을 것이다.

새 차를 사고 싶은 스코트와 샤론은 어느 것을 살 것인가를 두고 의견이 다르다. 스코트는 뛰어난 가속력과 속도를 자랑하는 '날렵한' 차라는 이유로 마쯔다 6을 사고 싶어 한다. 그는 전시장에서 캔디애플 레드 색상의 차를 보고는 그 매력에 흠뻑 빠져 있다.

이와 달리 샤론은 혼다 시빅 4도어를 사고 싶어 한다. 그녀는 매장에서 차 앞부분에 날렵하고 작은 '덮개'가 있는 은색 차를 보았다. 그녀가 선택한 혼다 시빅은 스코트가 선택한 마쯔다 6보다 저렴하지만, 둘 중 하나를 살 능력이 있다는 데에는 서로 의견이 일치했고 또한 어느 차든 결정되면 각자의 선호는 다를지언정 결정된 차의 외관은 '받아들일' 수 있다는 데에도 동의했다. 진지한 논의를 거친 끝에, 각자 선택한 차를 사고 싶어 하는 이유를 적어 내어 비교 결정하기로 했다.

스코트가 제시한 이유들은 다음과 같다.

1. 안전성
2. 환경에 대한 관심, 경제성 포함(22/28 M.P.G)
3. 성능(속도와 핸들링)
4. 외관
5. 가격

샤론이 제시한 이유들은 다음과 같다.

1. 안전성
2. 환경에 대한 관심, 경제성 포함(34/38 M.P.G)
3. 성능(핸들링, 적절한 속도)
4. 외관
5. 가격

그들은 4항과 5항에 대해서는 이미 논의 이전에 합의했기 때문에 그 두 항목에 대해서는 무승부로 간주했다. 논증이 어느 쪽으로 진행되더라도 이 항목들은 계산에 반영되어 있다.

결국에는 스코트가 혼다의 적절한 속도와 부드러운 핸들 조작을 인정함으로써 쟁점 3항도 무승부로 처리하기로 했다. 하지만 그는 마쯔다의 가속력은 1항을 보강하는 요소임을 주장했다. 그가 든 이유는 가속력 덕분에 신속한 추월이 가능하며 따라서 정면충돌은 거의 일어나지 않으리라는 것이었다. 샤론은 낮은 속도가 더 안전하며 마쯔다의 특별한 성능이 보장하는 별도의 안전성이 무엇이건 간에 과속 유혹이 결국 그 안전성을 소실시킬 것이라며 반박했다.

다음으로 스코트는 사고 시에 중형차일수록 더 안전하다는 보험회사 자료를 제시했다. 또 운전자와 승객은 혼다 기종과 같은 준소형

차를 탈 때보다 사고에서 덜 심각한 부상을 입는다는 자료도 제시했다. 샤론은 이에 맞서 준소형차가 사고를 덜 일으킨다는 사실을 보여주는 준비된 자료를 제시했다. 양측의 논증이 모두 효과적이었으므로 그들은 이것 역시 무승부로 처리하기로 했다. 양측 모두 우열을 가릴 수 없는 강력한 이유들을 댈 수가 있다.

스코트와 샤론은 자신들을 환경론자('극단적 환경론자'가 아닌 평범한 환경론자)로 생각했다. 때문에 그들은 M.P.G가 더 큰 혼다를 사기로 결정했다. 그들의 추론은 다음과 같다.

환경에 대한 관심은 차를 사려고 결정할 때 가장 중요한 두 요소 중 하나다.

안정성이 그 하나이지만 무승부로 간주한다.

혼다의 높은 연료 효율성은 환경론에서 볼 때, 중요한 '플러스' 요인이다. 그 차는 유한 자원인 가솔린을 더 적게 소비한다. 또 혼다의 효율적인 연료 사용은 이산화탄소 배출량을 줄여 줌으로써 오존층을 덜 파괴한다. 환경에 대한 고려와 관심은 윤리적 관점에서 볼 때 양측 모두에 핵심적인 항목들이다.

따라서 우리는 혼다를 사야 한다.

근본적으로 윤리적 논증에 사실적인 고려들이 어떤 식으로 개입하는지 주목하라. 이 논증은 강력하며 첫 번째 이유를 윤리적 전제, 즉 (대략적으로) "우리는 다른 조건이 동등하다면 환경론적 관점에서 더 바람직한 그 차를 사야 한다."로 표현되는 전제로 해석한다면 위의 결론은 이 전제로부터 따라 나온다.

하지만 이 논증이 강력한 이유는 단지 샤론과 스코트가 환경을 보호해야 한다는 점에 동의했기 때문일 뿐이다. 두 사람 모두 "우리는 환경론적 관점에서 볼 때 더 바람직한 차를 사야 한다."는 권고를 수용한다. 만일 둘 중 한 사람이 그 권고에 반기를 든다면 어떻게 되는가? 그 권고는 비판을 이겨 낼 수 있는가? 그것은 **좋은** 이유, 즉 **누구든** 받아들여야 하는 이유인가? 나는 여러 번에 걸쳐 (이 논증처럼) 엄밀한 함축을 포함하는 논증의 강도는 오로지 가장 약한 연결고리에 좌우된다고 주장했다. 그러면 이 연결고리의 강도가 어느 정도인지 살펴보자.

이 권고에 대한 시험으로 나는 이 책에서 살펴본 적이 있는 '제안과 폐기'의 방법을 사용할 것이다. 바꿔 말하면, 샤론과 스코트가 수용한 권고는 모든 사람들도 수용한다고 제안한 다음 이 제안을 지지할 좋은 이유가 있는지를 검토할 것이다. 이 권고를 거부하거나 혹은 폐기할 좋은 이유를 찾을 수 없다면 그 권고는 스코트와 샤론만이 아닌 모든 사람이 수용할 가치가 있다고 가정할 수 있다.

방어해야 할 그 권고의 핵심 주장인 환경보호를 지지하는 이유는 무엇인가? 내가 2장에서 제시한 세 가지 원칙과 같은 윤리적 원칙이 이 권고를 지지하는 아주 훌륭한 근거일 것이다. '환경'이란 첫 번째 원칙에 따라 그 권리가 반드시 존중되어야 하는 인격을 포함한 모든 감응력 있는 생물체들이 살아가는 세계다. 나는 인격에 대한 존중은 윤리를 위한 필요조건이라고 주장했는데, 이 말이 옳다면 인격은 깨끗한 환경에 대한 권리를 가질 것이다. 오염된 공기는 건강을 해치고 맑은 물이 없다면 우리는 죽고 말 것이다. 생명은 인간의 모든 권리 중 가장 기본적인 것이다.

비록 나의 논변에 끌어들이지는 않았으나, '동물의 권리'와 같은 것도 있을 수 있다. 동물의 권리라는 개념은 다루기 어려우며, 내 주장을 관철하고자 그 문제를 철저히 따져 볼 필요는 없다. 또한 사람 (그리고 동물들?)은 그 무엇에도 구속을 받지 않는 광야에 대한 권리를 갖는지 여부, 혹은 (아직 태어나지 않은) **미래의** 사람이 과연 권리를 가지는지 여부 역시 다루어 볼 만한 주장들이기는 하지만, 여기서 굳이 고찰할 필요는 없다. 건강한 삶을 위해서는 깨끗한 환경이 꼭 필요하다. 논의상 현재의 목적을 감안하면 그와 같은 건강한 삶에 대한 모든 사람들의 기본권을 인정하는 것으로도 충분한데, 이 원칙이 환경보호를 위한 좋은 이유를 제공하기 때문이다.

나의 윤리적 원칙에 대한 이와 같은 옹호가 제시한 대로 유효하다면, 바로 앞에서 옹호하기 시작한 "우리는 환경을 보호해야 한다."는 취지의 그 권고는 비판적인 검사에도 견딜 수 있다. 결국 샤론이 작은 차는 연료가 덜 들고 결국 환경을 (더 크고 덜 저렴한 차보다는 더 잘) 보호할 것임을 입증할 수 있다면, 그녀의 논증은 예상했던 것처럼 매우 강력해질 것이다.

5.2 강제 불임 시술

다음 사례는 마이클 베일즈(Michael Bayles)의 저서 『직업윤리』[1]에서 인용한 것이다.

의사인 어네스트 프리드먼의 환자 중에는 겸상 적혈구성 빈혈이라는 병을 앓고 있는 조지아 헨드릭스라는 젊은 흑인 여성이 있다. 그녀는 최근 예쁜 여자 아이를 낳았다. 그녀에게 나타나던 발작 횟수와 정도는 최근 현격히 줄어들고 있다. 하지만 프리드먼 박사는 최근에 겸상 적혈구성 빈혈을 앓으면서 위험도가 유달리 낮은 여성들이 치료를 소홀히 할 경우, 임신 중 사망률이 거의 10%에 이른다는 한 논문을 읽었다. 그는 조지아에게 불임 시술을 제안했지만 그녀는 완강히 거부했다. 사망률에 관한 그 새로운 증거를 본 프리드먼 박사가 조지아의 임신을 막기 위해 불임 시술을 꼭 해야겠다고 생각하는 것은 당연하다. 그는 논증을 극적으로(dramatically) 제시해서 조지아를 설득한다면, 그녀 또한 불임 시술의 당위성을 확신할 것이라고 생각했다. 프리드먼 박사는 윤리적으로 그렇게 해야 하는가? 아니면 해서는 안 되는가? 그 이유는 각각 무엇인가?

---

1) 출처 : *Professional Ethics* by Michael D. Bayles, p.89, ⓒ 1981 by Wadsworth, Inc. 출판사의 친절한 허락으로 실음.

이는 매우 흥미로운 예다. 핵심어이자 그 의미를 명료하게 해둘 필요가 있는 용어는 '극적으로'이다. 프리드먼 박사는 얼마나 극적인 논증을 제시하게 될 것인가? 하지만 핵심 쟁점은, 프리드먼 박사가 자신의 환자에게 '극적으로' 논증을 제시할 때 인격으로서의 그녀의 지위, 즉 하나의 인격으로서 존중받을 권리를 부정하는지 여부다.

앞서 이미 언급했던 매우 유명한 논문에서, 오노라 오닐은 타인에 의한 한 개인의 인격의 강제 또는 조작은 그 사람의 인격으로서의 지위를 부정하는 것이며, 인격의 자율성 내지 도덕적 판단 능력을 부정하는 것이라고 주장한다. 그 자율성 내지 판단 능력은 칸트적 견지에서 보면 사물과 인격을 구별하는 요소이며 2장에서 내가 옹호한 첫 번째 원칙의 기초를 이루는 것이다.

오닐에 의하면 주요 쟁점은 진정한 동의, 즉 그녀의 입장에서 "의사의 제안에 담긴 심층적이고 근본적인 내용에 대한 동의"가 존재하느냐이다. 그녀는 "타인을 인격으로서 대우하기 위해서는 그 사람에게 **제안된 사안에 대해 동의하거나 거부할 가능성**을 보장해 주어야만 한다. ⋯ 타인을 인격으로 대우한다고 할 때 도덕적으로 중요한 것은 타인이 동의하거나 **거부할 수 있도록** 해주느냐이다. ⋯ 예를 들어 타인을 강제하거나 속인다면, 거부는 물론 진정한 동의 역시 원칙상 불가능하다."[2]라고 주장한다.

이 사례에서 문제가 되는 것은 프리드먼 박사가 논증을 '극적으로' 제시함으로써 인격으로서의 환자의 권리를 부정하고 있느냐이다. 그는 환자가 아예 제안을 거부할 수 없을 만큼 충분히, 그리고 생생한 설명과 예들을 들어 자신의 주장을 제시하고 있는가? 아니면 관련된 정보를 충분히, 그러나 **그녀가** 수술을 받을지 여부를 결정하도록 제시하고 있는가? 앞의 경우는 비윤리적이며, 두 번째 경우는 여기에

---

2) Onora O'Neil, "Between Consenting Adults", *Philosophy and Public Affairs*, Vol. 14, No. 3. 강조는 원저자의 것임.

서 제시된 견해에 비추어 볼 때 윤리적이다.

의사는 이 특별한 환자를 대우하는 방식으로 **모든** 환자를 대우할 것이기 때문에 공정성 문제는 개입되지 않는다. 더구나 의사인 프리드먼 박사는 환자인 헨드릭스가 마음을 정하도록 할 때 관련된 당사자들 전부 내지 대부분에게 유리하게 적용될 그러한 규칙을 채택할 수 있다.

여기서 주목할 점은 만일 프리드먼 박사가 헨드릭스에게 강요를 한다면 그의 행위는 자율적인 도덕적 주체, 즉 인격으로서의 그녀의 지위를 부정할 뿐만 아니라 아리스토텔레스가 말한 인간의 행복의 총합을 감소시키는 규칙을 암묵적으로 채택하는 것이기도 하다. 일반적으로 인격은 윤리적 행위의 **필연적** 조건으로서 존중받을 가치가 있다. 바꿔 말하면 그러한 규칙을 프리드먼 박사가 채택할 경우, 어떤 사람('권위자' 내지는 '전문가')이 상황이 허락한다고 판단할 때면 언제든지 그 규칙을 들어 인격을 강제 또는 조작하는 것이 허용될 것이다. 이와 같은 프리드먼 박사의 매우 위험한 방식의 추론은 인격들 간의 윤리적 상호작용을 파괴하고 인간의 행복의 총합을 전체적으로 감소시킬 온갖 종류의 오남용을 불러 올 수 있다.

이와 같은 상황에서 그 원칙은 정보에 근거를 둔 선택에 필요한 관련 정보를 제공하지 않는 행위는 어떤 경우라도 비윤리적임을 함축한다. 바로 그것이 '인격에 대한 존중'에 담긴 최소한의 의미이며, 인격으로서의 기본 권리들 중 하나다. 헨드릭스가 객관적 근거에 입각한 결정을 내린다면, 즉 프리드먼 박사가 제시한 '극적인' 제안이 강제적이지 않다면, 헨드릭스는 숙고를 거친 후에도 자신의 결정을 후회하지 않으리라고 추측할 수 있다. (그것은 "나중에 후회를 하는가?"와 같이 강제와 비강제 여부를 가리는 시금석이 될 것이다.) 만일 프리드먼 박사가 그녀의 결정을 강제하게 된다면, 그녀는 나중에 후회할 것이다. 그녀가 수술에 진정한 동의를 하지 않았다면 프리드먼 박사는 그 결과와 상관없이 그릇된 일을 한 것이다. 프리드먼 박사가 어떤 '극적인' 논증을 할 것인지 우리가 알고 있어야 한다는 것은 너무도 당연하다!

요약을 대신해서 앞에서 생각해 본 기술을 이용해 우리가 이 사례에서 가장 합당한 결론에 도달할 수 있는 강한 논증을 하나 구성해 보자.

강제는 하나의 인격으로서 존중받을 권리를 부정하며 따라서 그릇된 것이다. (원칙 1)

프리드먼 박사가 헨드릭스 씨에게 한 '극적인' 제안은 강제를 포함한다. (혹은 포함하지 않는다.)

따라서 프리드먼 박사는 헨드릭스 씨가 불임 시술을 받도록 '극적인' 방식으로 설득해서는 안 된다. (설득해야 한다.)

주석 : 이미 말한 것처럼, 이 논증에서 핵심은 '극적인'이라는 단어와 프리드먼 박사의 설득 방법이 환자가 수술을 받을 것인지 스스로 결정하도록 하는지 여부다.

5.3 변호사의 특권

마이클 베일즈의 『직업윤리』에 나오는 다음 사례를 보자.[3]

아서 브라운은 성공한 변호사로서 매우 바쁘다. 에이스 리테일러 회사는 한 소비자가 제기한 소송에 대처하기 위해 그를 고용했다. 소비자의 불만 사항은 27일 전에 이미 제출되었고 브라운은 2주 이상 사건을 맡아 왔음에도 불구하고 아직 답변서를 제출하지 않은 상태다. 에이스의 대표가 브라운에게 전화를 걸자, 브라운은 의뢰비 2만 달러를 받아야만 답변

---

3) 출처 : *Professional Ethics* by Michael D. Bayles, p.58, ⓒ 1981 by Wadsworth, Inc. 출판사의 친절한 허락으로 실음.

서를 제출하겠다고 말했다. 주법(州法)에 따르면 답변서는 30일 이내에 제출되어야 하며 그렇지 않을 경우 당사자들은 불만 사항에 관한 모든 혐의를 인정하는 것으로 간주된다. 에이스의 대표는 한 건의 재판 비용으로는 너무 비싸며, 그 소송은 정식 재판에 들어가기 전에 해결될 수 있을 것으로 생각한다. 다른 변호사를 구할 시간적 여유도 없는 탓에 그는 퀵서비스를 이용해 브라운에게 수표를 보냈다. 브라운의 행위는 비윤리적인가? 만일 비윤리적이라면, 왜 그런가? 그렇지 않다면, 또 그 이유는 무엇인가?

이 예는 윤리적 충돌을 포함하지 않기 때문에 아주 간명한 사례라고 할 수 있다. 찬반양론의 이유를 고려할 경우, 브라운의 행위에 대한 '찬성' 쪽 이유는 전적으로 단기적인 이기심 문제일 것이다. 일종의 금전 갈취로 보이는 행위를 지지할 좋은 윤리적 이유를 찾기는 어렵다! 윤리적 관점에는 증거라는 것이 존재하지 않는다. '반대' 쪽 이유들은 이 책 2장에서 내가 옹호한 세 가지 원칙 모두를 위반하는 형태를 취한다. 이 예를 통해 우리는 그들 세 가지 원칙이 특정한 사례에 어떻게 적용되는지를 알 수 있다.

[원칙 1](인격 존중에 관한 원칙)을 위반한다. 왜냐하면 브라운은 에이스의 대표를 속임으로써 그 대표가 당연히 받아야 할 존중을 침해하기 때문인데, 에이스의 대표는 정해진 절차에 소요되는 (누구든 알 수 있는) 비용에 비해 상당히 터무니없는 수임료를 지불하도록 강요받고 있다.

[원칙 2](공정성에 관한 원칙)를 위반한다. 이와 같은 금전 갈취는 브라운의 고객에게는 완전히 불공정하며, 그 고객은 브라운을 다른 변호사로 대체할 자유로운 선택을 행사할 수 없다. '원초적 입장' 속에 있는 누구도 다른 사람을 이와 같이 대우하는 것에 찬성하지 않을 것이며, 우리는 브라운 자신도 그럴 것이라고 추정한다. 바꿔 말하면 브라운 자신이 이와 같은 악용 행위의 희생자라면, 그 역시도

이에 찬성하지 않을 것이다. 따라서 브라운의 행위는 윤리적 관점에서 문제가 된다.

[원칙 3](해당 규칙을 따르는 사람들의 행복을 증가시키는 규칙의 채택에 관한 원칙)이 훼손되는데, 그 이유는 자신의 행위가 자신을 제외한 다른 어느 누구도 행복하게 만들지 못하는 까닭에 브라운은 이런 식의 거래를 하면서 윤리적 규칙을 채택할 수는 없을 것이기 때문이다. 역설적으로 그것이 브라운 자신도 행복하게 만들어 주지 못할 것이다. 이 주장을 입증할 수 있는지 알아보자.

브라운의 본분에 비추어 볼 때 그 행동은 단기적 이익은 가져다줄지언정, 최선의 이익이 되지는 않는다. 장기적으로 볼 때, 브라운은 자칫하면 실직을 당하기 십상이다. 브라운이 에이스의 대표에게 행한 태도는 쉽게 알려질 것이며 결국 그는 부패한 변호사라는 평판을 들을 것이다. 잠재적 고객들은 브라운의 공정하지 못한 처사에 희생되기보다는 차라리 다른 곳에 일을 맡길 것이다. 윤리적으로 행동하기로 선택하든 말든 (그렇게 해서는 '바쁘고 성공한 변호사'로 살아남기 어렵다) 브라운은 자신의 장기적 혹은 '최선'의 이익에 따라 행동하는 것이 현명할 것이다.

지금까지의 내용을 강력한 윤리적 논증의 형태로 제시해 보자.

> 인격 존중과 공정성을 어기지 않으면서, 우리는 그 규칙을 따르는 모든 사람들에게 이익을 가져다주는 규칙을 채택해야만 한다.
> 브라운이 고객을 대하는 방식은 비인격적 — 금전 갈취의 경우처럼 — 이며 불공정하기 때문에 이 경우에 그는 그와 같은 규칙을 채택할 수 없다.
> 그러므로 브라운은 자신의 고객을 그와 같은 방식으로 대우해서는 안 된다.

첫 번째 원칙을 이 예에 적용하는 것과 관련해서 한 가지 흥미로운 물음이 생겨난다. 권리 존중의 원칙은 사람들은 그들이 요구하지 않은 정보를 제공받을 권리가 있음을 뜻하는가? 이 사례에서 에이스의 대표는 질문할 필요가 없다고 생각했는지 브라운에게 소송 사건의 답변서를 언제 제출할 것인지 묻지 않았다. 그와 같은 부주의로 인해 에이스의 대표는 비싼 대가를 지불했고, 우리는 그가 정보를 알려 하지 않은 탓에 결국 터무니없는 비용을 지불하게 되었다고 주장할 수 있다. 하지만 누군가에게 정보를 알리지 않는 행위가 그를 **이롭게** 한다면 어떻게 되는가? 의학에서 위약(placebo)을 사용하는 경우는 어떤가?

예컨대 위약은 만성질환을 앓고 있는 환자를 효과적으로 치료하며 그 과정에서 환자의 치료비 부담을 크게 덜어 준다고 가정해 보자. 설탕으로 만든 알약을 복용 중이라는 사실을 환자가 안다면, 알약은 효과가 없을 것이므로 위약 치료가 성공하기 위해서는 비밀 유지가 필수적이다! 비밀을 지키는 것이 환자 치료에서 성공의 관건이 되는 이와 같은 경우에 정보를 알리지 않는 행위는 윤리적으로 옳은가?

이는 퍽 복잡한 예로서, 그와 같은 행위 — 효과가 있다 하더라도 — 는 첫 번째 원칙을 위반하기 때문에 나는 그것을 어떻게 정당화할 수 있을지 모르겠다. 바꿔 말하면 위약이 효과가 있든 없든(그리고 위험도 있다), 환자는 정보에 근거해 선택할 권리를 보장받지 않았으며 따라서 강제로 인한 희생자다.

이와 같은 경우를 보호할 적절한 규칙, 즉 그 규칙과 관련된 대부분의 당사자들의 행복을 최대화할 규칙을 찾기가 왜 어려운지를 보자. 위약 실험은 논쟁의 소지는 있으나 대부분의 경우 효과적이다. 하지만 그 규칙이 치료에 필요한 가능한 수단임을 들어 강제를 허용한다면, 윤리적 관점에서 볼 때 그 규칙은 채택될 수 없다.

그러나 이 예에는 매우 중요한 또 다른 면이 있다. 환자와 의사 사이에 암묵적인 협약은 당연히 위약 사용을 윤리적으로 정당화하는 토대가 된다. 환자는 치료를 위해 의사에게 가며 치료에 꼭 도움이 되는 처치라면 어떤 것이든지 괜찮다고 생각할 정도로 의사를 믿을 것이다. 만일 "꼭 도움이 되는 처치라면 어떤 것이든"에 속임수도 들어간다면 환자는 속임을 당하는 것을 **선택**했다는 주장이 얼마든지 성립할 수 있다. 이런 시각에서 보면 환자는 그 약의 효과 여부에 관련된 철저한 정직과 완전한 정보에 대한 자신의 권리를 유보한 것이 된다. 이는 다소 당황스러운 일이지만 우리 역시 어떤 화학약품이 들어 있는지, 혹은 효과가 어떨지 모르는 채 약을 처방받으면서 이와 똑같이 행동한다. 심지어 자유 선택과 자율성을 가장 큰 목소리로 옹호하는 사람들조차도 의사/환자 관계는 예외적이라는 데 동의한다.

이와 같은 추론 노선을 택할 경우, 우리는 환자가 자기 건강을 위해서는 정보에 근거해 선택할 권리를 유보할 수도 있다는 규칙을 공식화해서 채택할 수도 있겠지만, 이는 환자의 선택으로 남아 있어야 하며, 의사가 환자에게 강요하지 않도록 해야 한다. 그렇지 않으면 환자의 권리는 부정되고 말 것이다.

논증은 다음과 같을 것이다.

일반적으로 강제는 윤리적으로 그른 것이다.

환자가 자신의 건강을 위해 결정을 내릴 권리를 의사가 부정할 때 강제가 발생한다.

다른 한편, 환자가 자신이 받는 치료에 대한 지식이 성공적인 치료를 방해하며, 때문에 치료에 관한 모든 것을 알 권리를 유보한다면, 강제는 발생하지 않는다.

위약을 이용한 의학적 치료는 환자 자신이 위약을 복용 중이라는 사실을 모르는 경우에만 성공할 수 있다.

따라서 환자가 전면적인 공개를 요구할 권리를 유보하는 상황에서 위약을 사용하는 것은 강제가 아니며 다른 어떤 윤리적 규칙들도 위반하지 않는다.

그러므로 그와 같은 상황에서 위약을 사용하는 행위는 윤리적으로 허용될 수 있다.

5.4 내부 고발

말린과 스티브는 캘리포니아 주의 클로틸다라는 인구 8만 명의 도시에 살고 있다. 스티브는 EMC라는 그 지역 화학공장에서 좋은 보수를 받고 근무하는 설계 공학자다. 그들에게는 3개월 된 아기가 있는데, 최근에 그 아기는 치유 여부가 불투명한 희귀한 간암을 앓고 있다는 진단을 받은 상태다. 몹시 충격을 받은 젊은 부부는 아이의 질병을 일으켰을 원인을 찾기 위해 지역 기관들에 의문을 제기했다. 그들은 다음과 같은 놀라운 사실을 몇 가지 알아냈다. 지난 7년간 클로틸다에서는 비정상적으로 많은 수의 간암 발생 사례가 보고되었는데, 그 환자들은 특히 평소대로라면 이 특정 질병에 걸리지 않는 영유아들이다. 게다가 그 지역에 거주하는 젊은 여자들의 지난 6년간 자연 유산율은 평균치에 비해 3배나 높았으며, 지난 6-7년 사이 기형아 출산율은 평균보다 3.5배 높았다.

스티브는 물을 채취해서 그 지역 오염 관리소 직원에게 검사를 의뢰했다. 검사 결과 발암물질로 알려진 상당한 양의 다이옥신이 물에 녹아 있었던 것으로 밝혀졌으며, 이를 토대로 스티브는 그 오염원은 EMC가 지난 10-11년 동안 화학공장 근처의 쓰레기 매립지에 폐기해 온 화학물질이 아닐까 생각했다. 그는 화학 쓰레기로부터 새어 나온 물질이 클로틸다 시의 상수도로 유입되고 있다는 의심을 갖게 되었다. 그 후 이어진 조사 결과를 통해 이러한 의심은 사실임이 밝혀졌다.

스티브는 EMC의 회사 관계자들에게 그 문제를 알리고자 자신의 직장 상사를 만났는데, 그의 목적은 쓰레기하치장을 깨끗이 하고 오염 문제를 근본적으로 없애기 위해서 할 수 있는 일이 있다면 그것이 무엇인지 알아보는 데 있었다. 갈수록 불안해하는 상사를 계속 조사하면서 스티브는 회사가 그 문제를 이미 알고 있었지만 대수롭지 않게 '은폐'해 온 것을 알아챘다. 스티브의 상사는 그에게 "입을 다물"고 "본연의 일에 충실하지 않으면 일자리를 잃는다!"고 강력히 경고했다.

스티브는 집에 돌아와 아내 말린과 함께 어떤 선택을 할지에 관해 논의했다. 무엇보다도 그들은 옳은 일을 하고 싶어 했다. 다음은 그들이 생각해 낸 선택지들이다.

1. 상사의 충고에 따른다.
2. 직장을 그만두고 다른 곳으로 이사한다.
3. 직장을 잃을 것이 분명하지만, '내부 고발'을 통해 회사로 하여금 물과 매립지를 깨끗이 하도록 한다. 회사가 정화 조치를 취할 경우 회사의 이익은 줄어들고 그로 인해 다른 사람들도 함께 일자리를 잃을지 모른다.
4. 직업을 그만두고 화학공장을 폐쇄시키기 위해 EMC를 고소한다.

이 젊은 부부는 어떻게 해야 하는가?

스티브와 말린은 세 번째 선택지를 선택하기로 결정했다. 그들의 추론은 이렇다. [대안 1]은 타산적이지만 윤리적이지 않다. 더구나 개인적 측면에서는 그들이 무엇을 하는지 알고 있으면서 마치 아무 일도 일어나지 않은 것처럼 지내기는 힘들다는 것을 알게 될 것이다. [대안 2]는 **부부만의** 문제는 해결하지만 **본연의** 문제는 해결하지 못한다. 클로틸다에 사는 많은 이웃들은 오염된 물을 마시며 살아야 한다. [대안 4]는 현실성이 없는데, 왜냐하면 스티브는 변호사 수임료와 부유한 화학회사와 맞서 장기간 법정 투쟁을 벌이는 데 들어갈 소송비용을 감당할 능력이 없기 때문이다.

[대안 3]이 윤리적 관점에서 볼 때 유일하게 받아들일 만한 선택이다. 스티브는 직장을 잃고 EMC의 직장 동료들도 상당수 해고를 당하겠지만, 스티브와 말린은 회사가 나쁜 평판을 듣도록 함은 물론

지방과 연방 공무원들이 매립지를 깨끗이 하고 누출물의 상수도 유입을 중단하도록 회사를 강제할 것으로 판단했다. 더욱이 클로틸다의 주민들은 지금껏 몰랐던 상황을 잘 인식하게 될 것이다. 그들은 그 충돌을 한편으로는 일자리와 다른 한편으로는 도시의 건강 사이에서 벌어지는 것으로 보고 있다.

윤리적 관점에서 볼 때 스티브는 다른 이들이 청결하고 건강한 환경에서 살 권리에 대해 우려하고 있으며, 규칙과 관련된 최대다수의 행복을 최대화할 그러한 규칙을 채택하고 있다.

현재 시점에서 스티브의 논증은 다음과 같아 보인다.

유독성 화학물질이 배출되는 현재 상황은 윤리적 관점에서 용인될 수 없다.

내부 고발만이 효과적인 선택으로 보인다.

나는 적절한 증거들을 가지고 있으며 현재의 상황이 개선될 것이라고 믿을 만한 좋은 이유가 있다.

그러므로 나는 고발을 해야 한다.

상황은 물론 앞서 설명한 것처럼 다소 단순하다. 보기에 따라서는 가족에 대한 스티브의 의무는 어떻게 되는 것인지 의아해할 수 있다. 앞서 말했듯이 스티브와 말린이 함께 결정을 내렸으며, 추측컨대 그들은 더 넓은 공동체에 대한 의무감을 공유하면서 새 일자리를 찾아 아이의 엄청난 치료비를 마련해야 하는 고단한 현실에 기꺼이 맞설 준비가 되었을 것이다. 하지만 나는 아이에 대한 의무는 고려하지 않았다. 그 의무에 대해서는 어떻게 생각하는가?

아이에 대한 의무라는 이 새로운 차원은 이 예에서의 윤리적 우선성을 변화시키지 않는다. 결국에는 틀림없이 일자리를 잃을지언정 스티브에게는 여전히 내부 고발의 의무가 있다. 현실적인 어려움들은 매우 생생하고도 절박한 문제이긴 하지만 어디까지나 그것은 윤리와 무관한 일이다. 이 상황에 대한 찬반양론을 비교 평가하면서 스티브와 말린은 아이에 대한 사랑과 충분히 숙지하고 있는 장래의 현실적인 어려움도 함께 고려해 넣을 것이다. 그러나 젊은 부부가 아이에 대한 의무를 소홀히 하고 있다는 반론, 또는 아이에 대한 의무가 오염된 물을 계속 마실 경우 암에 걸릴 많은 사람들에 대한 의무에 우선한다는 반론에 동의하지 않을 수 없는 하등의 좋은 이유도 제시되고 있는 것 같지 않다. 윤리적 관점(여러분은 이것이 중립적인 것임을 기억하고 있을 것이다)에서 볼 때, 의무란 **인격**에 대해 성립하는 것이지, 그가 누구인지 그리고 도덕적 행위자와 그가 어떤 관계에 있는지에 좌우되지 않는다. 스티브와 말린은 친인척이 아닌 클로틸다의 7만 9,997명의 시민보다는 자신의 아이에 대해 더 강한 의무를 **느낄** 것이다. 그러나 이러한 감정이 아이에 대한 의무를 윤리적 관점에서 더 강력하게 만들지는 않는다. 왜냐하면 윤리적 관점은 중립성을 필요로 하기 때문이다.

하지만 내가 아기의 권리를 무시했다는 주장도 분명 제기될 것이다. 아기의 권리가 다른 모든 사람들과 동등하게 고려되어야 할 테지만, 어쨌든 그들의 권리는 반드시 고려되어야 한다! 아기의 권리가 무시된 지점은 단지 여기까지다. 의학적 치료가 설령 도움이 되지 않을지라도, 분명히 아기에게는 치료받을 권리가 있다. 2장에서 말했듯이 인간의 권리란 윤리적 행위의 필요조건이다. 나는 비일관성 내지 모순에 대해 책임질 수 없을까? (스티브와 말린은 아기의 권리를 무시할지언정 고발이라는 옳은 일을 할 것이다. 그런데 지금까지 말한 아기의 권리는 윤리적 행위의 필요조건이다. 이는 실제로 모순으로 보인다.) 깊이 생각해 보자.

내가 아기의 권리가 무시된다는 데에 동의할 수 있는 경우는 단지 스티브와 말린이 아기를 치료하지 않았을 경우뿐이다. 왜냐하면 (일반적으로 인정되듯이) 모든 사람은 자신의 생명을 구할 가능성이 아주 적은 경우라도 의학적 치료를 받을 권리가 있기 때문이다. 하지만 비록 치료를 하지 않는 것은 반드시 아기의 권리를 무시하는 처사라 할지라도, 이 예에서 스티브가 **현재의 직업**을 유지하지 않으면 스티브와 말린이 아기를 치료할 **수 없다**는 점은 분명하지 않다. 바꿔 말하면 스티브가 고발을 해서 직업을 잃기 **때문에** 아기의 권리가 무시되지는 않는다. (스티브는 직업을 유지하거나 **아니면** 그는 아기의 치료받을 권리를 부정한다와 같은 이분법을 조심하라. 이는 지나친 단순화다.) 이런 일련의 사건들로 인해 아기의 치료가 반드시 부정되는 경우에만 아기의 권리는 무시되는데, 그들은 아기의 치료를 부정하지는 않는다. 여기에는 모순이 없다.

이 지점에서 스티브와 말린이 논증을 제시한다면 아래와 같을 것이다.

유독성 화학물질이 배출되는 현재의 상황은 윤리적 관점에서 용인될 수 없다.

내부 고발만이 효과적인 개선책으로 보인다.

내게는 클로틸다의 주민들에 대한 의무가 있지만 내 가족에 대한 의무 역시 있다.

가족에 대한 의무를 다하자면 생계를 유지하고 아이를 위해 치료 방법을 모색해야 한다. 아마도 다른 마을이라야 이 두 일을 할 수 있을 것이다.

클로틸다의 주민들에 대한 의무를 다하자면 고발이 필요하다. 그것을 통해 주민들에게 수돗물의 위험을 알리고 그 화학회사로 하여금 상황을 개선하도록 할 수 있다.

따라서 나는 고발을 해야만 한다.

물론 나는 스티브가 현재의 직업을 유지하지 않는다면 아이를 치료할 방도가 전혀 없다고 주장함으로써 이 예를 수정하자고 고집할

수 있다. 그러나 만일 이 주장이 성립한다면 우리는 스티브와 말린은 이 경우에 옳을 행위를 할 수 없다는 결론을 내려야 한다. 왜냐하면 옳은 일(아기를 위해 치료를 해주거나 수돗물이 오염된 사실을 알리는 것)을 한 가지 하면서 그들은 그른 일(아기의 치료받을 권리를 부정하거나 클로틸다 시민의 오염되지 않은 물을 마실 권리를 부정하는 것)도 한 가지 해야만 하기 때문이다. 2장 1절에서 본 것처럼 리처드 M. 헤어는 동의하지 않을지 몰라도, 이것이 바로 근본적으로 **비극적인** 상황, 즉 옳은 행위가 존재하지 않아 보이는 상황이다.

다행히 관련된 당사자들에게 큰 괴로움을 주는 이런 상황은 그리 흔하지 않다.

저 상황이 상당히 나쁘지는 않아서 만일 문제의 화학물질이 클로틸다의 시민들에게 건강상의 위험을 일으키지 않는다거나 잠재적인 위험만 있을 뿐이라면 방금 기술한 문제는 더 복잡해질 수도 있다. (앞서 말했듯이 이와 같은 우연적인 일이 어떻게 해서 스티브와 말린이 제시한 논증의 갖가지 전제들을 약화시키는지 살펴보라.) 만약 그 화학물질이 인간 아닌 존재들에게 건강상의 위험을 일으킨다면 그 또한 문제를 더 복잡하게 만들 것이다.

켄 피터슨(Ken Peterson)이 묘사한 「나비 대 산업」(『산호세 머큐리(San Jose Mercury)』, 1979년 10월 25일자)을 예로 들어 보자.

시너텍스라는 대형 반도체 회사가 4천만 달러의 연구비 출연과 캘리포니아 주의 산타크루즈 시에 제조 공장을 설립한다는 제안을 했다. 공장 부지는 '내추럴 브리지(Natural Bridge) 국립공원' 맞은편 길 건너다. 그곳에 제조 공장이 들어서면 350-400명이 일자리를 얻을 것이다. 그런데 그 공장이 가끔 (연중 약 80일 가량) 방출하는 소량의 탄화수소와 유황, 그리고 산화질소가 국립공원에서 그 부지 쪽으로 부는 바람을 타고 약 9만 5천 마리의 왕나비가 연례이동을 할 때마다 모이는 곳으로 날아간다는 사실이 알려지면서 문제가 발생했다. 그 공장에서 배출되는 가스가 그 나비들에게 해를 끼치는지 여부는 알려져 있지 않다.

윤리적 관점에서 볼 때 그 공장이 거기에 세워져야 하는가? 한 가지 타협안이 문제를 해결할 수도 있다. (예컨대 그 가스가 나비들에 미치는 영향을 더 조사해 보고 공장을 공원에서 부는 바람을 등지고 세우는 것 등등.) 하지만 타협점을 찾기가 어려울 경우 윤리적 갈등은 딜레마 형태를 띠기 마련이다. 즉 350-400명의 일자리를 선택할 것인가, 아니면 왕나비들은 물론 그들이 속한 생태계에 피해를 줄 것인가를 두고 충돌이 일어난다.

이 갈등에서의 쟁점은 '동물의 권리'라는 주장이 제기될 수 있지만, 엄밀히 말해서 '동물의 권리'라는 개념이 무엇을 의미하는지 분명하지 않기 때문에 나는 그 개념을 여기에 끌어들이지 않았다. 게다가 우리는 미래 세대를 포함한 인간 전체의 행복을 최대화할 규칙을 선택해야 한다는 근거를 들어서 인간은 자연과 그 안에 존재하는 인간 아닌 존재들을 보호할 의무를 가진다는 주장도 제기될 수 있다.

더 나아가, 비록 한 사람이 '생계를 유지할' 권리 내지는 적어도 생존에 필요한 수단을 확보할 권리를 가진다 해도, 한 사람이 **특정한** 직업을 가질 권리가 있다고 주장할 수 있는지는 분명하지 않다. 여러분의 생각은 어떤가?

제 6 장

토론과 분석을 위한 사례들

이 장에서는 분석과 토론을 위해 많은 사례 연구들을 제시할 것이다. 사례들을 묶음으로 배열하였으며 각 묶음의 첫 번째 사례에는 도움이 될 만한 제안을 곁들여 놓았다. 그 제안에 얽매여서는 안 되지만 시작할 때 도움은 되지 않을까 한다.

이 책에서 소개한 절차는 여러분이 윤리적 논증들을 준비하는 데 도움이 되므로 가능하면 사용해 보기 바란다. 소크라테스의 산파술을 사용해서 이유들을 꼼꼼히 따져 보고 다음과 같은 핵심적인 물음에 주의를 집중하도록 하라. 아래와 같은 상황에서 사람(어느 누구든)은 어떻게 **해야 하는가**? 모든 인격이 (실제로) 어떤 행위를 하는가 하는 물음은 무시하라. 윤리학은 실용적 고려들을 무시해야 한다는 데 동의는 안 하겠지만, 실용적 물음들을 일단 서랍 속에 넣어 두고 무시해 보면 윤리적 문제를 처리하는 데 도움이 될 것이다. 갈등을 포함하는 윤리적 문제들을 정리하고 해결하는 일은 퍽 까다롭다. 하지만 어떻게 **할 것인지**를 결정하는 시도와 동시에 어떻게 **해야 하는지**를 결정하는 시도도 감행한다면 문제는 더 복잡해진다. 관련 있는 물음들에 집중하라. 여기에는 어떤 **원칙들**이 관여하고 있는가? 무엇이 **옳은** 행위인가?

1. 일반 논제들

[G1] 당신은 오하이오 주에 있는 대도시의 교육위원회 소속 위원이다. 10학년 교사들 중에서 6년간 학생을 가르쳐 왔으며 또한 재능 있는 교사로 평판이 난 한 교사가 최근 '자신의 비밀을 털어놓고' 자기가 동성애자임을 선언했다. 교육위원회에서는 그를 해고하고자 한다. 당신이라면 어떻게 할 것인가?

제안 : 핵심 쟁점에 주목하라. 그 교사를 인격으로서 존중하는 행위는 무엇인가? 교사에 대한 존중을 학생들의 권리와 그들이 선생과 대면할 때 발생할 수 있는 잠재적 피해를 고려해서 비교 평가하라. 현실적인 태도를 취하면서 학생들에게 피해가 갈 것으로 예측하는 것은 합리적인지를 신중하게 고려하라. 여기에 등장하는 '피해'라는 개념이 맥락상 무엇을 뜻하는지 명백히 밝혀 두어야 한다. 교사를 해고할 경우 그가 입을 피해에 대해서도 생각하라.

[G2] 제인은 의사로부터 최근 젊은 몇몇의 남성과 성관계를 가진 결과 자신이 성병의 일종인 클러미디어에 걸렸다는 진단을 받았다. 그녀는 마음이 끌리는 새 남자친구 데이브에게 이 사실을 알릴 것인가를 두고 고민 중이다. 의사의 충고에 따라 그녀는 일주일 정도면 효과가 나타날 약을 복용하기로 했지만 데이브가 떠날지 모른다는 걱정에 고백을 망설이고 있다. 그런 고민 끝에 그녀는 순리에 따르기로 결심한다. 만일 그들이 동침하게 된다면, 그녀 또한 그러길 바라기 때문에, 그녀는 "그건 에이즈처럼 큰 병은 아니야. 만일 데이브가 감염된다고 해도 나처럼 치료하면 돼."라며 자신을 안심시켰다. 제인의 행위는 옳은가? 옳다면 그 이유는? 만약 옳지 않다면 그 이유는 또 무엇인가?

[G3] 시드 래미는 캔자스 주 작은 도시의 교육위원회 소속 위원이다. 그에게는 3학년과 4학년에 다니는 두 아이가 있는데 최근 한문제에 직면하게 되었다. 캔자스 주립대학교의 한 연극 동아리가 지방 학교를 돌아다니며 매우 저렴한 공연료로 연극을 하는 중이다. 그 동아리의 고정극인 『여자의 평화(Lysistrata)』라는 그리스 연극은 (그 동아리가 매우 '순화시킨' 버전을 선정했음에도 불구하고) 꽤 음란한 내용으로 알려져 있다. 교육위원회의 정서에 비추어 볼 때 자기 학교에서 공연하게 해달라는 동아리의 요청은 강력히 거부될 것이다. 위원들은 먼저 공연을 본 다른 마을 사람들로부터 그 연극은 '포르노그래피'이자 '성차별적'이라는 말을 들었다. 시드는 (1) 부모로서, 그리고 (2) 교육위원회의 위원으로서 어떻게 해야 하는가?

[G4] 낸시 퀸시는 서부 텍사스 주의 작은 도시의 시의회에 근무한다. 최근 도시는 불황을 겪고 있으며 실업률도 매우 높은 상황이다. 텍사스 전력 공급 업체(TP&L)의 대표가 시의회를 방문해서는 원자로를 건설해서 운영하겠다는 제안을 했다. 설비를 갖추는 동안에는 65명의 일자리가 생기는 것은 물론 운영할 때 정기적으로 40명의 고용효과를 낳을 것이다. 낸시는 원자로는 위험하다는 말을 들어온데다가 체르노빌 사건도 떠올린다. 낸시는 어떻게 해야 하는가?

[G5] 무더운 8월의 저녁 뉴욕 북부의 브롱크스에서 폴 길먼과 그의 친구 지저스 마르코스는 수영장에서 4시간 반 가량 수영을 즐기며 맥주를 마신 후 귀가 중이었다. 그들은 맥주를 더 사 가려고 편의점 앞에 멈추기로 했다. 그들 중 아무도 그 후에 어떤 일이 벌어졌는지는 기억을 못했다. 그러나 두 달 후 길먼 씨의 재판에서 길먼이 여자 판매원과 맥주 가격을 놓고 씨름을 했으며, 총을 꺼내어 그녀의 미간을 쐈다는 사실이 확인되었다. 그리고 가게에서 도망쳐 나오

면서 길먼은 가게로 들어오던 두 손님에게 총을 쏘아 한 사람을 현장에서 사망케 했고 다른 한 사람에게는 치명적인 부상을 입혔다. 아일린 토머스는 배심원석에서 증언과 함께 사형을 주장하는 검사의 진술을 듣는 중이다. 아일린은 어떤 판결을 내려야 하는가?

[G6] 사라 더글러스는 미국 세계기근위원회의 일원이다. 위원회에서 논란이 되고 있는 사안은 제3세계 국가가 겪는 기아 문제를 해결하기 위해서 미국의 원조를 늘려야 하는가이다. 미개발국가의 기아 인구수에 관한 정보가 넘쳐 나는 가운데 사라는 다음과 같은 논쟁에 직면했다. 위원 중 한 사람은 세계에서 선두적인 인도주의자의 위상을 되찾기 위해서 미국은 원조를 늘려야 한다고 주장한다. 그는 "위기에 처하게 될 때까지 기다리기보다는 문제를 예견하는 것"이 미국의 자기 이익에 속하는 일이라고 주장한다. 반면 다른 사람들은 세계의 기근 현상을 줄이는 데 드는 많은 비용이 굶주린 사람들에게 전달되지 않기 때문에 낭비이며 게다가 설사 전달된다고 하더라도 인구 조절이라는 더 심각한 현실적인 문제를 악화시킬 뿐이라고 주장한다. 그 주장에 따르면 그 비용은 "기근에 시달리는 다수를 먹여 살리는 비생산적인 일"이 아니라 산아 제한 클리닉을 마련하고 무지몽매한 사람들을 교육하는 데에 사용되어야 한다는 것이다. 그들에게 식량을 제공하는 일은 "위장된 인도주의"라는 주장까지도 나온다. 기근 위기가 일어날 가능성 못지않게 "인구 폭발이 나머지 문명 세계를 훨씬 더 위협하면서 공포에 떨게 한다."는 것이다. 기아 문제를 줄이기 위해 미국이 원조를 확대해야 하는가 하는 쟁점에 대해 사라는 어떤 선택을 해야만 하는가?

[G7] 제인 하니는 토끼를 길러 그 지역의 애완동물 가게에 판매해서 '푼돈'을 벌고 있다. 최근에 그녀는 새 고객을 맞았다. 그 지역

의 한 연구소로부터 12마리를 주문받았는데, 그녀는 연구소에서 그 토끼들을 향수 개발 실험에 사용할 것이라는 이야기를 들은 터였다. 그것은 새로운 화학물질이 만들어지면 사람에게 안전한지 여부를 확인하기 위해 토끼의 눈에 그 물질을 뿌리는 실험이다. 경우에 따라서 토끼는 실명을 하기도 한다. 제인은 토끼를 판매한 수입에 의존해서 살지는 않는다. 하지만 연구소는 그녀가 수요에 맞출 수만 있다면 매주 12마리씩 정기적으로 사겠다고 제안하였다. 그렇게 들어온 수입은 대금을 지불하고 '만일에 대비한' 자금을 조성하는 데에 큰 도움이 될 것이다. 제인은 어떻게 해야 하는가?

2. 스포츠

[S1]   윌리엄 '윌리' 스미스는 17세 때 마약 거래 혐의로 체포되었다. 재판을 기다리는 동안 지방에 있는 한 전문대학에 입학했고 나중에는 학업과 미식축구를 병행하기 위해 아이오와 주에 있는 작은 4년제 대학으로 전학했다. 거기에서 생활은 좋았다. 그 사이에 그는 재판을 받았고 마약 구매로 유죄 평결이 내려졌다. 하지만 대학을 마칠 수 있도록 판결은 연기되었다. 학업을 마친 후에는 9년간 복역을 해야 한다. 윌리는 학업이 끝날 때 자신의 사건은 재검토될 것이며 만일 문제 있는 행동을 하지 않는다면 보호관찰 아래 놓일 것이라고 이해했다. 실제로 그는 얌전히 생활했다. 학업은 계속되었고 한 미식축구(NFL) 팀이 9라운드에서 그를 드래프트했다. 드래프트 사실이 공표되자 그의 고향에 있던 한 기자는 그의 위법 사실에 관한 이야기를 전했다. 연이어 소동이 일자 3년 전에 윌리의 사건을 맡았던 판사는 기자회견을 열어, 운동선수가 특별한 대우를 받아서는 안 된다는 점을 강조하면서 윌리가 학위 과정을 마치면 9년간 수감생활을 할 것이라는 자신의 판결을 반복했다. 윌리를 드래프트한 축

구팀은 그 후 곧바로 더 이상은 월리에게 관심이 없음을 공표했다. 판사의 행위는 옳았는가?

제안 : 법적인 것이 윤리적으로 옳은 것과 반드시 동일하지는 않다는 점을 상기하라. 법정과 판사는 법을 해석한다. 그들이 꼭 옳은 것에 관심을 갖는 것은 아니다. 공정성으로서의 정의에 관한 2장에서의 논의를 재검토해 보라. 이 예에서 판사의 결정은 '공정'한가? 처벌이 필요하다는 것을 인정한다면, 징역만이 유일한, 혹은 최선의 처벌인가?

[S2] 스콧 보이어는 미네소타 주 세인트 클라우드 시 근교에 있는 작은 학교의 테니스 코치다. 그는 훌륭한 청소년들로 이루어진 팀을 맡고 있다. 학생들은 올해 지역 우승을 차지해 주에서 열리는 토너먼트에 진출할 가능성이 있다. 스콧 보이어는 같은 지역의 다른 코치들 몇몇이 약체인 선수에 강한 선수를 붙여 싸우도록 선수를 배정하는 '조작'을 해서 몇 경기에 지게 된다고 해도 전체 성적은 그들이 나을 것이라는 사실을 알고 있다. 그는 이와 같은 조작을 한 적이 없는데, 그 이유는 테니스 경기의 규칙은 "실력대로 순서를 정해" 경기해야 한다는 점을 명시하고 있기 때문이다. 하지만 이 규칙을 준수한다면 (그리고 다른 코치들은 이를 어긴다면) 그의 팀은 지역 토너먼트에서 우승하지 못하리라는 것이 거의 확실하다는 것을 알고 있다. 스콧 보이어는 어떻게 해야 하는가?

[S3] 피트 딤머는 부스터 대학교에서 미식축구 선수로 새롭게 보강되었다. 그의 키는 190센티미터이며 몸무게는 91킬로그램으로 고등학교 시절 뛰어난 라인백이었다. 하지만 부스터에서 그는 팀 동료들에 비해 민첩성과 체력에서 뒤떨어지므로 자신이 좋아하는 운동

을 하지 못할 수도 있다. 만약 그가 팀에 들지 못하면 장학금 혜택을 받지 못하며, 그렇게 되면 대학에 갈 여력이 없기 때문에 학교를 그만두어야 한다. 피트의 동료 대부분은 스테로이드를 사용하며, 코치는 계속해서 "덩치를 키우라"는 압력을 피트에게 가하는데, 이는 그가 알기에 스테로이드를 사용하라는 권고다. (최소한 코치들 중 어느 누구도 피트에게 스테로이드를 사용하지 **말라**고 말한 이는 없으며, 피트는 그들이 다른 선수들에게 어떤 이익을 주는지 직접 확인할 수 있다.) 피트는 어떻게 해야 하는가?

[S4] 팻시 웰즈는 미국 북서부 지역에 있는 작은 대학의 여자 농구팀 코치다. 그녀는 대학의 뛰어난 유망주 줄리에 눈독을 들이고 있는데, 줄리는 신장이 188센티미터인데다가 경기에서 다른 모든 선수들을 훨씬 능가한다. 줄리는 약체 팀 선수이므로 아마도 주에서 열리는 토너먼트에는 참가하지 않을 것이다. 이 때문에 농구장에서의 그녀의 능력을 알고 있는 코치는 거의 없다. 문제는 줄리가 고등학교 학업 성적이 저조하기 때문에 지역 커뮤니티 칼리지에 입학해서 수년간 학업을 마침으로써 학력을 높이지 않으면 대학에 입학할 수 없다는 것이다. 그러나 이렇게 할 경우 그녀가 농구를 하리라는 것은 거의 확실하며, 결국 다른 코치들도 그가 얼마나 뛰어난 선수인지를 알아챌 것이다. 그렇게 되면 줄리는 거물급 신인이 될 것이며, 예산이 거의 바닥난 팻시는 막강한 자금을 지닌 다른 학교에게 줄리를 빼앗기게 될 가능성이 매우 크다. 게다가 대회에서 우승하기 위해서는 올해 강력한 포워드가 필요하며 2년 동안 기다리고 싶지 않다. 줄리는 사실 팻시를 위해 뛰고 싶은데다가 그녀 역시 2년을 기다리고 싶지 않다. 공교롭게도 팻시에게는 입학처에 근무하는 친구가 있다. 그 친구는 줄리의 성적을 입학 가능한 학업 수행 점수로 얼마든지 고칠 수 있다. 팻시는 어떻게 해야 하는가?

[S5] 모니카 벨레즈는 뉴멕시코 주 피비 시에 있는 지역 고등학교에서 체조를 지도하고 있다. 그녀는 매우 훌륭한 팀을 맡고 있지만, 아직까지 그녀는 자기 선수들에게서 최고의 연기를 이끌어 낼 방법을 모르고 있다. 그녀는 자신에게는 주에서 열리는 토너먼트에서 우승할 만큼 뛰어난 세 명의 선수가 있으므로 그들이 잠재력을 충분히 발휘하기만 한다면 장학금을 받고 대학에 진학할 수 있다고 믿는다. 모니카는 액상 비타민 B군의 용법을 읽고 있다. 그것에 따르면 비타민 B군은 쉽게 복용할 수 있으며 거의 즉각적으로 작용해서 각별한 힘과 에너지를 제공한다. 많은 운동선수들 중 특히 역도 선수들이 경기에 나가기 직전에 비타민 B군을 복용한다. 그와 같은 용법은 비록 경험을 토대로 한 것이긴 하지만 그 효과는 놀랄 만하다. 그 비타민은 지역 약방에서 구입할 수 있기에 모니카는 선수들에게 한번 권하기로 했다.

그 다음 열린 체조 경기에서 모니카는 자신의 팀 선수들에게 그 비타민을 주었으며 선수들은 그녀가 처음 기대했던 것 이상의 연기를 펼쳐 그 경기에서 우승, 그들 중 두 명이 주 토너먼트 출전 자격을 획득했다. 무슨 이유에서인지 선수들은 모니카가 준 액체에 관해 전혀 의심하지 않았고 따라서 그녀는 그 액체가 무엇인지를 말하지 않기로 했다. 그녀가 얻은 정보에 의하면 그 비타민은 매우 민감한 부위에 작용하기 때문에 이용자들 중 몇몇에게서 암이 발생한다고 알려져 있다. 비타민이 든 병의 라벨에도 '지속적인 복용'과 '오남용'에 대한 경고문이 적혀 있다. 하지만 훈련할 때가 아닌 시합 직전에만 사용한다면, 그리고 시즌이 끝나고는 사용을 중단한다면 '지속적인 복용' 내지 '오남용'이 아니라는 결론에 이른다. 더구나 맡고 있는 팀이 과거에 비해 더 좋은 연기를 할 수 있게 됨으로써 주 토너먼트에서마저 우승할지도 모를 일이다. 모니카는 어떻게 해야 하는가?

[S6] 존 렌즈는 윌래미트 대학에서 농구팀을 지도한다. 최근 팀 성적이 별로 좋지 않은 관계로 자리마저 위태롭다. 하지만 뛰어난 선수 보강을 마쳤기 때문에 올해는 좋은 팀이 될 것으로 자신한다. 그는 올해의 신인 선수들 중 셋을 포함한 주전 선수들의 기량을 주시해 왔다. 그들 중 제프 그린이 단연 돋보인다. 그는 전문대학 전미 대표선수였다가 이번에 윌래미트로 이적했다.

무엇보다도 제프는 대학 과정을 마치고 싶어 한다. 그는 프로팀에서 뛸 만큼의 실력이 안 된다는 사실을 알고 있으며, 장차 어린 선수들을 가르치고 지도하기를 바란다. 제프는 존 렌즈의 조언을 받는 사람이다.

가을에 있는 겨울학기 예비 등록 기간에 제프는 세 가지 어려운 강좌를 포함한 수강 계획서를 존에게 보여주었다. 신청 과목 중에는 일주일에 이틀씩 오후에 개설된 과학 실험이 있는데 이는 농구 훈련 일정과 겹친다. 존은 훈련과 겹치는 과목이 없는 계획서를 권유했다. 문제는 제프가 택한 과목들이 전공 필수라는 것과 함께 장차 2년간 그 과목은 다시 개설되지 않는다는 데에 있다.

제프는 제때 졸업하기 위해 제시한 과목들을 이수해야 하며, 매주 이틀씩 훈련을 못할지라도 과학 강좌는 꼭 수강하려고 한다. 그는 모자란 훈련을 보충하기 위해 자율 훈련을 하겠다고 제안한다. 존이 생각하기로는 매주 이틀씩 훈련에서 빠지는 것은 그의 실력을 떨어뜨리게 되며 결국 팀 동료들과 조화를 이루기 힘들게 될 것이다. 체육관에서 매주 이틀씩 혼자 숏 연습을 하는 것은 팀과 함께 하는 연습을 대신할 수 없다. 심지어 제프는 수강 예정인 과목들 중 하나 내지 둘만으로도 버거워할 것은 물론이거니와 그 다음 해에 선발되지 않을 가능성마저 있다. 올 시즌에 좋은 성적을 기대한 존의 꿈은 연기처럼 사라질 듯하다. 그는 어떻게 해야 하는가?

[S7] 매우 천부적인 재능을 가진 프로 농구 선수인 제이슨 미첼은 자신이 에이즈에 걸렸다는 사실과 경기에 출전하지 못하게 되리라는 사실을 알게 되었다. 한 스포츠 전문 잡지와의 아주 진솔한 인터뷰에서 제이슨은 프로 생활을 하는 기간에 2천 명 이상의 여성과 성관계를 맺었으며 그들 중 다수는 에이즈 바이러스에 감염된 이후에 만난 것으로 추정된다고 밝혔다. 언론과 대중은 그를 '영웅'으로 평가했는데 그 이유는 그가 솔직하고도 당당하게 그 문제에 정면으로 맞선다고 보았기 때문이다. 게다가 미첼은 젊은이들에게 에이즈의 위험성을 공개적으로 강조할 것이며 선수생활로 벌어들인 수입의 상당 부분을 에이즈 연구에 기부할 것이라고 말했다.

그 스포츠 전문 잡지의 그 후의 기사에서 선임 편집자인 이디스 와일더는 미첼이 많은 사람들로 하여금 무책임한 성행위에 관심을 갖게 만들 것이라는 점을 들어 그의 행동을 영웅시해서는 안 된다고 주장했다. 사람들 대부분은 미첼이 몇 사람이든 여성들에게 에이즈 바이러스를 감염시켰다는 사실을 무시하는 경향이 있었다. 그녀는 미첼이 영웅인가 악당인가 하는 문제는 과거의 행동보다는 그가 내딛을 미래의 행보에 의해 결정될 것이라고 주장했다. 그녀는 여기에 덧붙여 만일 어느 여성이 2천 명의 남성과 성관계를 했다는 사실이 드러난다면 그 여성은 대대적인 비난을 받을 것이라고 주장했다! 그녀는 사회가 이 사건에 대해 이중 잣대를 적용하고 있으며, 언론에서 밝힌 그 뜻밖의 사실이 입증한 바는 미첼의 행동은 프로 운동선수들 사이에서는 매우 일상적이며, 그들 중에는 자신이 1만 명의 여성과 동침했다는 사실을 자랑스럽게 떠드는 이가 있다는 것이라고 주장했다! 당신은 어떻게 생각하는가?

3. 의료

[M1] 샐리 커티스는 한 지역 병원 응급실의 야간 간호사다. 응급실이 텅 비어 있던 어느 날 늦은 밤, 한 경찰관이 치명적인 자상을 입은 한 젊은 남자를 데리고 들어왔다. 경찰관은 이 병원이 가장 가까우며 또 다른 병원으로 갔다가는 이동 중에 사망할 것 같았기에 이리로 데려왔다고 말했다. 문제는 이 젊은 남자의 신원이 확인되지 않을 뿐더러 의료보험에 가입되어 있는지조차 알 수 없다는 것이었다. 외관상 그는 보험에 가입되지 않은 것으로 보였다. 샐리는 제대로 된 신분증 혹은 보험증 없이 환자를 받아들였던 사실로 이미 여러 번 경고를 받은 상태였다. 만약 한 번 더 이러한 일이 있다면 직장을 잃을 것이 분명했다. 그녀는 어떻게 해야 하는가?

제안 : 여기에서는 단기적 이기심에 관한 쟁점을 윤리적 문제와 분리해야 한다. 예컨대 샐리가 남편과 세 자녀를 부양하고 있다거나 혹은 미혼일 경우 쟁점이 어떻게 달라지는지 주목하라. 샐리 자신에 대한 의무, 젊은 남자에 대한 의무, 그리고 샐리의 병원에 대한 의무도 함께 고려하라. 샐리가 젊은 남자의 치료를 거부해서 결국 사망하게 된다면, 그의 죽음에 거든 일이 없는데도 그녀가 살인을 방조한 것인가? 그녀는 그 남자에게 아무런 해도 입힌 적이 없다는 사실을 들어 자신의 행동을 **정당화**할 수 있는가? 아니면 단지 **합리화**일 뿐인가? 제삼자의 비판을 이겨 낼 수 있는 논증을 구성해 보라.

[M2] 토머스와 에밀리는 결혼한 지 47년이 되었다. 에밀리에게 알츠하이머가 발병했고, 그녀의 상태는 남편이 병실에 와도 알아볼 수 없는 지경까지 악화되었다. 에밀리는 극심한 고통을 겪고 있지는 않지만, 아내를 방문할 때 병원 직원들이 그녀를 대하는 방식을 보

면서 그녀가 주변 상황을 전혀 인지하지 못하는 것을 알게 되는 것이 남편인 토머스를 마음 아프게 했다. 그녀의 증상은 나아지지 않을 것이다. 게다가 토머스는 그녀에게 초기 증상이 나타났을 당시, '때가 되면' 어떻게 할 것인지에 대해 의견일치를 보았던 일을 생각해 보았다. 당시의 대화를 떠올리면서 수많은 의심과 고뇌를 반복하던 토머스는 에밀리의 병실로 들어가 22구경 칼리버 권총을 그녀의 관자놀이에 대고는 방아쇠를 당겼다. 그는 옳은 일을 한 것일까?

[M3] 헤롤드 골드스타인 박사는 신장 질환 전문가다. 그에게는 상태가 심각한 세 명의 환자가 있다. 그들은 모두 신장 기증자를 기다리며 투석을 하고 있다. 그들 중 한 명은 7세 소년이다. 다른 한 명은 세 명의 자녀를 둔, 그러나 최근에 남편이 이혼 신청을 한 35세의 여성이다. 나머지 한 명은 전직 최고의 코너백이었고 현재는 지역 고등학교에서 풋볼 코치를 맡고 있는 42세의 남자다. 한 명에게 신장을 기증할 수 있는 사람은 찾았지만, 나머지 두 명에 대한 기증자는 제때에 나타날 가능성이 없어 보인다. 세 명의 환자 중 누구에게 기증받은 신장을 이식해야 하는가? 그 이유는 무엇인가?

[M4] 임신했지만 낙태를 원하는 16세의 엘라인 페더는 지역 가족계획협회를 방문했다. 그녀는 그들에게 자신이 방문했다는 사실을 부모에게 알리지 말 것을 요구했다. 얼마 후, 간호사 클라이드 데이비스는 엘라인의 집에 전화를 했다. 엘라인의 어머니가 전화를 받자, 그는 자신이나 협회의 이름은 밝히지 않고 자신의 전화번호만을 알려주면서 엘라인이 귀가하면 전화를 해달라고 전해 줄 것을 부탁했다. 엘라인의 어머니는 전화를 끊자마자 그 번호로 전화를 걸어, 그곳이 가족계획협회임을 알아냈다. 그러고는 딸 엘라인에게 아이를 낳을 것과 아이의 아버지인 17세의 고등학생과 결혼할 것을 강요했

다. 간호사인 데이비스가 자신의 전화번호를 남긴 것은 비윤리적인 처사였는가? 만약 그렇다면 이유는 무엇이고, 그렇지 않다면 또 그 이유는 무엇인가? 부모에게는 자녀를 위한 의료적 처치에 관한 정보를 제공받을 윤리적 권리가 있는가? 만약 그렇다면 자녀가 몇 살이 되어야 그러한 권리가 소멸하는가? 아니면 소멸하지 않는가?

[M5] 애셔 바우쉬와 그의 아내는 둘 다 독일·폴란드·러시아계 유대인이다. 그들은 테이-삭스병(Tay-Sachs disease)을 가진 아이를 낳을 가능성을 알아보기 위해 지역에 있는 유전자 검사 센터에 갔다. 이 열성 유전질환은 불치병으로 보통 3세가 되기 전에 실명, 운동 근육의 마비와 죽음을 야기하는 기타 여러 증상을 일으킨다. 검사 결과에 따르면 애셔는 보인자인 반면 그의 아내는 보인자가 아니었다. 그와 아내는 선천적 기형인 아이를 낳을 위험이 없는 반면, 애셔의 형제들은 보인자일 확률이 50%이기 때문에 만약 그들 중 하나라도 독일·폴란드·러시아계 유대인과 결혼한다면, 그들의 아내가 보인자일 확률은 1/30이므로 결국 병에 걸릴 아이를 갖게 될 확률은 1/60이 된다. 클로위 던롭 박사는 애셔에게 유전자 검사 센터에서 그들의 보인 상태를 검사할 준비가 되었다는 내용의 편지를 형제들에게 보낼 것을 요청했다. 애셔는 화를 내며 거절했다. 그는 수치심을 느꼈으며, 형제들에게 말할 자신이 없었다. 던롭 박사가 애셔로 하여금 형제들에게 편지를 보내도록 해서 유전자 검사를 권고한 일은 윤리적인가? 왜 그런가? 아니면 왜 윤리적이지 못한가?

[M6] 야넬 옌센이라는 정신과 의사는 신경쇠약에 걸리기 직전인 어윈 존슨을 치료 중이다. 얼마 지난 후, 어윈은 6개월 전에 한 아이를 살해했다는 자백을 했다. 야넬은 어윈이 다시 살인을 저지를 것이라고 생각하지 않았으며, 경찰에 자수를 하든 하지 않든 그를 계

속 치료할 수 있다고 생각했다. 야넬은 어떻게 해야 하는가? 이유는 무엇인가?

4. 법

[L1] 스콧 콜은 형사상 책임으로 유죄가 선고된 한 의뢰인을 대리 중이다. 판사 앞에서 평결을 기다리던 중 판사는 사무관에게 콜의 의뢰인이 전과가 있는지를 확인하라고 지시했고 사무관은 콜의 의뢰인에게는 전과가 없다고 답했다. 하지만 스콧은 의뢰인의 전과를 알고 있다. 어찌해야 할지를 결정하려는 순간 판사는 "피고는 초범이므로 집행을 유예한다."고 말했다. 스콧은 어떻게 해야 하는가? 그 이유는?

제안 : 직접 질문을 받은 경우 답을 허위로 하는 것이 거짓말이라면 이 경우 침묵을 지키는 것 역시 같은 의미에서 거짓말일 수 있는지 생각해 보라. 두 경우 모두 비윤리적인가? 똑같이 비윤리적인가? 스콧이 이 문제에서 얻는 자기 이익을 끝까지 주목해 보라. 스콧의 침묵이 거짓말과 대등하다면 이 경우에 침묵은 그릇된 것인가? 스콧은 자신에게 그저 "사무관의 실수지. 내가 알 바 아니야."라고 말할 수 있는가? 이는 합리화인가? 어떻게 해서든 당신과 친구들의 비판적인 검토에 견딜 수 있는 스콧 옹호론을 펼쳐 보아라.

[L2] 레슬리 야콥센은 로스앤젤레스 소재의 국선변호사 사무실에서 7년 동안 근무하고 있는 젊고 유능한 변호사다. 그녀는 최근 아모스 프리차드의 변호를 맡고 있는데, 그는 잔혹한 연쇄 살인 혐의로 기소된 상태다. 그녀가 그와 같은 중요한 소송에서 의뢰인의 변호를 단독으로 맡은 것은 이번이 처음이다. 그러나 프리차드와의 면

담에서 공소장에 기록된 혐의 이외에 다른 죄를 범했다는 사실이 드러났다. 또 그녀는 만일 그에게 무죄 내지 석방 판결이 내려진다면 그는 다시 범행을 저지를 가능성이 매우 높다는 것도 알아냈다. 그녀는 프리차드를 설득해서 '정신이상에 의한 무죄'임을 탄원한 후 정신과 의사의 도움을 받도록 하려는 중이다. 그는 이에 대해 거절할 뿐만 아니라 자신을 '미치광이'인 듯 보는 것에 대해 화를 내기 시작했다. 프리차드 사건이 재판에 회부되기 직전에 경찰은 한 마약 중독 노숙자를 체포하였는데, 그는 프리차드를 기소하도록 만든 살인 사건이 자신의 소행임을 자백했다. 레슬리는 프리차드를 석방시킬 수 있다는 사실을 알고 있지만, 그렇게 해야 하는가? 그녀는 어떻게 해야 하는가?

[L3] 폴 쉴레어는 정치적 야망을 품은 행동주의 변호사다. 몇 년 전에 그는 한 지방 회사에서 벌어진 인종과 성 차별 관행을 잠재웠던 사건을 맡았다. 그는 지역 환경단체의 부대표이기도 하다. 그 회사의 공장은 오염에 관한 새로운 지역 규제들로 인해 폐쇄 조치가 내려진 상태다. 그를 자신들의 변호인으로 생각하는 그 지역 흑인단체는 그 회사의 경영을 오염에 관한 지역 규제들을 공격하는 일에 결부시켜 공장을 가동할 수 있게 만들고자 한다. 폴은 지난번 소송 사건의 결과로 일자리를 얻은 흑인들을 대리하고자 한다. 소송이 진행되면 아마도 자신이 속한 환경단체의 반대에 부닥칠 것이다. 그는 어떻게 해야 하는가? 그 이유는 무엇인가?

[L4] 변호사인 제이크 샌더스는 노조와의 계약 협상과 관련 훔볼트 주식회사를 대리 중이다. 양측은 임금 인상에 대해서는 상당한 합의에 접근했으나 서로 매우 비타협적이다. 상황을 진전시킬 목적으로 노조의 협상 대표인 마르샤 로크하르트가 제이크에게 전화를

걸어 다음과 같은 타협안을 제시한다. 훔볼트사는 조합원이 아닌 직원과 회사 운용에 썩 도움이 되지 않는 직원 10명을 방출한다. 그러면 노조는 훔볼트사가 제안한 임금을 수용하기로 한다는 것이다. 그 경우 훔볼트사는 노조의 요구안을 따르는 것보다 훨씬 많은 이익을 확보할 수 있다. 계약은 더 이상의 지체 없이 성사될 수 있다. 제이크는 어떤 것을 추천해야 하는가? 왜 그래야 하는가?

[L5] 젊고 장래가 촉망되는 에이미 피벡은 법인 변호사다. 그녀는 트릴룩스사의 독점 금지법 위반과 앞선 어떤 사건과 관련된 여섯 번에 걸친 금품 강요와 수뢰에 대해 기소하려는 대배심에 출두하라는 명령을 받았다. 에이미에게는 마이클 브라운이라는 친구가 있는데, 그는 트릴룩스사의 중역으로서 오랜 시간 함께 지낸 친구다. 마이클은 공소장에 거론된 중역 중 한 명이다. 에이미는 마이클이 변호사로서가 아닌 친구로서의 자신에게 전한 매우 확실한 정보를 공개하라는 요구를 받았다. 만약에 에이미가 정보를 공개하지 않으면 법정 모독죄 판결을 받을 가능성이 매우 높으며 변호사 자격 박탈 소송에 직면할지 모른다. 그녀는 마이클이 자신에게 전한 정보 중에는 마이클은 물론 트릴룩스사를 심각한 곤경에 빠뜨릴 만한 것들이 있음을 잘 알고 있다. 그녀는 어떤 선택을 해야 하는가?

5. 직업

[B1] 당신은 광업회사의 공학기술 자문위원이다. 슈어스트라이크 광업회사는 건당 5천 달러의 일을 두 건 맡기고자 당신을 고용했다. 첫 번째 일은 당신이 이미 잘 알고 있는 아직 개발되지 않은 어느 한 광산의 가치를 평가하는 것이다. 당신은 그 결과가 부정적일 것이라고 확신한다. 당신은 그 일을 받아들여야 하는가?

두 번째는 생산성이 있는 광산을 평가하는 일이다. 당신은 그 광산이 동부 텍사스 광업회사의 소유지에까지 확장된 탓에 슈어스트라이크사에게는 그곳에서 채광되는 석탄에 대해 광물 소유권이 없음을 알아냈다. 당신은 슈어스트라이크사가 동부 텍사스사의 광물 소유권을 침해한다고 보고했다. 그들은 당신에게 감사하며 당신에게 주기로 했던 돈을 지불했다.

6개월이 지난 후에 당신은 슈어스트라이크사가 여전히 동부 텍사스사 소유의 광산에서 채굴 중이라는 사실과 당신이 알아냈던 것을 동부 텍사스사에게 통지하지 않았다는 사실을 알아냈다. 슈어스트라이크사와의 계약서에는 당신이 알아낸 정보는 제삼자에게 공개하지 않겠다는 조항이 명시되어 있다. 당신은 어떻게 해야 하는가?

제안 : 법적 쟁점과 윤리적 쟁점을 분리하되, 그 둘을 실용적 쟁점들로부터 떼어 놓아라! 당신이 서명한 계약에 법적 구속력이 있든 없든, 윤리적으로는 제약을 받을 수도 있고 그렇지 않을 수도 있다. 윤리는 원칙에 관한 문제로서 법이 윤리적 원칙들과 충돌할 경우에 어떤 이들은 윤리가 우선시되어야 한다고 주장할 것이다. 마틴 루터 킹 목사는 이 점을 '버밍엄 교도소에서 쓴 편지'에서 주장했다. 어떤 경우라도 그들 쟁점은 분리되어야 한다. 만일 당신이 미혼이라면, 또는 당신의 수입에 의존해서 살아가는 사람들이 있는 기혼자라면 이 예에서 어떤 변화가 일어나는가? 이런 식으로 또 슈어스트라이크사를 '밀고했다'는 사실이 알려지면 광산업계에서 배척당하게 되리라는 것을 당신이 안다고 가정해 보자. 이는 윤리적 고려인가, 아니면 순전히 실용적 고려인가?

[B2] 케빈 블랙은 야심 찬 젊은이로서 뉴저지 주에 있는 대규모 화학공장에서 경영 수업을 받는 중이다. 어느 날 지도 주임이 그를

불러서는 암 유발 독성 물질이 들어 있다고 알려진 폐기물을 매립하는 임무를 그에게 맡길 계획이라고 말했다. 케빈은 가능한 한 가장 저렴하고 신속한 방식으로 폐기물 처리를 해야 한다고 들었다. 조사 결과 세 가지 대안만이 유력했다. (1) 350명의 주민이 사는 작은 도시 근처에 폐기물을 매립한다. 폐기물이 마을 식수원에 스며듦으로써 주민들의 건강에 해를 끼친다는 사실이 알려질 확률은 대략 40%다. 비용은 가장 많이 든다. (2) 골프장 건설이 예정된 현재 거의 농장만 있는 농촌 지역에 매립한다. 매립 예정지에는 수십 가구만이 살고 있다. 폐기물이 지하수로 스며들 가능성은 매우 높은데 그 이유는 두터운 모래층이 형성되어 있기 때문이다. 들어가는 비용은 세 번째 대안과 마찬가지로 저렴하다. (3) 7,500명이 사는 도시 근처 습지에 매립한다. 식수원에 폐기물이 스며들어 주민들에게 피해를 입힐 가능성은 20%다. 처리 비용은 가장 적게 든다. 케빈은 어떻게 해야 하는가?

[B3] 질 건더슨은 굿헬스 제약회사의 전문 연구원이다. 그녀는 쥐들을 대상으로 콜스탑이라는 약물이 어떤 영향을 미치는지 여러 차례 실험했다. 그녀는 자신의 연구 보고서에 쥐들에게 약물을 투여했을 때 백내장이 생긴 것은 물론 털이 빠진다고 기록했다. 그녀는 나중에 자신의 보고서가 굿헬스사의 최고 경영진과 미국 식품의약국(FDA)에까지도 전해졌다는 것을 알았다. 그 보고서는 여러 문장이 지워진데다가 백내장에 대한 언급도 없었다. 그녀는 상사들에게 누락된 내용을 알렸지만, 그들은 그녀에게 화를 내면서 당장 돌아가 백내장에 대한 언급을 원래 보고서에서 삭제하라고 요구했다. 질은 이 일을 하면서 돈을 많이 벌지만, 남편 없이 세 명의 아이를 키우는 여자다. 이만한 직장을 새로 구하기 또한 힘들다. 이런 상황에서 그녀는 어떻게 해야 할 것인가? 이유는 무엇인가?

[B4]　당신의 회사는 뉴와이오밍 주에서만 판매를 한다. 주법은 당신이 '대용량' 콜라를 판매하는 것을 금지하지 않는다. 그러나 당신 회사의 조사에 의하면 콜라 구매자의 40%가 '대용량'은 표준량보다 크다고 생각하는 것으로 나타났다. 당신은 그 '내용량' 콜라를 판매할 것인가?

[B5]　시카고에서 가장 우수한 경영대학원의 경영학 석사 과정 2년차인 스티븐 보이드는 졸업 후에 이미 자신에게 취업 제의를 해온 7개의 기업 중 한 곳에 입사할 공산이 크다고 생각하고 있다. 하지만 그는 교내 취업 지도 부서를 통해 면접 준비를 계속하고 있다. 그 이유는 경험은 소중하며 더 좋은 직장에 취업할 기회를 얻을 수 있다고 판단했기 때문이다.

뉴욕에 본사를 둔 두 회사가 그를 초대했다. 스티븐은 이 일정을 이틀로 몰아 잡을 계획을 세운다. 면접이 이른 아침에 예정되어 있었기 때문에 그는 그 중 한 회사가 비용을 지불하기로 했던 뉴욕의 한 호텔에 숙박한다. 하지만 스티븐은 왕복 교통비 전부를 두 회사에게 청구한다. 각각의 회사가 소요 경비 내역서를 제출해야 한다고 했기 때문에, 스티븐은 두 회사가 본래 지불하려 한 당연한 금액을 청구할 뿐이라고 생각했다. 한 회사는 영수증 제출조차 요구하지 않았다. 스티븐이 보기에 이것은 그 회사가 원래 자신에게 경비를 일종의 선물로 지급할 의사가 있다는 뜻으로 해석되었다. 스티븐이 비윤리적으로 행동한 것인가? 만일 그렇다면, 그 이유는 무엇인가? 아니라면 그 이유는 또한 무엇인가? 만일 당신이 스티븐 보이드가 어떻게 할 것인지를 알고 있는 고용주라고 한다면, 당신은 그를 고용하겠는가? 충분한 설명을 제시해 보라.

[B6]　마거릿 라센은 최근 시카고의 남부 중심지에 공장 설비를

세운 대규모 제조회사의 인사 담당 이사다. 회사에서는 숙련공과 초보자를 모두 고용하고 있다. 마거릿은 흑인 고용 비율을 높이기로 단독으로 결정했는데, 그 이유는 공장 설비가 들어선 지역 인근에 사는 주민들 중 대부분이 흑인들이기 때문이다. 구직 신청서를 내는 흑인의 비율은 거의 67%에 육박하지만 마거릿은 83%까지 고용할 계획이다. 물론 초보자들에 비해 숙련자들의 비율은 상대적으로 약간 낮기는 하다. 그녀는 초보자들 중 일부가 승진해서 결국 그 비율이 같아지길 바란다. 마거릿은 그처럼 공격적인 고용정책을 독자적으로 단행했어야만 하는가? 그녀가 그렇게 하기로 결정했든 아니든 그 정책은 회사가 채택해야 하는 정책인가? 충분한 설명을 제시해 보라.

6. 환경

[E1] 피트 스티그마는 오리건 주의 스위트홈에 있는 국제 벌목회사의 현장 감독이다. 그의 회사는 지난 2년간 74명의 사람들을 해고한 것은 물론 세 군데 제조공장 중 한 곳을 폐쇄했다. 잔점박이 올빼미 보호를 위해 일등급 소나무 숲 수백만 에이커를 보존하도록 한 최근의 법규로 인해 강제 휴업과 함께 또 다른 공장이 폐쇄될 것으로 보인다. 피트의 일자리는 상대적으로 안정적인데, 그 이유는 수년 동안 그 회사에서 일해 왔고, 선임인데다가 머지않아 퇴직할 것이기 때문이다. 그러나 그의 많은 동료들은 일자리를 잃을 상황이다.
피트의 회사는 그에게 원주민 보호구역(HCA) 내 자갈길에서 멀리 떨어진 곳에서부터 벌목하라고 지시했다. 그 지역과는 멀리 떨어진 데다가 새로운 기계 장치 덕분에 그 지역의 벌목이 신속히 이루어질 수 있다는 점 때문에 작업을 마칠 때까지는 발각되지 않으리라는 것을 알고 있다. 그 당시에 만약 작업 사실이 알려진다면, 회사는 약간

의 벌금을 지불할 것이지만 판매가를 약간 인상함으로써 고객들로부터 그 비용을 간단히 충당할 것이다. 피트는 늘 자신을 자연보호론자로 생각해 왔고 자신이 성장한 그 야생 지역을 사랑한다. 그러나 그는 반대편 동부의 '자연보호론자들'이 방문 한 번 한 적 없는 지역에 끊임없이 참견한다는 생각이 들면서 점차 화가 나기 시작했다. 그들은 벌목사업을 제한하고 일자리를 잃게 한 입법에 책임이 있는 사람들이다. 만일 그가 회사의 명령에 복종한다면 그는 고용인으로서 충성의 의무를 다하는 것일 뿐만 아니라 일자리를 일부 지킬 수 있다. 그는 어떻게 해야 하는가?

제안 : 환경문제와 관련해서 발생하는 대부분의 윤리적 긴장은 일자리 대 환경의 문제를 두고 발생한다. 일자리를 지키거나 창출하면서, 혹은 둘 다 하면서 환경을 보전하는 일은 가능한가? 이 문제에 초점을 맞추되 앞에서 다뤘던 훈제 청어 오류를 경계하라. 직업이란 것이 모든 사람이 **하나의 인격으로서** 갖는 '권리'인지도 자문해 보라. 예컨대 그리스인들은 노동은 품위를 떨어뜨린다고 생각했다. 하지만 청교도의 노동윤리가 19세기에 미국에 확산되면서 노동은 자존감의 필수조건이 된 듯하다. 그런데, 연방기금이 국민들에게 일하지 않고도 안락한 생활을 영위하도록 돈을 줄 수 있다면, 일자리가 유지되기를 기대하는 오늘날에 비해 세상은 살기에 더 나쁜 곳이 될 것인가? 이것이 바로 여기에서 행할 토론의 실마리가 되는 주제다.

[E2] 블레인 잭슨은 브리티시컬럼비아에서 가장 큰 임산물 회사 중 하나인 맥도우걸 바곳의 최고 경영자다. 그의 회사는 수년간 그 지역 땅의 80%를 이루는 숲을 개간해 왔다. 그리고 최근 그들의 개간 작업을 노던밴쿠버 섬의 카유컷 마을까지 확장했다. 249마일에 이르는 섬에 있는 숲은 브리티시컬럼비아 주의 다른 어떤 지역보다

훨씬 빨리 개간되었다. 그 섬의 89곳 유역 중 단 6곳만이 파괴되지 않고 남아 있다. 블레인의 회사는 다음 달에 그 중 한 곳을 개발하기로 계획했으나, 그곳 원주민인 카유컷 부족 사람들과 환경보호론자들의 수많은 항의가 빗발쳤다. 그들 중 몇 명이 블레인과 만나면서 그 지역을 남겨 놓을 것을 요청했다. 자연 그대로인 그 지역은 사냥과 낚시를 주업으로 삼아 살아가는 원주민들의 삶의 터전이다. 그 지방 건너편에 있는 오래된 숲을 연구하고자 지방정부가 지명한 한 위원회는 향후 2년간 벌목을 중지해야 한다고 권고한 바 있다. 블레인에게는 그 권고는 물론 그가 만났던 사람들의 요구와 청원을 시행할 의무가 없다. 더구나 장비가 이미 들어가 있는데다가 벌목 지역까지의 길도 터놨기 때문에, 2년간 연기할 경우 회사의 손실액은 수천 달러에 이를 것이다. 그와 같은 손실은 직원의 해고는 물론 소비자 가격의 상승을 가져올 것이 분명하며 결국 이는 회사의 경쟁력에 타격을 줄 것이다. 블레인은 어떻게 해야 하는가?

[E3] 판사 레슬리 브라이트는 미네소타 주의 타코나이트 채광회사가 연루된 리저브 마이닝 소송 사건에서 당사자들의 입장을 듣는 중이다. 그 채광회사는 주의 묵인 아래 여러 해 동안 6만 7천 톤의 타코나이트 찌꺼기를 수페리어 호수에 버려 왔다. 미네소타 오염 통제소, 연방정부의 환경보호청, 미연방 법무부는 찌꺼기에 포함된 위험물질로 인해 호수의 물을 상수원으로 사용하는 지역 주민들의 건강이 해를 입는다는 이유를 들어, 회사는 그 사업을 중단해야 한다고 주장해 왔다. 또한 그들은 미네소타 주의 실버 베이에 있는 공장이 석면증, 중피종과 여러 종류의 암을 유발할 수 있는 물질들을 대기 중으로 배출해 왔다고 강력히 주장한다. 리저브 측은 공장의 가동으로 건강이 위협받는다는 증거는 설득력이 없다는 주장과 함께 "물과 공기로 배출되는 물질에 포함된 섬유 유리는 측정이 되지 않

을 정도"라는 아놀드 브라운 박사의 말을 증거로 제시하면서 그것이 위험하다는 주장은 증명될 수 없다고 강변한다. 위험 요소의 존재를 입증할 수 없다는 점을 근거로 리저브사의 변호사들은 공장을 폐쇄할 수 없다고 주장한다. 리저브 마이닝 회사가 실버 베이의 주민 3천 명 가운데 80%를 고용하고 있기 때문에 이러한 조치는 이 지역 경제에 상당한 혼란을 야기할 것이다. 브라이트 판사는 어떻게 해야 할까?

[E4] 1979년 3월 28일, 펜실베이니아 주 해리스버그에 가까운 스리마일섬의 원자력 발전소의 보수 관리 공학자 프레드 드와이어는 일련의 심상치 않은 사건들로 인해 마음이 불안하다. 오전 4시, 반응로 냉각 시스템 부속 장치의 고장으로 인해 밸브들이 잠기고 메인 펌프가 멈추는 일이 연이어 발생하더니 발전 터빈마저 멈추고 말았다. 계기판을 확인해 보니 반응로의 온도가 급격히 상승하고 있었다. 분명히 보조 펌프가 자동으로 작동하도록 되어 있었지만, 누군가의 부주의로 인해 밸브는 잠겨 있었고 그 때문에 냉각수의 반응로 유입은 차단됐다. 잠시 후, 안전밸브가 반응로의 온도 상승으로 인하여 열리긴 했지만, 작동을 멈추게 하지는 못했다. 그 결과 증기는 배수 탱크로 배출되었고 반응로가 가열되면서 저절로 작동이 멈췄다. 8분이 지났을 뿐인데도, 프레드는 불안에 떨었고 심장은 쿵쾅거렸다. 조명과 경보장치는 다 꺼진 상태다. 프레드와 그의 동료 공학자들은 반응로의 내부 수압이 계속 증가하고 있었으므로 펌프 작동을 중단하였다. 반응로의 온도는 더욱 높아졌다.

그 후 사태의 진상이 드러나면서, 프레드는 두 가지 기계적 오류와 더불어 네 가지의 조작 실수가 있었다는 사실을 알았다. 프레드와 그의 동료들은 비록 원자로의 코어가 녹아내린 한 시간 이내면 주민 대피 계획마저 완전히 무용지물이 되어 수천 명의 마일 주민들이 희생되고 마는 순간을 맞긴 했지만, 위에서 말한 후속 조치들을 취함으로써 재앙을 피할 수 있었다. 그럼에도 불구하고, 핵발전소의 안전성에 대해 그가 가졌던 신뢰는 완전히 무너졌다.

그 경험이 있고 나서 프레드는 아내와 두 아이들을 데리고 중부에 있는 아이오와 주로 이사해서 월급이 4,500달러도 채 안 되는 전력회사에 취직했다. 그는 후에 원자력의 위험성과 대체 에너지의 필요성을 지적하는 논문들을 썼다. 그의 행위는 옳았는가? [**힌트** : 윤리적으로 옳은 일과 **프레드**에게 옳은 일, 말하자면 프레드를 기쁘게 하는 일은 같지 않다. 윤리적 관점은 중립을 요구한다는 사실을 기억하라. 주된 쟁점은 이렇다. 프레드의 처지에서 모든 사람들은 어떻게 해야 하는가?]

[**E5**] 랠프 그리핀은 미네소타 주 북부에 있는 제지공장의 최고 경영자다. 산성비와 오존층 감소에 관해 많은 양의 독서를 최근까지 해오던 차에 그는 수년간 굴뚝 청소부를 두지 않고 운영해 온 자신의 회사가 결과적으로 그 환경문제에 일조하고 있다는 사실을 깨달았다. 굴뚝 청소부를 고용하자면 아주 많은 비용이 들 뿐만 아니라 그 비용이 소비자에게 전가될 수도 있는 반면, 새로운 설비 자금을 수년간 지불할 경우 그동안 회사의 경쟁력은 떨어질 것이다. 그 지역의 다른 제지회사들 중 단 한 곳도 굴뚝 청소부를 고용하지 않는 특별한 이유도 거기에 있다. 현재 워싱턴에서의 대기오염 방지에 관한 입법이 지연되고 있는 데 힘입어 청소부 고용은 의무가 아니다. 랠프 그리핀은 자신이 평생 살아온 그 지역을 너무나 사랑하며, 자신의 후손들 역시 그곳에서 즐겁게 지낼 수 있기를 바란다. 그는 어떠한 선택을 해야 하는가?

[**E6**] 1940년대 초 나이아가라 폭포 주변 '사랑의 운하'로 불리

는 버려진 지역에 화학물질들이 매립되었다. 1978년이 되어서야 그 물질들이 몇 년 전에 새 학교와 대규모 주거 단지가 들어선 한 도시로 흘러들어갔다는 사실이 드러났다. 몇몇 성인들에게서 초기 간 손상 증세가 나타났고, 운하 주변의 특정 지역에 사는 젊은 여성들은 평소의 3배나 되는 유산율을 경험한 것은 물론 보통의 3.5배의 선천적 기형아 출산율을 보였다. 후커 화학합성수지 회사는 화학물질 매장을 인정하면서도 그 당시 규정을 엄격히 지키면서 행한 일이라고 주장했다. 게다가 회사 측 관계자들은 나이아가라 폭포 시에 그 지역에 학교를 건설하지 말라고 경고했는데, 그 이유는 건물들로 인해 화학물질이 매장된 토양층의 구조가 손상될 수 있었기 때문이다. 심지어 그들은 그 지역에 학교와 주거 단지를 건설함으로써 발생할 수 있는 모든 상해와 사망, 그리고 재산상 손해에 대해서 회사 측에 책임을 묻지 않겠다는 시 당국의 각서를 받았다. 어떤 이들은 그 지역을 깨끗하게 하는 데 드는 약 2억 5천만 달러를 후커사가 부담해야 한다고 주장한다. 그러나 다른 사람들은 자신들이 매일 사용하는 화학제품 대부분은 후커 케미컬사의 나이아가라 공장과 다른 곳에서 생산하는 것들이라는 점을 들어 우리 모두가 그 비용을 지불해야 한다고 주장한다. 연방정부의 '슈퍼 펀드'는 사랑의 운하에 묻힌 것으로 추정되는 유독성 폐기물을 정화할 목적으로 존재한다. 후커 케미컬사는 나이아가라 폭포 시는 그 위험의 진행 상황과 정도에 대해 이미 알았음에도 그곳에 학교를 세웠다는 이유를 들어 시가 그 비용을 떠맡아야 한다고 주장한다. 당신은 어떻게 생각하는가?

7. 학생이 겪는 딜레마

[SD1] 샐리는 세 명의 여학생들과 함께 캠퍼스 밖에서 산다. 어느 날 저녁, 샐리는 '데이비드'라고 자신을 밝힌 한 남자로부터 전화

를 받았다. 그 남자는 샐리의 룸메이트로부터 그녀의 이름과 번호를 알아냈다고 말했다. 데이비드는 샐리와 함께 저녁 식사와 영화 감상을 하고자 했다. 문제는 데이비드가 샐리의 룸메이트로부터 그녀의 번호를 알아낸 것이 아니라는 데에 있었다. 사실 학교 주소록에서 정보를 알았던 것이다. 데이비드는 샐리를 한 번도 본 적이 없지만 그녀가 매력적인 데이트 상대라고 들었다. 여기에 뭔가 잘못된 일이 있는가?

제안 : 이는 매우 직접적인 문제로 보이지만 데이비드가 한 행동을 잘 생각해 보라. 당신은 아마도 사람들은 이와 같은 일을 '항상' 한다고 주장할지 모른다. 하지만 그 사실이 데이비드의 행위를 정당화하는 좋은 윤리적 이유를 구성하는지 자문해 보라. 데이비드의 행위가 어떤 성격의 것인지를 꼼꼼히 검토해서 무엇이 윤리적 원칙들에 부합하는지에 집중하라. 결국 당신은 데이비드의 행위와 똑같은 행위를 했을지 모른다. 하지만 그것은 옳은가?

[SD2] 메리는 시각장애인 교사가 가르치는 고급 과정의 소규모 음악이론 수업을 듣는다. 첫 시험에서 메리는 교사가 모르는 사이 학생들이 서로 악보를 돌려 가면서 답안과 문제를 비교하는 장면을 목격했다. 교사는 학생들에게 자신은 그들을 신뢰하며 스스로의 명예를 걸고 정직하게 시험을 치르라고 말해 두었던 터였다. 메리는 교사에게 무슨 일이 일어나고 있는지 말해야 하는가?

[SD3] 프레드는 자신의 힘으로 대학에 다니기 위해 캠퍼스 경비원으로 일한다. 그는 캠퍼스 내의 모든 방의 열쇠를 갖고 있기 때문에 전공 시험 전에는 교수들의 책상 주변에 놓여 있는 시험지들을 확인할 수 있음은 물론 그럴 용의도 있다. 시험지를 찾으면 그것들

을 복사해서 그의 동료 학생들에게 판다. 그는 교수들이 시험지를 놓고 다닐 정도로 '멍청하다'면, 등록금을 벌기 위해 약간의 부수적인 수입을 올리는 자신의 행위는 잘못된 게 없다고 생각한다. 그의 행동은 과연 옳은가?

[SD4] 영어를 전공하는 찰리는 졸업 전 마지막 학기에 다니고 있다. 졸업에 필요한 자격을 획득하기 위해서는 매우 엄격한 수학 기말 시험에 통과해야만 한다. 그는 늘 수학을 어려워 한데다가 가까스로 수업을 마쳐 가는 상황이다. 기말 시험을 일주일 앞둔 어느 날, 그는 같은 클럽에 속한 한 학생에게서 자신에게 기말 시험 문제를 줄 수 있다는 말을 듣는다. 담당 교수는 세 가지 시험 문제를 해마다 주기적으로 번갈아 출제하는 것으로 알려져 있는데, 이번 기말 시험 문제가 2년 전의 문제와 같다는 것이다. 찰리가 이 친구의 제안을 받아들여야 하는가?

[SD5] 샤론은 작가가 아니다. 그녀는 예술을 전공하며 글 쓰는 것을 광적으로 싫어한다. 그러나 그녀는 신입생 영어 수업에서 주어진 주제에 대해 10페이지의 보고서를 써야 할 것이다. 그녀는 '온라인'을 통해 보고서를 살 수 있다는 것을 알고 있다. 그녀는 이것을 해야 하는가?

주요 용어들

논증(Argument)

이 용어는 함의(entailment)라는 논리적 관계로 연결된 일련의 진술들을 가리킨다. 진술들 중 하나는 결론이고 나머지 하나 내지 그 이상은 이유(근거) 혹은 전제다. 이 용어는 설명(exposition)과 대비되는데, 설명은 하나의 결론을 지지하지 않는 서로 단절된 일련의 진술들로 이루어진다(3장 참조).

주장(Claim)

주장은 화자 또는 화자의 문화에 상대적이거나 비상대적이다. 비상대적인 주장은 우리가 공유하는 세계에 관한 언명으로서 참이거나 거짓일 수 있다. 화자 이외의 다른 사람은 그것을 언제든 검증(verification)하거나 반증(falsification)할 수 있다. 비상대적인 주장 가운데 어떤 것들은 그것을 지지하는 증거가 참일 가능성이 높을수록 다른 주장들보다 더 강하다. 이 책에서 시도하는 논증은 윤리란 비상대적인 주장들과 깊은 관계가 있으며 이 비상대적 주장들은 이를 지지하는 이유가 얼마나 합리적이냐에 따라 강하거나 약한 주장들이라는 견해를 지지한다.

정당화(Justification)

주장을 지지하기 위한 합리적인 논변 과정. 통상적으로 이 용어는 참이라고 하는 윤리적 판단들, 즉 윤리석 주장들을 지칭한다. 이 용어는 합리화와 대비되는데, 합리화란 어떤 사람이 나쁜 이유에서 견지하고 있는 입장, 즉 포기하길 꺼리는 개인적이거나 감정적인 주장을 지지하려는 목적에서 좋은 이유를 찾으려는 시도다. (두 용어와 좋은 이유들에 관한 논의는 4장 참조)

객관주의(Objectivism) / 비상대주의(Nonrelativism)

이것은 주관주의 또는 상대주의와 대조를 이루는 것으로서(아래를 보라), 주장의 중립성, 즉 그 주장이 화자 또는 필자에 의존하지 않음을 가리킨다. 객관주의란, 주장들은 **객관적**, 즉 독립적으로 검증할 수 있다는 논제를 주장하는 견해다. 나는 (칸트를 잇는) 칼 포퍼의 관점을 수용하는데, 그의 주장은 이렇다. "(윤리적 주장을 포함한) 인식적 주장들은 한 개인만의 일시적인 생각과는 독립적으로 **정당화할 수 있을** 때 객관적이다. 여기에서 말하는 정당화는, 원칙적으로 누구나 시험할 수 있고 이해할 수 있을 때 객관적이다. … 예컨대 과학적 진술들의 객관성은 **상호 주관적으로** 시험될 수 있다는 사실에 있다."(Karl Popper, *The Logic of Scientific Discovery*, New York: Harper and Row, p.44) 하나의 주장은 그것이 객관적인 만큼 주관적이지 않으며 그 역도 마찬가지다.

합리화(Rationalization)

정당화에 대한 설명을 참조하라. 합리화는 개인적인 이유(즉, 보편적인 호소력을 갖지 않는 이유)에서 지지하는 결론 및 포기하기를 꺼리는 결론을 지지하고자 사후에 이유를 찾아내는 과정이다.

상대주의(Relativism)

주관주의에 대한 설명을 참조하라. 믿음과 그 믿음을 진술하는 주관과의 관계를 가리킨다. 우리는 한 믿음이 화자(주관주의인 경우)에 대해 상대적이거나 화자가 속한 문화(문화적 상대주의인 경우)에 대해 상대적일 때, 그 믿음은 상대적이라고 말한다. 체계적 관점에서 보면, 상대주의의 두 형태 모두 똑같이 객관주의, 즉 예컨대 윤리적 판단들은 단지 믿음에 불과한 것이 아니라는 견해 그리고 또 개인 내지 문화에 대해 그저 상대적인 것에 불과한 것은 아니라는 견해를 옹호하려는 진영을 궁지에 빠뜨린다.

주관주의(Subjectivism)

주장이란 단지 화자의 개인적인 믿음 내지 견해를 반영할 뿐이라고 하는 상대주의의 한 형태다.

찾아보기

[ㄱ]

가설 연역적 방법 202
가정 59-60, 147
갈릴레이 52, 139-140
감정 실린 술어 167
감정에 호소하는 오류 169, 221
강제 붙임 227
개연성 152-153
객관성 64
객관주의 39-43, 49
거부 77
거짓 원인의 오류 179
거짓말 94
게임 27
결과 42, 86
공동체 82, 85
공리주의 98-99, 101-103
공정성 23, 81, 96-98, 231
공평성 117, 121
과학적 주장 51, 64
권위 167-168
권위에 호소하는 오류 167, 169
귀납 논증 142, 150, 152, 155-156
규범적 윤리 112

[ㄴ]

규범적 주장 200
규정적 윤리 111-112
규칙 공리주의 98-99, 101-102

나비 대 산업 240
남의 말 흉내 내기 203
낱말의 사용과 언급 13
내부 고발 235-237
낸시 L. 기퍼드 36
노예제도 200, 214
논증 망 152
논증 사슬 151
『니코마코스 윤리학』 82

[ㄷ]

다위니즘 68
대인 공격의 오류 177-178
대중에 호소하는 오류 161
덕 윤리 84
덕(areté) 82
데이비드 켈리 153
도널드 로저슨 208-211
도덕감 107-108

도덕성 105, 107
도덕적 원칙 102
동기 99, 128-129
동성애 135
드브로이 64

[ㄹ]
라파엘 실리 54
레오 톨스토이 205-206
로널드 드워킨 202
리처드 M. 헤어 102, 110, 119

[ㅁ]
마이클 왈쩌 214-215
맬컴 토드 55
모순 173-175, 177
무지에 호소하는 오류 138-139
문화상대주의 41-43
문화적 편견 215-216

[ㅂ]
반사실적 조건문 60
배려 윤리 84, 104, 107, 118
배타적 76, 174
버트런드 러셀 13
범죄 19, 89, 118
변호사의 특권 230
보편 청중 204
보편성 77
보편화 102, 110
부적절한 권위에 호소하는 오류 167
불관용 78, 112
불임 227
브랜드 블랜샤드 21
비극적 갈등 110
비상대적 주장 43

비상대주의 42
비일관성 55, 173-175
비합리성 56
빛의 파동 이론 64

[ㅅ]
사형 111, 165, 175
산파술 13, 17, 58, 150, 243
상대주의 35-44
상상 119, 121
상식 36, 59-60
선결문제 요구의 오류 165-166
선입견 28, 32, 44-45, 64, 78-79
선후관계와 인과관계를 혼동하는 오류 179
설명 199-200
설명적 주장 201
성서 52
소크라테스의 방법 17
소피스트 81
속도측정 탐지기 50, 57-60
속임수 128
속죄 91
순환 추론 166
스파르타인 74-75
심리적 이기주의 127-129

[ㅇ]
아리스토텔레스 51, 82-86, 99
아이작 뉴턴 52, 67
양자택일 선언문 176
엘리세오 비바스 92
역사적 주장 53
연역 논증 150-152, 156
오노라 오닐 93-94, 228
오염 235-236

왜곡 163-164
욕망 88
위약 233-234
유비 56, 182
유아 살해 27, 75, 112
윤리적 관점 111, 113-115, 121-122
윤리적 원칙 86
윤리적 이기주의 126
윤리적 인간 92
의무 87-90
의사와 환자의 관계 234
이기심 231
이분법의 오류 173-174
인간 본성 83-84
인간의 권리 31, 88, 102
인격에 대한 존중 87, 94-96, 105
인과관계 179
인류학 72
일반화 160-162, 205
임마누엘 칸트 43, 87-91
입증의 책임 137-140

[ㅈ]
자기 존중 93-94
자민족 중심주의 72, 164
자아실현 82
자유 61
자율성 93-94
자존감 180-181
전문가 229
『전쟁과 평화』 205
전제 141-142, 145-155
정당화 20, 43, 199-201, 204, 210-
     214
정보 233-234
정서 165-166

제레미 벤담 98-99
제안과 폐기 226
존 롤즈 117-118
존 스튜어트 밀 98-99, 101
존엄성 89, 92-93
종교 42, 66
좋은 이유 10, 160, 200-202, 226
주관주의 41-43
중립성 117-119
증거 44-45
증거자료 66
지시어 142-144
지적 설계 68
『직업윤리』 227, 230
진리 21

[ㅊ]
차별(대우) 107, 121
찰스 모건 64
창조론 67-68
칭찬 78

[ㅋ]
카렌 우드 208-210
칼 포퍼 13, 20
캐롤 길리건 104, 119
케플러 52, 66
코페르니쿠스 51-53, 66-67
쾌락 99

[ㅌ]
토마스 아퀴나스 89

[ㅍ]
편견 28, 44-46, 64, 69
프톨레마이오스 52, 65-67

[ㅎ]

함의 142, 151, 154
함축 142
합당성 21-22, 56, 136
합당한 18, 79
합리적 18
합리화 204-207
행복을 증가시키는 규칙 232
행성의 운동 52-53

행위공리주의 99, 101-102
허수아비 오류 163-164
형용구 166-167
환경 219-225
환경론자 219-221, 225
황금률 121
후회 229
훈제 청어의 오류 164, 171-173
희생자 119, 121

지은이 _ 휴 머서 커틀러(Hugh Mercer Curtler)
현재 Southwest Minnesota State University의 철학과 교수이자 Honors Program
의 책임자. 주요 저서로는 *Recalling Education*(2001), *Rediscovering Values: Coming to Terms with Postmodernism*(1997) 등이 있다.

옮긴이 _ 맹주만
현재 중앙대학교 철학과 교수. 주요 저역서 및 논문으로 『이성과 비판의 철학』
(공저), 『서양근대철학의 열 가지 쟁점』(공저), 『철학 오디세이 2000』(공저), 『동
서양 문학에 나타난 자연관』(공저), 『칸트의 순수이성비판 읽기』(공역)와 「칸트
의 실천철학에서의 최고선」, 「칸트의 판단력비판에서의 최고선」, 「칸트와 루소
의 공동체론」, 「도덕적 감정: 후설의 칸트 비판」, 「원초적 계약과 정의의 원리」,
「합법적 권위와 시민불복종」, 「칸트와 생물학적 유기체주의」, 「하이데거의 자유
론」, 「칸트와 도덕적 실재론」, 「롤즈, 칸트, 그리고 구성주의」, 「피터 싱어와 윤
리적 채식주의」 등이 있다.

옮긴이 _ 김진형
현재 서울시립대학교 교양학부 강의전담 교수. 주요 논문으로 「브라우워의 수학
적 직관주의 연구」, 「칸트의 직관과 수학의 기초」, 「브라우워의 수 개념과 심리
학주의 문제」 등이 있다.

윤리적 사고와 논리

.

2009년 3월 15일 1판 1쇄 인쇄
2009년 3월 20일 1판 1쇄 발행

지은이 / 휴 머서 커틀러
옮긴이 / 맹주만 · 김진형
발행인 / 전 춘 호
발행처 / 철학과현실사
서울시 종로구 동숭동 1-45
전화 579-5908 · 5909
등록 / 1987.12.15.제1-583호

ISBN 978-89-7775-687-8 03170
값 15,000원